U0955856

短线炒股必杀技

曹明成　谭文◎著

中国宇航出版社
·北京·

图书在版编目（ＣＩＰ）数据

短线炒股必杀技 / 曹明成，谭文著. -- 北京 : 中国宇航出版社，2017.1（2022.2重印）
ISBN 978-7-5159-1255-4

Ⅰ. ①短… Ⅱ. ①曹… ②谭… Ⅲ. ①股票交易—基本知识 Ⅳ. ①F830.91

中国版本图书馆CIP数据核字(2016)第305192号

责任编辑 卢　珊　　**装帧设计** 宇星文化

出版发行	**中国宇航出版社**		
社　址	北京市阜成路8号	**邮　编**	100830
	(010)60286808		(010)68768548
网　址	www.caphbook.com		
经　销	新华书店		
发行部	(010)60286888		(010)68371900
	(010)60286887		(010)60286804(传真)
零售店	读者服务部		
	(010)68371105		
承　印	三河市君旺印务有限公司		
版　次	2017年1月第1版		2022年2月第4次印刷
规　格	787×960	**开　本**	1/16
印　张	14.75	**字　数**	218千字
书　号	ISBN 978-7-5159-1255-4		
定　价	38.00元		

本书如有印装质量问题，可与发行部联系调换

序

近年来，市场上的股票类书籍渐有泛滥之势，且质量良莠不齐，多有鱼目混珠之作，真正能指导投资者实战应用的作品可谓少之又少。然最近读曹明成先生主笔的实战炒股系列丛书，感觉甚好。细读之下，书中不乏作者多年的实战经验心得与“不传之密”，实为“用心之作”，相信读者阅后当有所裨益。

我与曹明成先生相识已久。初识其人，还是1997年在湘财证券的营业部，当时因本人虚长几岁，故称他为“小曹”。其时的“小曹”，瘦瘦小小，貌不惊人，书生气十足，亦没有什么名气。后常有散户打听“曹明成”，发展到后来，不断有大户托我的关系来约“曹先生”吃饭，这才让人刮目相看。1999年他狙击网络科技股一战成名，早年的“小曹”已经成为了当时湘楚一带赫赫有名的“老曹”。

几年后我们相继开始单干，都有了自己的事业，与曹明成先生的联系渐少，偶闻他的消息也只是在报刊杂志上见到他的有关跟庄理论的文章。这次接到他的电话让我为丛书写序，颇感意外。在我的印象中，他身体并不太好，甚至可以用“体弱多病”来形容，又常沉溺于股票实战中，写书这种耗时耗力之事，以他一人之力怎能办到？

见面后我才知道，原来他这几年收了一个得意门生——谭文。谈论间他的得意之色溢于言表，“已得我九成功力”。小谭属于新时代的复合型人才，精通计算机编程，自行钻研了传统技术分析与计算机海量数据模拟测试相结合的分析方式，丛书的写作过程就曾大量使用计算机模拟测试的论证，纠正了许多人力无法克服和发现的错误，使书中的理论更趋完美。谭文大有青出于蓝更胜于蓝之势，真是后生可畏！

“曹氏八线理论”是曹明成与谭文师徒两人多年实战理论研究的结晶，曾被股民朋友冠以“零风险操作理论”。该理论我个人觉得至少有两点值得推崇：一是最大限度地回避了风险；二是几乎不会错过任何一波有价值的行情。炒股不是纸上谈兵，能在实战中真正做到稳定获利的理论才是好理论。

本次为曹明成先生的书作序，特意参加了他的书友会。有一位读者谈论成功经验时的发言让我印象深刻，他说：“曹老师的书，我都读过！”

是的，曹明成先生不会忽悠人，他主笔的丛书更不会忽悠人！读他的书，您一定会有收获！

鉴于此，我愿为此丛书作序，并向全国的广大股民朋友们推荐。

李　华

原湘财证券高层管理人员

现为广东某私募基金总裁

2015 年于北京

前言

股票市场是投资者追逐财富和梦想的地方，是具有挑战性的竞技场。如果想要在这个市场中一显身手，实现自己的财富梦想，投资者就必须具备坚实的理论知识和熟练的投资技巧，如此才能在股海中乘风破浪，扬帆远航。

股票市场的投资方法纷繁多样，从投资的时间周期来讲，可分为长线投资与短线投资。在一轮行情收局之时，成功的长线投资者会取得丰厚收益，但面对漫长的等待过程，很少能有投资者耐得住寂寞，扛得住诱惑，像股神巴菲特那样长年持股。更何况长线投资者要像工程师一样，需要其对整个投资过程进行控制与修正，并且忍受期间市场的合理调整与异常时期的宽幅震荡，同时，还要长期与市场低迷时的寂寞与孤独共舞。

在长线投资难以把握之时，投资者不妨学习和运用短线投资方法进行交易。如果操作策略恰当，有具备风险控制手段的前提下，短线交易亦可积少成多，在一轮行情中也能取得超额收益，给投资者一个意外的惊喜。

但是，很多投资者由于没有掌握短线投资的真正技法，而在追涨杀跌中折戟沉沙，这说明做短线投资除了要具备良好的心理素质之外，还需要娴熟高效的投资技巧。为了解决这一问题，我们编写了这本《短线炒股必杀技》，以期能够帮助读者朋友提高短线投资水平。

首先，本书开篇介绍了“短线交易入门基础”，使投资者对短线交易有一个初步的认识，为其有效地进行短线交易打下基础。其次，本书从“短线投资的资金管理”“选时与选股”“均线中的短线必杀技”“成交量中的短线必杀技”“技术指标中的短线必杀技”等方面介绍了短线交易的技巧方法，帮助投资者学习在短线投资中应该具备的交易时机和交易技巧。最后，作者主要从“短线买入定式”“短线卖出定式”两方面论述了在短线投资中，如何合理地把握个股的买入时机和卖出时机，帮助投资者在实战中选取合理的介入离场时点，以稳定获取短线投资所期待的利益。

本书除了对短线操作理论进行详实的阐述之外，还选取经典案例对理论的实际应用进行了细致的分析。相信本书可以使投资者对短线投资有一个更加理性准确的认识，从而帮助投资者屹立于变幻莫测的股票市场，并在实战中获取丰厚的投资回报。

为了让读者朋友们可以轻松掌握短线操作的策略和技巧，笔者在本书的编写过程中，竭力使本书具备：难易适中，容易掌握；内容丰富，实战性强；图文并茂，条理清晰的特点。本书在编撰的过程中借鉴了许多学者的观点和方法，参考了大量的文献和资料，但由于时间和精力有限，难免会有一些错误和纰漏，欢迎读者朋友们将宝贵的意见和建议反馈给笔者，笔者将不胜感激！笔者的邮箱：caomingcheng@yeah.net，微信公众号为“操盘手曹明成”，欢迎大家关注。同时我们也接收大资金的理财合作，欢迎来函交流。

最后，感谢中国宇航出版社的卢珊老师为本书的策划和编写工作付出的辛勤努力！

曹明成

2016 年 12 月

CONTENTS

目录

第一章 短线交易入门基础

第一节　什么是短线

短线通常是指单次买卖周期很短的操作方式，操作周期一般为一个星期或两个星期，或者两三天，最多不超过一个月就完成一个交易周期。

短线交易博取的是短期差价收益，一般不太关心股票的业绩和潜质，只关心个股近期是否会上涨，具体涨多少。短线投资者以技术派为主，主要依据技术图表进行分析。一般短线投资者的通常持股周期是以几天为限，一旦没有差价可赚或股价下跌，就平仓一走了之，再换入其他短线股票。

中线则不然。中线投资者需要对股票进行一番分析，对上市公司近期的表现要有信心，认为当前股票价格适中才买入，一般持有一个月甚至半年左右，静待升值，博取利润。

长线意即对某只股票的未来发展前景看好，不在乎股价一时的升跌，在该只股票的股价进入历史相对低位时买入股票，作长期投资的准备。持股周期一般在一年左右或以上。

综合来看，短线与中长线的区别主要有以下两点。

（1）操作手法不一样。短线主要看的是技术形态，基本面分析可以搁置。中长线投资必须了解股票的基本面是否适合中长线持有。

（2）获利期望不一样。在操作成功的前提下，短线一般是快进快出，对收益要求不高，短线客都有严格的操盘纪律，看错了马上止损，有收益也要及时止盈，避免贪心被套；中长线投资则对收益有更高的要求，一般要达到

20% 上的收益，才有中长线持股的必要。

短线交易一方面是出于资金成本和时间成本的考虑，另一方面是为了不参与走势中不确定因素太多的调整。走势中的不确定因素，是指那种无法把握的巨大风险。如果运用短线操作的方法，就可以尽量避开这种风险。

短线操作的核心要点即是基于此而来，即只要一只股票的攻击力消失，无论它是否下跌，都必须离场。这就好似为操作者面对的风险筑起了一道防火墙一样。

短线操作本质上就是将股票投资行为变得更有计划性和防御性，从而对手中股票的盈亏更具有主动权。在资本市场中，散户的生存环境异常恶劣，在不具备资金和信息优势的条件下，散户既要在庄家的刀下求生，又要在机构的嘴里抢肉，就必须清楚自己的优势所在。短线操作中，散户由于资金量小的原因，可以快速完成建仓和出货，凭借的就是“船小好调头”这一关键优势。

另外，资本市场中买卖意愿在不同阶段有差异性，股票走势总是呈现出波浪形的变化。短线操作在把握一些快速上升的波段行情时，也会显示出巨大的时间与收益比优势。

第二节　短线交易原则

在证券市场上，常有“长线是金，短线是银”的说法。其实长线不是金，短线也不是银，它们都是一种获利的方法。用得好，财源滚滚；用不好，一败涂地。

短线交易仅仅是一种获利方法，并不是投资者交易的目的。短线交易者不能为了做短线而做短线，而是要针对大盘走势展开短线操作。当情况更有利于中线交易时，应选择中线交易的方法；当市场交易难度太大时，也要学会放弃交易，做到隔离风险，袖手旁观。

一、短线交易原则

短线交易可以带来丰厚的收益，这些收益同时也伴随着巨大的风险。要想成为一名合格的短线盈利高手，就必须有所为有所不为，严格遵循基本操作原则。

（1）杜绝频繁操作。

美国证券投资家埃德温·勒斐尔曾经说过，有一种十足的傻瓜，他们无时无刻不在犯错。但有一种华尔街傻瓜认为，任何时候他都必须进行交易。

在证券市场中，不是任何时候都适合短线交易，牛市、熊市、震荡市都是如此。做任何事情，如果想要成功，就必须讲究天时、地利、人和，顺势而为。短线交易同样如此。只有当短线交易者预期的交易环境出现时，只有当市场提供的交易机会远大于风险时，才值得短线交易者进场。短线交易要寻求最佳的市场机会，而不是所有的市场机会，这一点尤为重要。

图 1–2–1 是深证指数在一段时间内的运行趋势。在这一运行区间内，投资者可以看到指数完整的运行状态，包括牛市、熊市和震荡市。

在这三个不同的运行状态中，指数对应的交易机会也各不相同。当市场处于牛市时，投资者买进即可获利，对短线的要求就是要把握机会，离场的时间太多反而会造成利润的损失。在熊市中，指数的操作难度加大，投资者短线交易也面临重大风险。震荡市处于两者之间，指数的长线机会根本不存在，投资者要想获取收益，只能通过短线搏杀。以上即是短线操作对应的不同市场机会。也正因为如此，投资者才需要根据行情的不同做出不同的操作选择。

图 1–2–2 是京天利（300399）在一段时间内的走势，其走势跟大盘指数一样包含三个阶段，即牛市、熊市、震荡市。投资者也应根据市场行情的不同做出恰当的决策。

（2）择股不如择时。

“择股不如择时”是股市里的谚语，就是说短线交易只有看到某概念的出现、某板块的崛起、某资金流的急进等有利时机时，才可以顺势而为，入场交易。

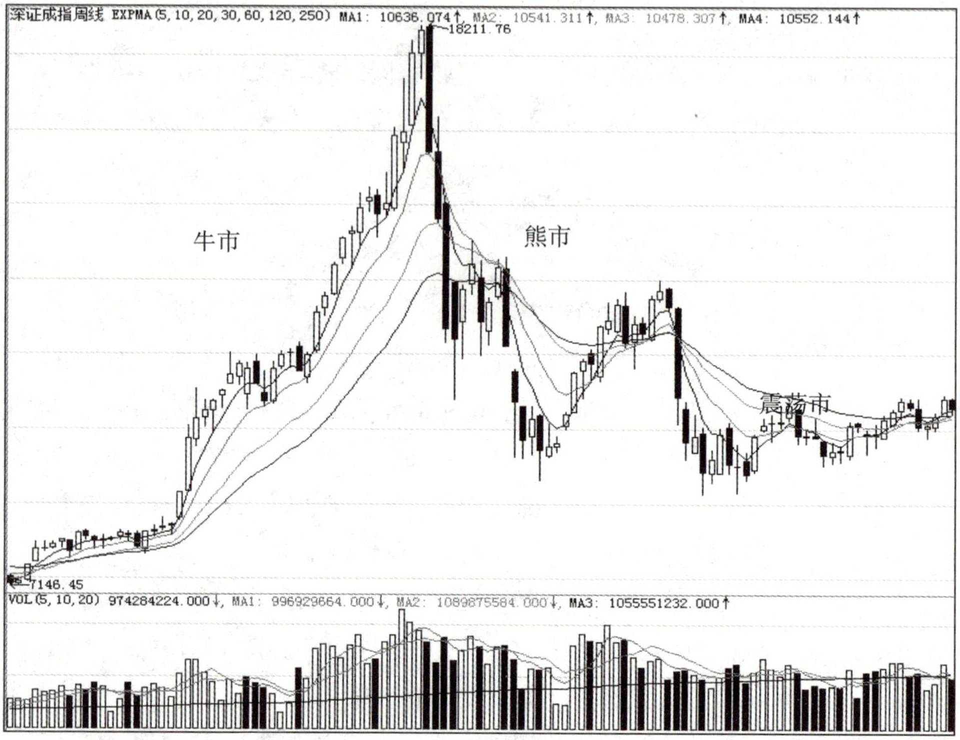

图 1-2-1

市场中那些能赚钱的低风险机会，往往来自于整个市场或某一板块，而不是来自某一只股票。所以，做短线交易要有耐心，要能气定神闲地等待介入时机的到来。投机的大忌是心浮气躁，瞎猜乱撞，这样会使短线交易者丧失理智，决策失误。在等待的时间里，短线交易者应随时注意行情的变化，时时进行分析思考。

图 1-2-3 是春晖股份（000976）的个股走势与大盘指数走势叠加图，个股在区间内的表现好于大盘。但仔细观察个股与大盘的启动时间，投资者就会发现，个股与指数具有非常高的同步性，个股在大盘起步的同时起步。这样就为投资者的介入提供了一个良好的机会，在大盘行情转好时注意获利机会。

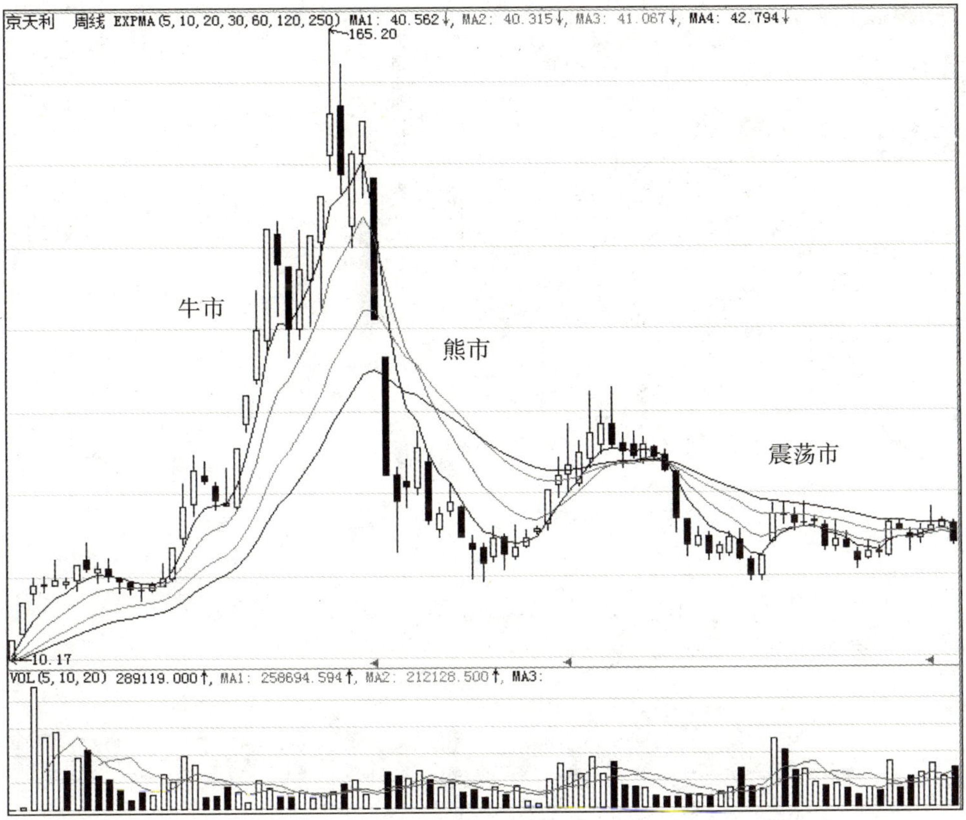

图 1-2-2

大盘与个股之间的关系是互为因果、相辅相成的。个股的启动会带动大盘走势变好，同样，大盘全面回暖也会让个股的上升减少后顾之忧，个股的涨幅超出预期，投资者可注意其中的机会。

（3）重势而不重价。

短线交易必须密切关注趋势，包括大盘趋势和个股走势，不要过多地关注股票的价格。即使是已经涨得较高的股票，如果综合分析显示其还有继续上攻的能力，那么作为短线产品仍然可以买进；反之，即使是价格很便宜的股票，如果没有上涨的趋势，短线也不能介入。

自然界和股市都遵循“强者恒强，弱者恒弱”的规律。一些股票之所以

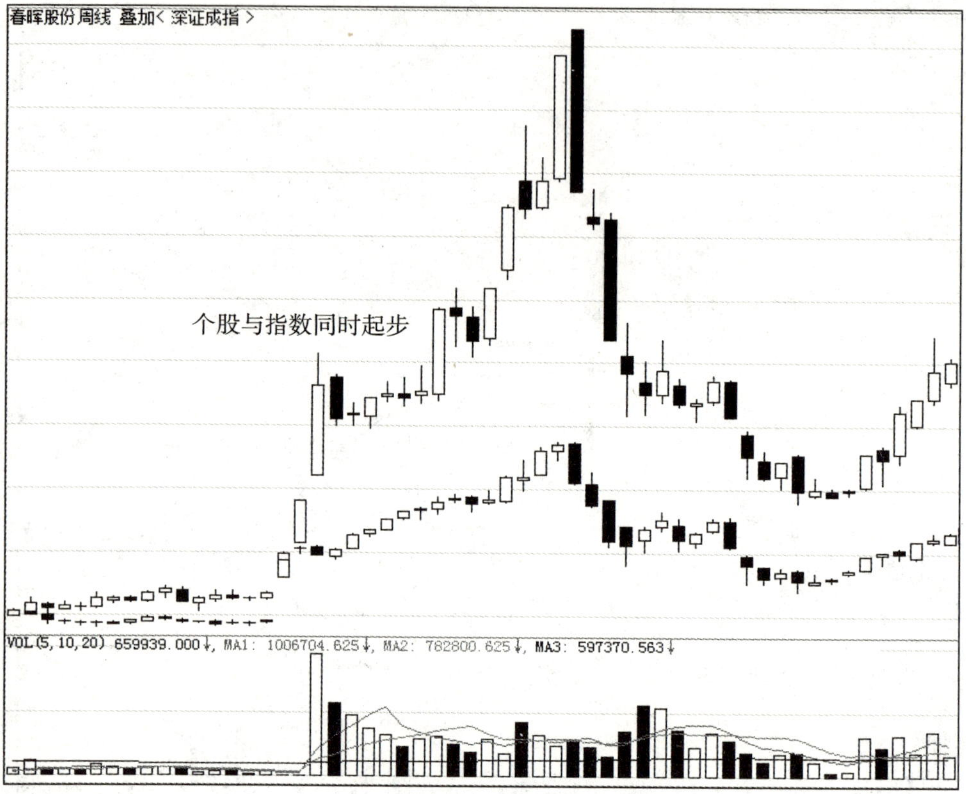

图 1–2–3

能维持上涨，是因为“上涨”本身就是一种动力，因此只需要很少一点力度就可以使其继续走强。另一些股票之所以长期不上涨，就是缺乏这种上升的力度。要获得这些力量非一朝一夕的功夫，因此弱势股几乎没有短线操作的机会。

对于以上这一点，对比两只个股的走势就能发现。如图 1–2–4 和图 1–2–5。

图 1–2–4 是彩虹精化（002256）在 2016 年 3 月—2016 年 6 月的 K 线走势图。个股在这一区间内涨幅不错，上涨幅度超过 100%。对于这样的涨幅，投资者若是能积极买进，则可获取不错的投资收益。

个股的相对买进位置在个股摆脱回调后股价逐渐站上均线处。连续两个

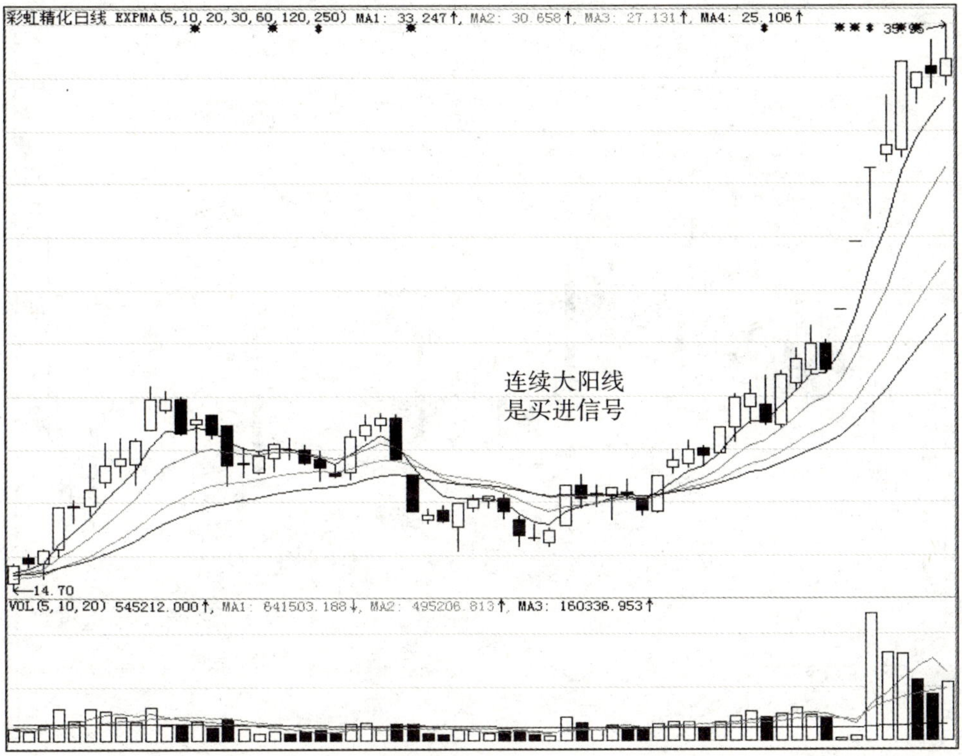

图 1-2-4

光头阳线为个股新的上升走势信号，也是投资者的买进信号。

图 1-2-5 是江苏阳光（600220）在同一时间段内的走势图。对比两只个股可以发现，江苏阳光的股价要远远小于彩虹精化，个股回调的幅度也相对更大，但这些都不能成为投资者的买进理由。个股在后期虽然也出现过涨停的走势，但总体升幅相对较小，投资者的获利空间也远远不如彩虹精化。

（4）切勿短线变中线。

有些短线交易者一旦被套，就会把短线交易变成中线交易，中线交易变成长线交易，为的是不将账面浮动亏损转化为实际亏损。但这种做法是很不明智的。短线交易最重要的是看“势”，既然人气和资金的“势”都不存在，那么继续捂股亏损的概率只会更高，同时这样的行为明显违反短线交易的原

图 1-2-5

则。一旦违反了第一次就会有第二次，将会形成破坏交易规则的恶性循环，最终得不偿失。

就算交易者通过时间回补了个股的亏损，但又面临着一个现实：被套的股票都可以解套，那么同期其他活跃个股表现得怎样？事实就是一定会有更大的上涨幅度。在交易中，投资者难免会面临这种交易上的利润损失，这其实是与交易者的人性在做斗争，短线投机者一定要保持清醒的头脑，坚守自己的操作原则。

图 1-2-6 是天海投资（600751）在一段时间内的走势图。个股在前期走出一段上升走势，运行到高位后开始盘整，并于盘整后再次走出大阳线，预示着个股行情仍将继续。这一大阳线走势现在看来是一个很好的买点，投资者可以买进获利。但天有不测风云，我们看看个股后期的走势。如图 1-2-7。

个股在后期并未延续前期的走势，而是走出连续的阴线，这些阴线的出现破坏了个股的上升形态，个股面临回调的风险。对投资者来说，就要及时注意这些变化，控制风险，及早离场，其后个股迎来大幅回调。

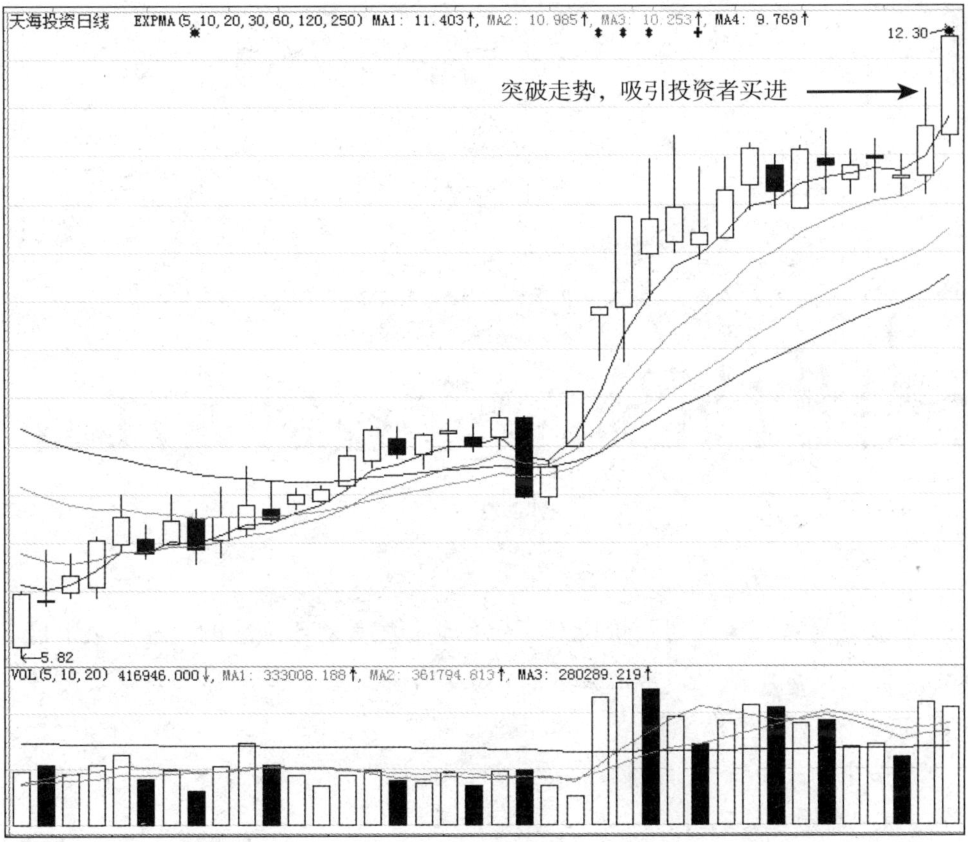

图 1-2-6

图 1-2-7

二、短线交易风险

短线交易者每天面对股价拉升都会心动，尤其对于连续的上涨更是羡慕不已。但一旦真正涉足，常常会亏损累累，不堪重负。这就需要短线交易者对面临的交易风险有所了解。

一般来说，短线交易面临四个方面的风险。

（1）盘中走势陷阱。

贪婪与恐惧是绝大多数人的弱点，盘中主力常常利用短线交易者的贪婪心理，将初拾小惠而又自信满满的短线交易者送进“云端”。又常常利用短线交易者的恐惧心理，将胆战心惊而又懵懂无知的短线交易者踢出“电梯”。

只要是短线交易者能够看得到的指标，主力都有做假的机会，包括K线图、成交量、成交笔数、内外盘、委托买卖盘、分时走势图等，都会在主力的筹码、资金、信息、技术等绝对优势下，变得扑朔迷离和诡秘难测。

图 1-2-8 是滨化股份（601678）在一段时间内的走势图。个股运行到高位后，做出将要突破的形态吸引投资者买进。当投资者买进个股后，个股却在盘整之后开始回落。其后个股开始长期的下行走势，跌幅巨大，不能及时离场的投资者将面临巨大损失。

这是个股在高位做出的诱多陷阱，其目的是让投资者追高买进。当投资者追高买进时，大资金正好在高位兜售筹码，达成高位出货的目的。

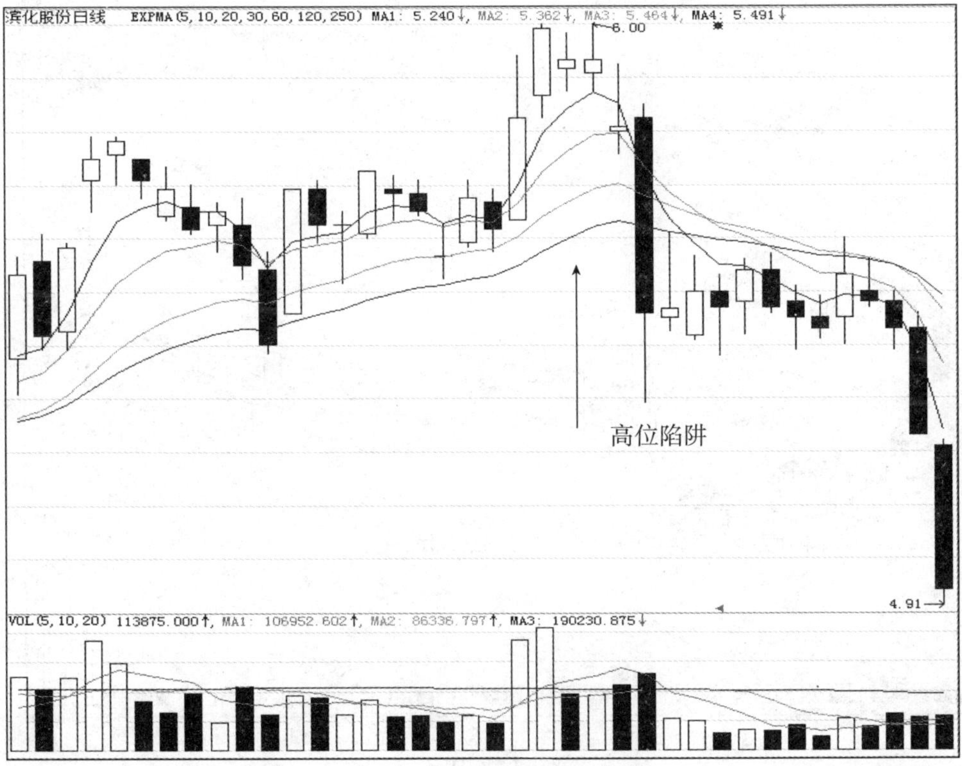

图 1-2-8

当然，大资金在高位会误导投资者买进，自然也会在低位引导投资者卖出，进而获取低位筹码。

图 1-2-9 是明泰铝业（601677）在一段时间内的走势图。个股在低位走出放量的大阳线，股价站稳均线，这是有资金介入的迹象。资金介入个股后，并未立马拉升股价，而是开始漫长的吸筹洗盘动作，其目的就是要获取低位的筹码。市场中的散户在一连串的打压下，因为不能很好地判断市场趋势，在低位交出筹码。当投资者纷纷交出筹码后，个股开始上升走势。

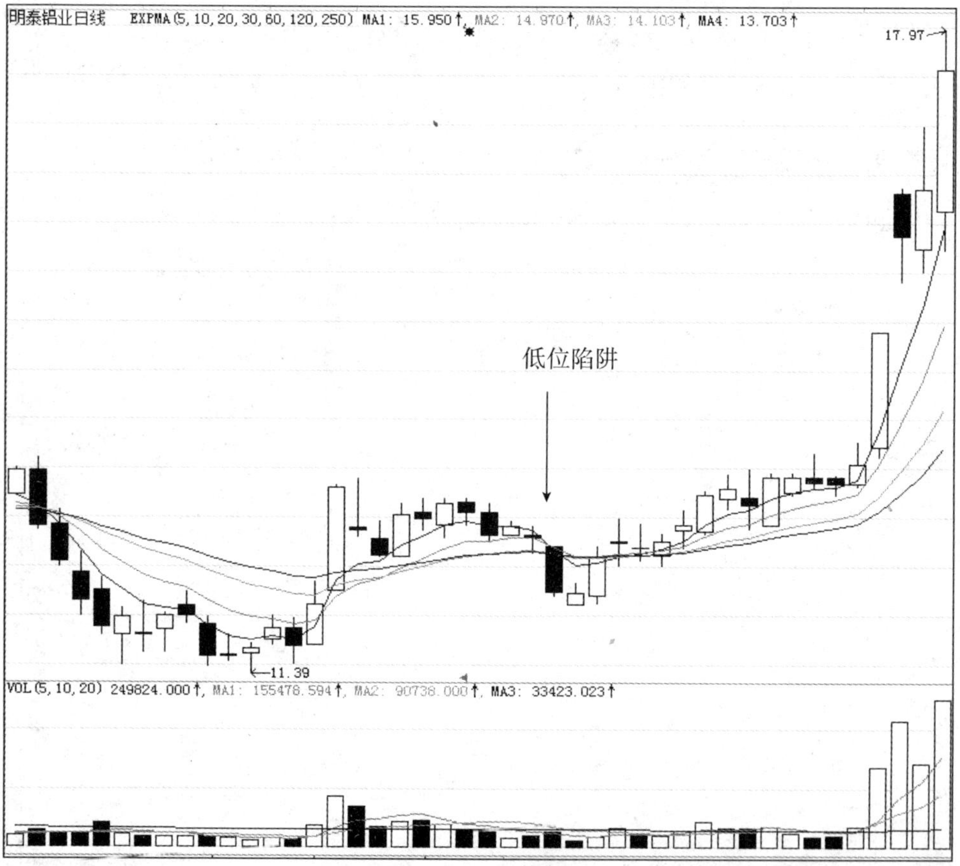

图 1-2-9

（2）盘中技术缺失。

身在一个随时可能被主力操控的微型趋势中，短线交易者常用的分析技术会受到很大的考验，这与中长期交易方式是截然不同的。对于中长期交易方式而言，无论主力在微型趋势里怎么反复，最终股价还是会向既有的方向前进。对于短线交易者而言，需要具备的条件和能力则更多。

首先，短线投资者要具有极为敏感的信息处理能力；其次，要有整体性和连贯性的思考方式；第三，要有极为熟练的技术分析能力；第四，要有极为丰富的识伪能力。

显然，这样的技术要求只有少数勤奋钻研的短线交易者可以具备。

图 1-2-10 是新疆天业（600075）在一段时间内的走势图。个股的运行是在一个上下区间内完成的，这一运行方式构成箱体震荡形态。其特征就是在股价接近箱体上沿时开始回落，当回落至箱体下沿时，股价获得支撑开始慢慢回升。在这一区间，个股没有明确的运行趋势，若是投资者追高买进或者逢低卖出，操作都将失败。正确的操作就需要投资者掌握盘中技术，没有这些盘中技术的帮助，投资者将两头碰壁。

（3）盘中策略欠缺。

在中长期交易方式中，如果交易时错过了进出场点，那么以后往往还有机会。可是在短线交易中，往往容不得有丝毫的犹豫，一步错，可能步步错，一招失，可能招招失。有的短线交易者只会买入，不会卖出，或者只会持仓，不会止损，这些都不是完善的交易技术体系的表现。

盘中短线交易是一个完整而严密的技术体系，在进行盘中短线交易时，短线交易者必须有明确的进场位、出场位、加码位和止损位，以及良好的交易心态和交易素质。没有这种严密的短线交易体系作为保障，短线交易的风险率和失败率将大幅提高。

图 1-2-11 是图 1-2-10 个股走势图的延续。个股在箱体震荡后期突破箱体上沿的压制，开始出现趋势性的升势。这时投资者要发现这些运行方式的不同，并根据这些不同区别对待。这时箱体的上沿变成个股的支撑力量，投资者就要注意此时的买进意义，而不是卖出操作。

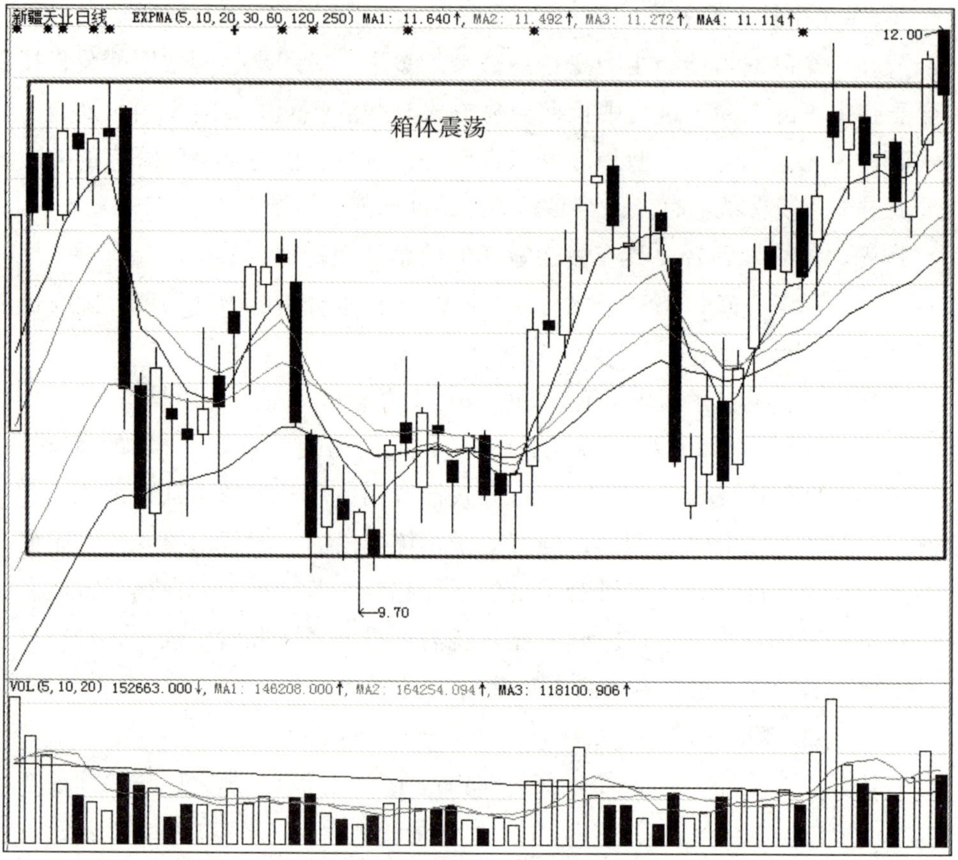

图 1-2-10

（4）错失大幅盈利的风险。

短线交易者是冲着股票可以上涨进行交易的，一旦股价出现了预期中的调整，短线交易者就要抛弃该股，另择机会，这时风险就可能出现。短线交易者可能还没有在新介入的个股上获得收益，卖出的股票却反而快速通过整理期，开始一路飙升，使得短线交易者错失了大幅获利的机会。

图 1-2-12 是金花股份（600080）在一段时间内的运行走势图。个股在前期走出上升走势，股价出现大幅上升，在低位买进的投资者可以获取 100% 的上涨幅度。在个股出现大幅上涨后，也会面临抛压的影响，股价会有回调

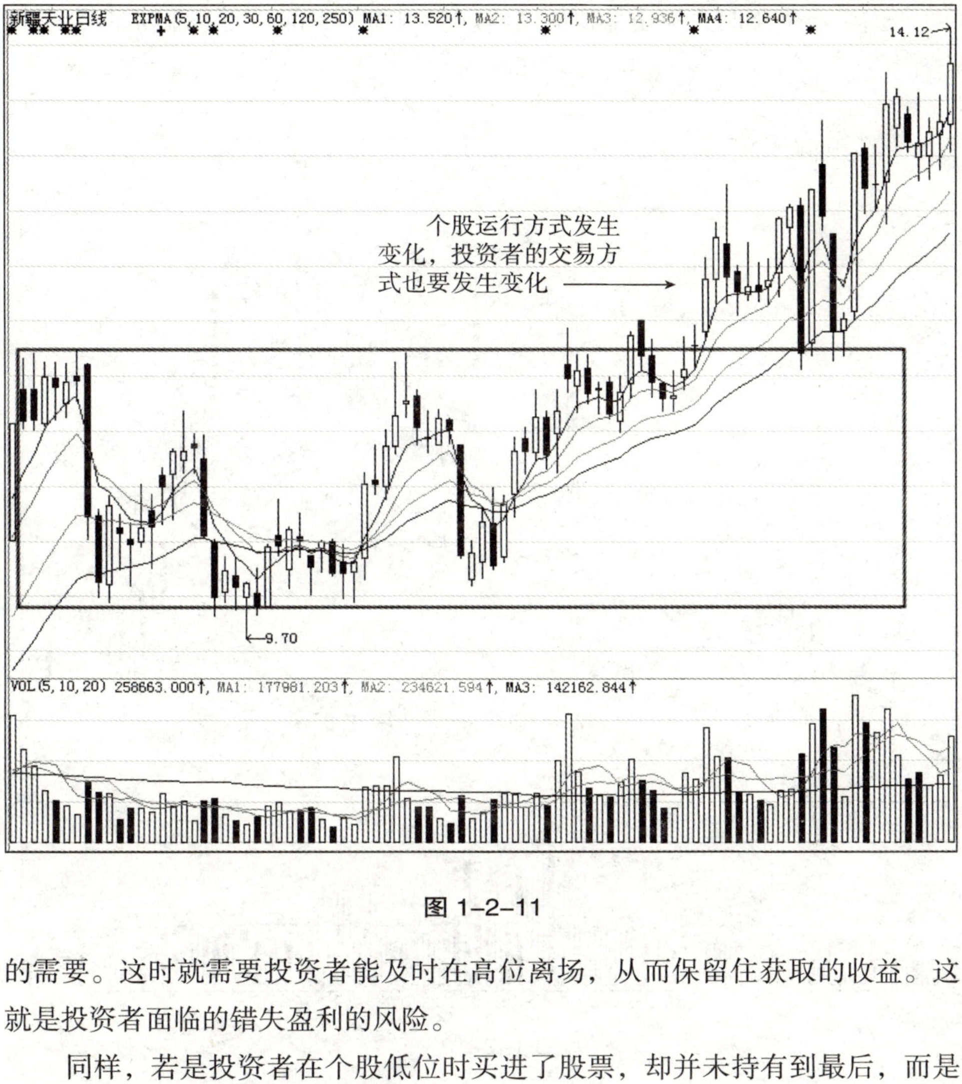

图 1-2-11

的需要。这时就需要投资者能及时在高位离场，从而保留住获取的收益。这就是投资者面临的错失盈利的风险。

同样，若是投资者在个股低位时买进了股票，却并未持有到最后，而是在个股清洗浮筹的时候下马了，这时也会面临错失盈利的风险。这时投资者就需要止盈和止损的技术与策略帮忙，从而避开这些可能发生的风险。

在短线交易者不断进行短线操作时，会遇到盈利、持平、亏损这三种局面，再扣除频繁交易所应付出的印花税和交易佣金后，真正能够获取的利润因人而异。但在一个牛市中，会有相当一部分股票其年度盈利在百分之百以上。

可见，当牛市来临时，短线操作的策略就会因损失大部分的上涨利润而变得不合时宜。

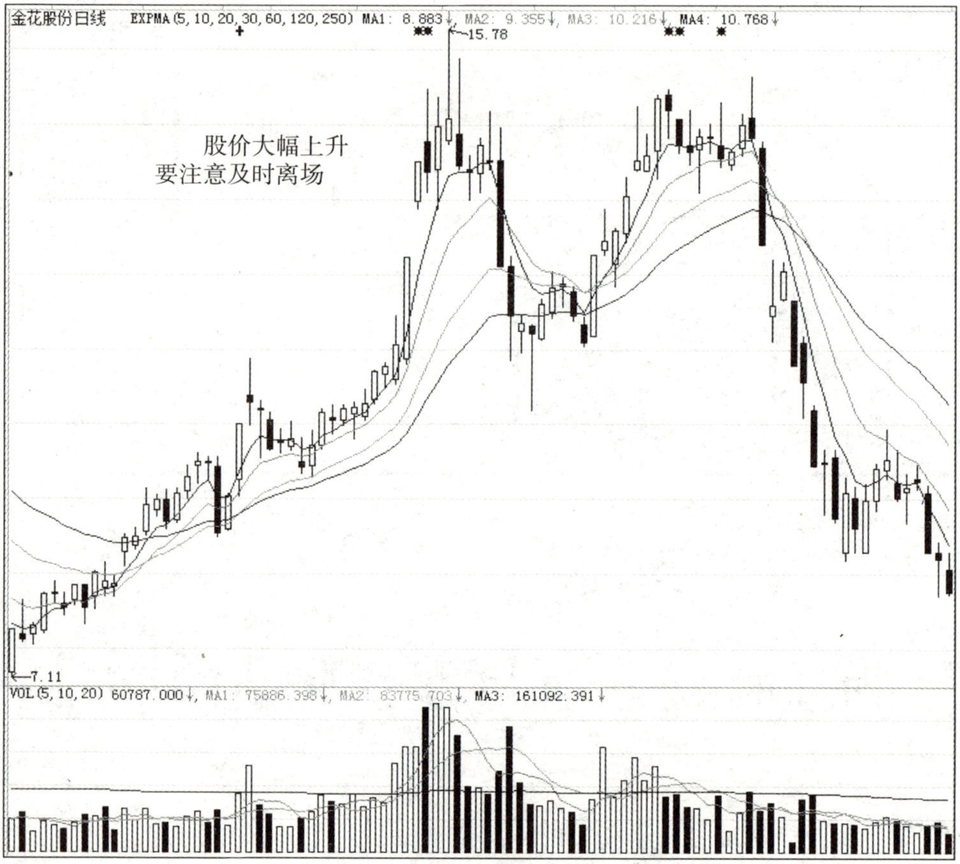

图 1-2-12

第三节 必须止盈止损

美国有一位投资评论家在书中这样写道："不能适时接受亏损，是众多投资者在金融风险市场惨遭失败的共同原因……我不断告诫自己，通向财富的道路不在盈利多少，而是在出现亏损的情况下，要正视亏损头寸，并作出审慎而果断的决策。"

在金融交易过程中，必然有一个入市和出市的问题。入市要根据顺势而为的原则进入，出市就牵扯到止盈止损的问题，这同样也是摆在短线交易者面前的问题。无论是从实践中总结经验，还是翻阅大师们的著作，其结论都是一致的——把握住盈利的头寸，让盈利的头寸放开盈利，对错误的头寸要及时止损。

投资者进入市场交易时，首先必须树立正确的盈亏概念，进入市场若不能接受一定的亏损，其投资观念是有重大错误的。也就是说，应该把亏损看成是投资中最正常的事情，投资非盈即亏。止盈止损就是要用科学的方法和艺术性的处理来对待盈利和损失的问题。

一、正确看待止盈止损

（1）转势止盈。市场交易者都有一套交易和资金管理计划，在制定计划的时候，应该有入市价位和盈利目标。

当你入市交易时，只要是盈利的筹码就应该持有，趋势不变，筹码不变。当市场价格走到重要的支撑位和阻力位的时候，要密切注意市场的动向，运用各种方法来分析研究市场是否有转势的征兆。若认为市场转势了，就应该止盈。

图 1-3-1 是东风科技（600081）在一段时间内的走势图。个股在前期走出一个上升走势，投资者在这一上升走势中介入，都能获取不错的投资回报。

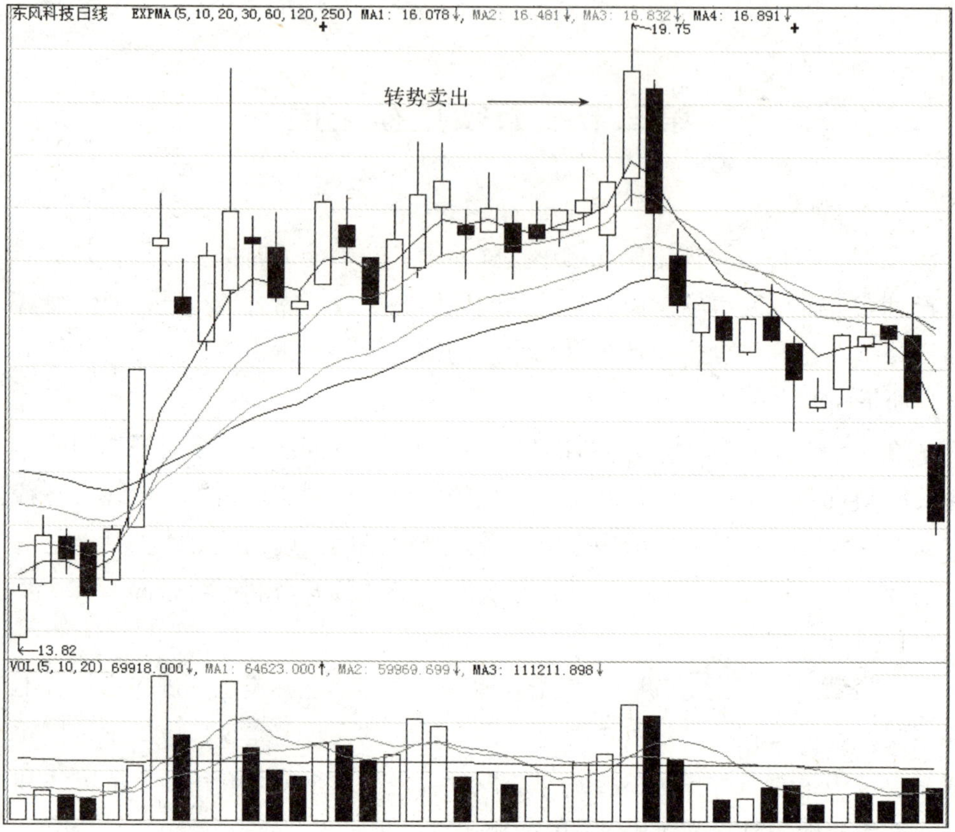

图 1-3-1

但任何一种上升走势都不可能一直存在，投资者有必要对自身的盈利作出获利了结的操作，操作的点位可以参考大阴线的位置。

大阴线的出现彻底破坏了个股的上升走势，个股本应在大阳线之后继续上升，但这时却走出了一根大阴线。这就告诉投资者，前一根大阳线的目的是为了拉高出货，放出大阴线就是出货抛售的证明。投资者这时能做的就是趁早卖出，留住到手的盈利。

（2）当你选好入市时机，按照交易计划入市交易时，应该牢牢地持有自己的筹码，让其随着市场的变化而盈利。当出现调整的时候，也不必大惊小怪，仍坚定持有。但有一种情况是必须平仓的，那就是当市场价格回调到你建仓的价位时，你的盈利将近全部被吃掉时，必须止盈平仓出局。

图 1-3-2 是重庆路桥（600106）在一段时间内的走势图。个股经过一段时间的调整，重新获得上升动力。投资者此时介入，就可以获取后期的上升利润。但个股出现一定的升幅后，立马出现回落的走势。个股的回落开始蚕食投资者的利润，这时投资者要注意个股的行情变化，其走势可能和投资者预期的不一样，这时可以暂时离场，控制风险。

（3）当你手中持有的筹码获利较为丰厚，又十分担心市场会有调整，或者市场价格走到了支撑位或阻力位附近时，也可以采用渐进止盈的办法来回

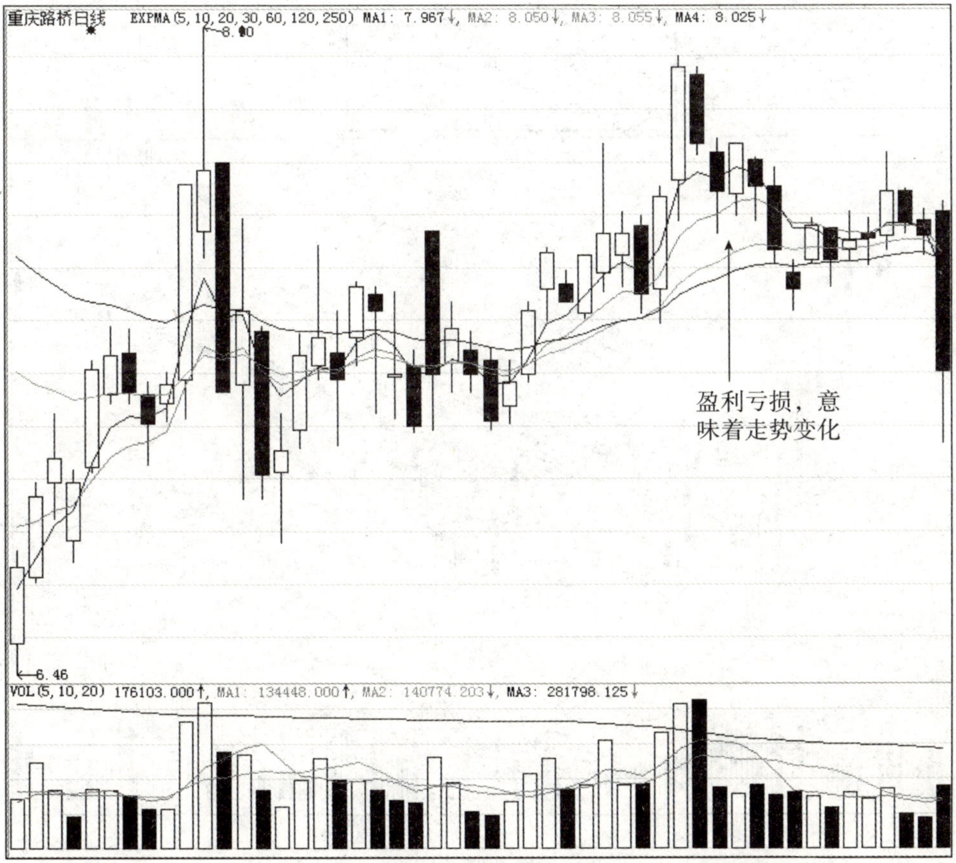

图 1-3-2

避风险，扩大战果。当市场价格跌到历史上比较明显的阻力位的时候，可以减仓 1/3 或一半，继续持有剩余的筹码，观望阻力位附近的交易情况。若市场价格在阻力位附近有转势的征兆，则应该全部平仓出局。

图 1-3-3 是博信股份（600083）在一段时间内的走势图，个股在区间内走出探底回升的走势。在回升的过程中，股价出现不错的涨幅，买进的投资者可以获取不错的投资收益。但随着股价的上升，投资者的持股风险也在上升，这时在何时何处获利了结便成为投资者的首要问题。

图 1-3-3

卖出的点位，投资者可以参考上文中提出的点位。在这一案例中，还有一个点位同样构成卖出点位，这一点位就是压力线的位置。个股在回升到高位时，遇到前期高点的压力位，投资者可以在这一位置做适当的获利了结。当在以后的运行中确认二浪这一点位的压力时，投资者就要及时全部离场了。

二、设置止损止盈点

止损点，就是当股价跌破百分之几或跌到某个价位时即砍仓。运用这种方式，可以把风险或亏损控制到一定限度。

止盈点，是指当股价涨幅百分之几或涨到某个价位时就减仓。平仓的价位叫做止盈点。

通过设置止盈点、止损点，可以解决盈利和损失无法量化、不能确定这一问题，最终实现自身利益最大化。对于设置止盈止损点，可以以下几点作为参考。

（1）以趋势线为参考设定止盈止损。买入时，以上升趋势线的下轨为止损位，跌破上升趋势线，止损；以下降趋势线的上轨为止盈位，上行触及趋势线，如明显受阻、收阴线，止盈。如图 1–3–4。

（2）以前期压力、支撑位作为止盈止损参考点。这个位置可能是平台，也可以是筹码密集区。如图 1–3–5。

（3）以重要均线作为参考点，观察该股以哪一条均线为比较明显的支撑或压力。如图 1–3–4。

（4）以有重要意义的标志性 K 线做参考点。这根具有重要意义的 K 线可能是起涨阳线，或是破位阴线。如图 1–3–6。

（5）以涨跌幅做参考点。以前期高点或低点为标准设定涨跌幅，简单的可以以黄金分割比例作涨跌幅。如图 1–3–7 和图 1–3–8。

图 1–3–4 是创业板指数在一段时间内的走势图。指数在前期的运行中走势稳健，形成一个明显的上升趋势。指数的走势也沿着上升趋势线运行。在

指数运行到高位后出现弱化，连续的阴线走势造成指数跌破上升趋势线的支撑。这时上升趋势线的支撑力转化为压力，对指数的运行产生压制作用。这时投资者最好的操作就是及时止盈，莫让损失放大。

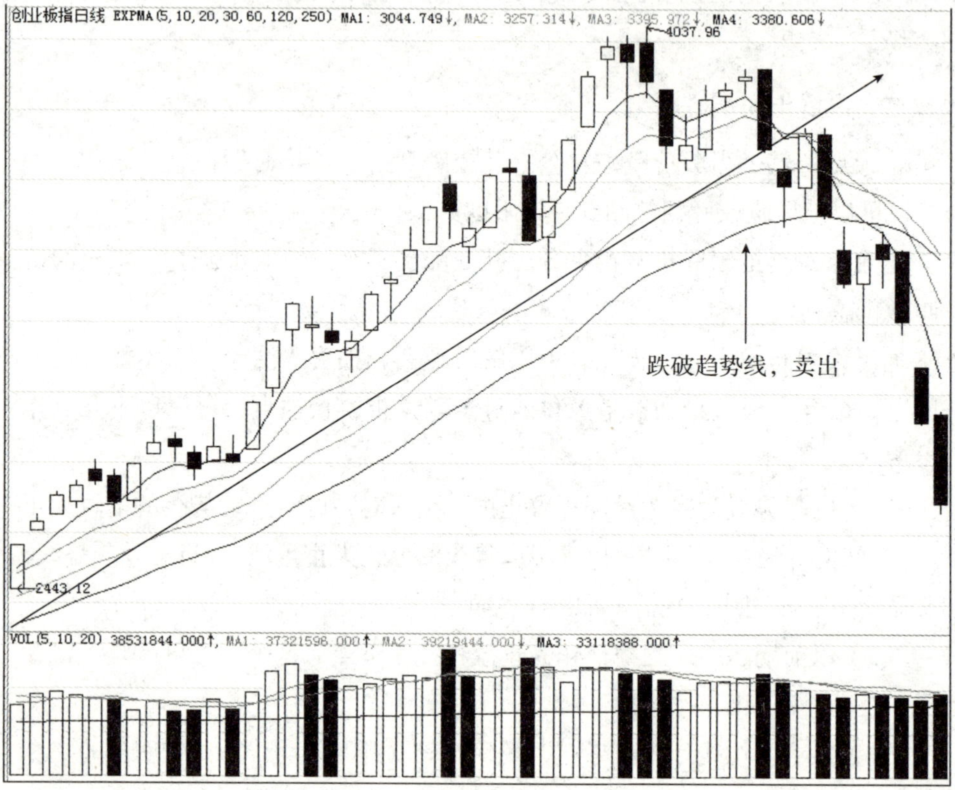

图 1-3-4

指数跌破上升趋势线后，会寻求均线的支撑，但均线并未表现出太强的支撑。当指数跌破均线后，均线的支撑也就不复存在，指数的下跌走势会进一步加快。

图 1-3-5 是航天晨光（600501）在一段时间内的走势图。个股在这一区间内处于一个下跌走势中。个股在下跌行情中走出一个反弹走势，但反弹走势很弱。当个股的反弹遇到前期密集成交区的压制后，股价无力上升，重回下跌走势。

密集成交区是由量能构成的，当市场没有能力消化高位抛出的筹码后，个股的运行方向只有向下。这就是密集成交区形成压制的原因。

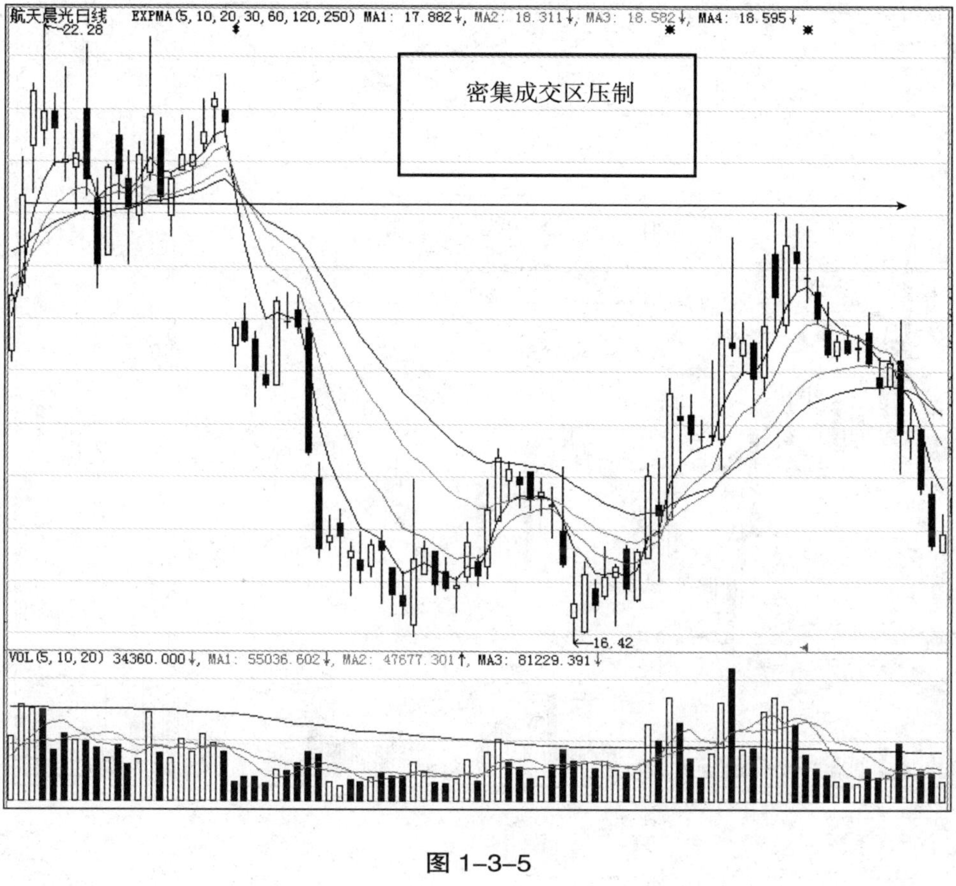

图 1-3-5

图 1–3–6 是绿城水务（601368）的走势图。个股在区间内同样走出下跌走势，并因下跌动力强劲，在下跌途中形成连续的大阴线。这些大阴线对个股的运行及反弹产生极大的威慑。

其后个股在低位经过较长时间的盘整，获得一定的上升动力，但在向上的过程中很快遇到大阴线的压制。走势经过短暂震荡后，股价迅速回落，走势再次重回跌势。

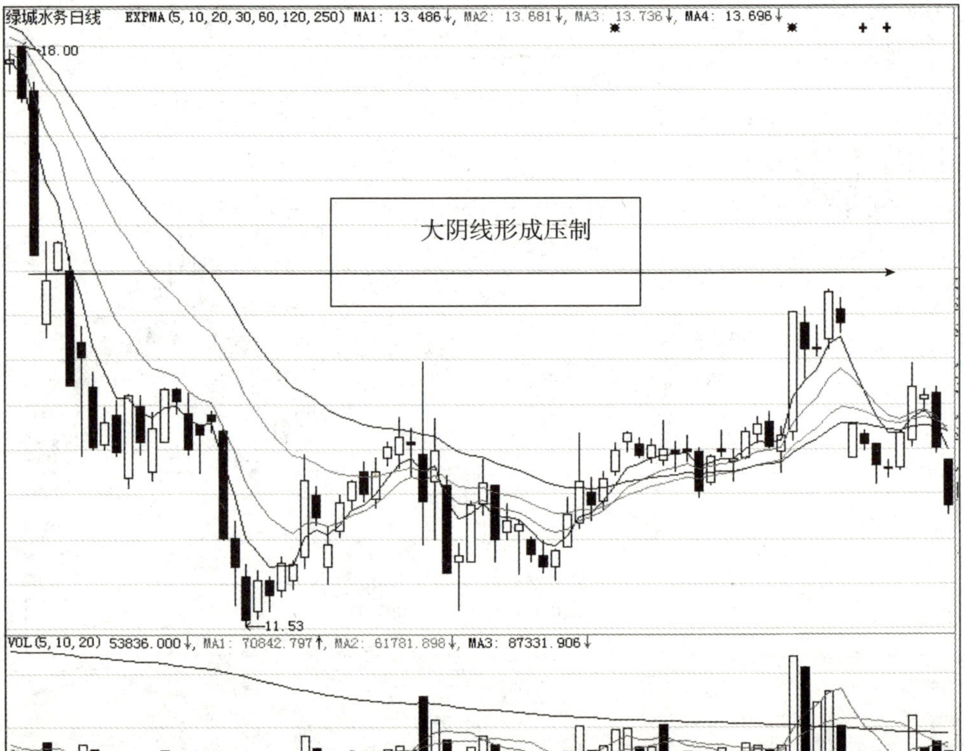

图 1–3–6

图 1-3-7 是西安旅游（000610）在一段时间内的走势图。个股在前期走出一个高点，在高点之后开始回落走势，股价出现大幅下滑。个股经过巨幅调整后，慢慢走出探底回升的走势，个股重新出现上升走势。

个股在上升走势向上运行中遇到前期高点的压制，股价在高位出现盘整走势。个股在盘整后仍不能消化高位抛出的筹码，股价开始面临回调。个股在一根大阴线跌破均线后，股价正式开始回落走势。

大阴线跌破均线，也是一个卖出信号，投资者要注意及时卖出。

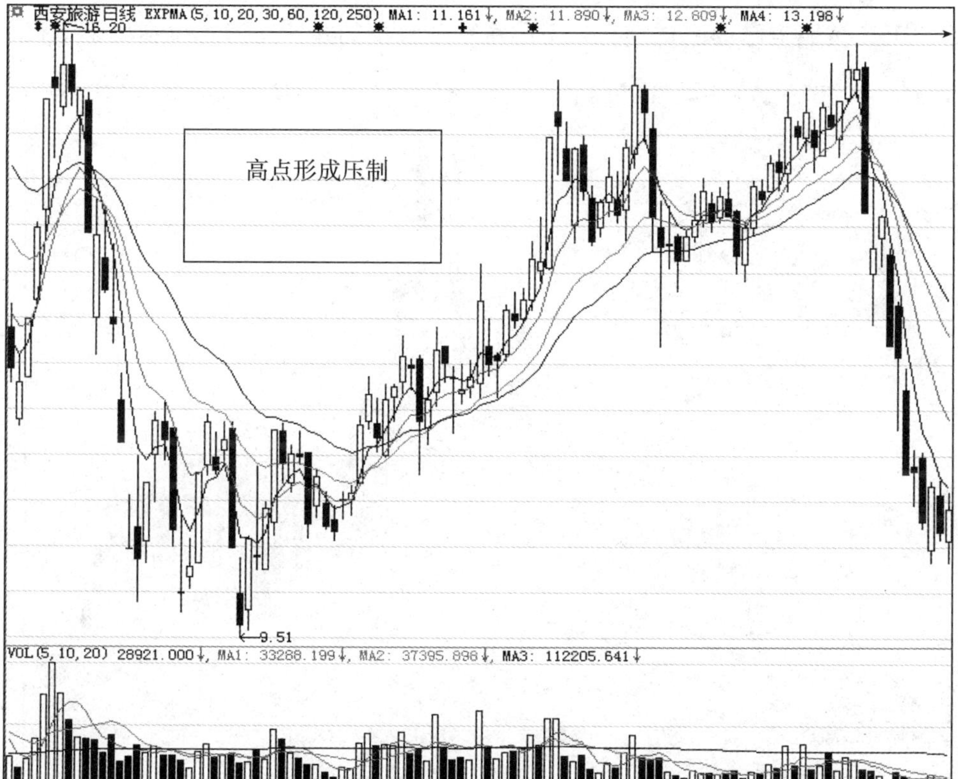

图 1-3-7

图 1-3-8 是亚泰集团（600881）在一段时间内的走势图，包括完整的牛市和熊市。在牛市中，个股走出明显的波浪上升走势。经过五浪上涨，股价出现大幅上升。个股在五浪上升之后面临 A 浪回调，这时投资者要注意及时离场，留住收益。

个股在前期的上升五浪上升中也存在 2 浪和 4 浪的回调，投资者可以根据黄金分割的比例做出离场操作，回避回调浪带来的损失。

从交易原则上讲，应该握住盈利的单子，将亏损的单子及时止损，但有些人在实践中往往正好相反。交易者的单子一旦被套，都会存在侥幸心理，希望市场按照自己的愿望翻转，不愿意平掉亏损的仓位，但对盈利单子平得

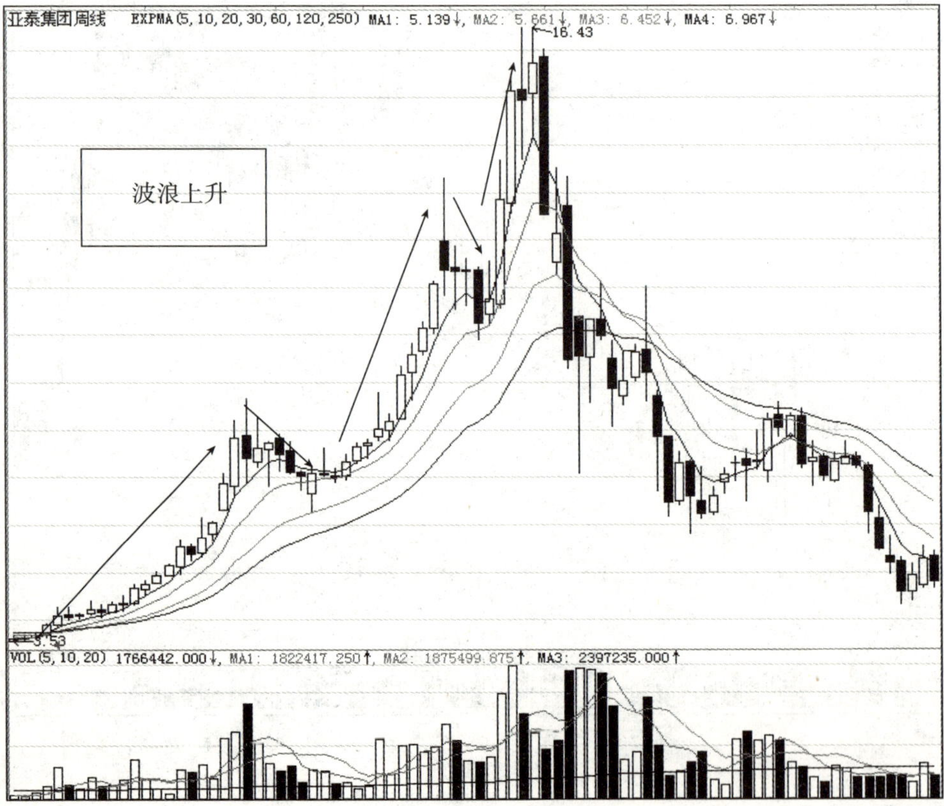

图 1-3-8

却特别痛快。

事实上，止损相对止盈而言更为简单，因为我们能够清楚地知道自己出现了亏损，却无法了解盈利最终能放大到哪一步。但投资者在执行止损计划的时候，内心往往会非常痛苦，这就造成了止损的难度加大。

理性的交易本来就是同感性的感受作对的，投资者只有不被自己的情感困扰，凭借自身的理智做出正确的决策，才能在合格交易员的道路上更进一步。

第四节　交易系统的建立

如果说短线交易者对交易市场的客观分析是交易的依据和基础，那么，短线交易者自身的交易分析能力，无疑成为决定交易成败的最主要因素。很多短线交易者把市场分析看得很重要，并因此花费大量的时间和精力，事实上这是次要的。市场是“死”的，是被动的，而交易者本身才是市场的主体。在股市这个交易市场中，仅仅盯着交易本身是不够的，还需要交易者时时注意自身的因素。这一点就有赖于交易系统的规范。

“我能给你世上最好的规则，以及研判股票位置的最佳方法，但你还会因为人的因素，也就是你最大的弱点而输掉账户上的钱。你没能遵守规则，你凭希望和恐惧而不是依规则行事。你犹豫迟疑，你失去耐心，你仓促行动，你延误时机。你用人性的弱点欺骗自己，然后将损失归咎于市场。永远记住，是你自己的过错而不是市场的行为或市场操纵者的行为导致了你的损失。因此，你要努力遵守规则，避免注定使你失败的投机。”

这是一代股票交易大师江恩几十年前留下的警世恒言，它深刻地揭示了交易心理和交易规则对交易成败的重要影响。

一、建立交易系统

在交易系统中，交易素质是最重要的一部分，它包括交易思想、交易理念、交易心理等，这些“活”的东西最难以识别和驾驭，但它却严重影响短线交易者的识别能力和交易水平，使短线交易者主观地看待市场并随意交易，埋下亏损的祸根。

交易规则包括交易策略、交易方法和交易纪律，它是一种经验的升华，是理性交易的操作体系，没有这样一套正确的操作体系，朝三暮四或投机取巧的获利方式，只会使短线交易者陷入更被动的境地。

资金管理则包括资金头寸管理和资金风险管理，不同的资金投入方式和出入场技巧，将导致同样看对走势的短线交易者产生巨大的收益差距。

与此同时，大多数短线交易者将交易视为单一的进场行为，认为只要进场正确就一定能够盈利，并在整个交易过程中过分依赖进场这个环节，而忽略了交易过程的其他相关环节。他们没有自己的交易体系，也无法完整地对待自己的整个交易过程，甚至不知道交易究竟有几个环节需要把握，这些都会导致短线交易者成为最终的“输家”。

正确的交易系统所包含的内容，如表 1-4-1 所示。

表 1-4-1　交易系统包含的内容

交易时要考虑的问题	科学的处理方案
买什么品种？	根据自己一贯的选股标准来确定
什么时候买入？	根据对大盘、板块、个股的分析来确定
买多少数量？	根据自己的仓位管理标准来确定
怎么买？	根据自己一贯的建仓风格依次买入
进场后趋势反向怎么办？	根据自己预先设立的止损点迅速离场
进场后趋势大好怎么办？	根据自己的加仓标准依次加仓
什么时候减仓？	根据自己一贯的止盈条件来执行
减仓多少？	根据自己一贯的止盈标准来执行
什么时候离场？	根据自己一贯的离场条件来执行
出现意外无法离场怎么办？	根据自己的第二套措施冷静处理

图 1-4-1 是创业板指数日线走势和 30 日均线的走势，下面就利用这两者来解释一下交易系统的操作问题。

图 1-4-1

◆买什么品种？

这一点可由投资者自己决定。

◆什么时候买入？

在这一案例中，以 30 日均线作为标准，选定的股票在股价站稳 30 日均线时即买进。这一点为强制行为，也就是一贯性。

◆买多少数量？

这一点也不具有固定性，仓位的1/3还是1/2，由投资者自己决定。

◆怎么买？

根据自己的交易风格和交易习惯来定。

◆进场后趋势反向怎么办？

股价在投资者进场后跌破30日均线怎么办？这时可注意止盈止损。

◆进场后趋势大好怎么办？

行情如投资者所愿，该在什么时候加仓？这一点可以从技术位来判断。

◆什么时候减仓？

减仓的位置和止盈止损一致，这里可注意30日均线的支撑，跌破即减仓或清仓。

◆减仓多少？

根据自己的设定来操作，可以减仓位的1/3或1/2。

◆什么时候离场？

案例中未有效跌破30日均线，如有效跌破30日均线可离场。

◆出现意外无法离场怎么办？

冷静处理是唯一的办法！

总体来说，短线交易者要想在市场中持续获利，就必须建立三位一体的交易体系。

（1）技术分析模块：这是交易对象和交易时机的预测系统，着重于研究买卖什么和何时买卖的问题。它包括对大盘的分析，对个股质地的分析，对个股技术面的分析，对个股主力的分析。在这里，最重要的是客观、全面地了解市场。

（2）交易行为模块：这是对短线交易者整个交易行为进行管理的系统，着重于研究如何能够更好地实施买卖行为的问题，包括短线交易者的心理控制、交易策略的实施和交易规则的执行等。在这里，最重要的是坚持整体性和一贯性的原则。

（3）资金管理模块：这是对资金安全性和增值过程进行管理的系统，着重研究买卖多少的问题。这涉及资金每次出入的比例，以及对风险的控制和对盈利的保护等问题。在这里，重要的是坚持合理和谨慎的原则。

学会开车很容易，但成为职业赛车选手却很困难。做股票投资也一样，成为职业交易员并不简单，迈出的第一步就是要学会制定交易计划，交易计划是短线交易者的作战计划和实施框架。交易计划需要事先考虑行情所有的发展可能与相应对策，这样可以使短线交易者降低心理压力，提高自信心，同时形成自律性的规范动作。

二、做好交易计划

交易计划的目的，是在充分认识市场状况的前提下，寻找成功率较高的交易机会，确保交易过程都在自己的掌握之中。

交易计划的形成过程如下。

（1）辨认出当前大盘趋势属于基本趋势、次级趋势、短期趋势里的上涨、盘整还是下跌。

（2）分析当前大盘短期趋势形成的主要因素，并搜集后期影响因素进行趋势的分析预测。

（3）当大盘趋势开始向有利于自己的预测方向前进时，证明预测可能正确，准备进场。

（4）察看目标个股和大盘趋势之间的关联度，挑选适合的目标个股做进一步分析。

（5）按照自己习惯的短线、中线、长线交易风格，选定目标个股后，考虑何时进场和出场。

（6）分析目标个股后期可能出现的上涨、盘整、下跌三种走势，分别做好对应的操作和止损准备。

（7）按照既定的价格区间、时间范围、股票数量买入目标股，同时记录交易日志。

（8）随时观察，察看目标股是否有异动，对异动情况和周末行情作进一步的评估。

（9）考虑是否要加仓、减仓，或按计划止损，或提高浮动止损点，或止盈出局。

（10）达到预期目标或认为风险增大，应止盈出局，同时做好整个交易的总结和评估工作。

需要注意，在交易计划中，最不容易确定的是出局时间。但凡是不能确定出局时间的计划，往往都会出问题。出局时间和计划执行的成败，都跟短线交易者对行情性质的判断以及操作风格的选择息息相关，如果它们出了问题，那么交易计划多数是难以成功的。

三、写好交易日志

股票交易大师江恩在晚年的时候只专注于市场统计，他认为，从市场统计数据中寻找股市规律是最有价值的工作。对于短线交易者而言，对自己所操作的股票进行数据统计，则更有实际意义。前者的统计是针对市场的，后者的统计是针对自己的。对市场和自己进行识别并驾驭，是长期盈利的秘诀。

那么短线交易者如何对自己的交易工作进行统计呢？方法就是写交易日志。

交易日志可以帮助短线交易者评估自己的操作绩效，认识自己的交易风格和交易优劣，不断完善自己的心理素质和操作规范。很多短线交易者不愿意动笔记录，只愿意凭记忆总结，但是人们的记忆往往具有选择性，很难仅凭头脑就记住所有的交易细节并形成操作性的总结。每笔交易都必须记录确实有些麻烦，但对短线交易者肯定有莫大的好处。

交易日志的内容参见表 1-4-2。

表 1-4-2 交易日志的内容

交易对象	买入了哪只股票
股票性质	买入股票的性质。此项内容可以使你知道什么股票适合你的交易风格
交易时间	几点几分买 / 卖的。此项内容可以使你知道什么时间段最适合你交易
交易动机	为什么要买 / 卖。此项内容可以使你知道你的交易动机是否合理
获利目标	你计划的卖出点。此项内容有助于掌握你的盈利，分析你的止盈水平
止损目标	你计划的止损点。此项内容有助于控制你的亏损，分析你的止损水平
资金管理	加仓 / 减仓变化。此项内容有助于知道你在资金管理上的策略是否合理
盈亏情况	在该股上的盈亏。此项内容有助于知道你的成功率和平均获利以及亏损金额
持有时间	持有该股多长时间。此项内容有助于知道你喜欢或适合做多长时间的交易
决策分析	亏损交易的认赔速度是否够快？盈利交易的持有时间是否太长？是否太快出场？是否确实遵守交易规则？是否等待行情折返？

通过该表，短线交易者可以挑选出最适合自己交易的个股、行情、机会、时间和操作规则，同时知道自己的操作盈亏水平和心态变化。

交易日志如果只是纯粹的记录工作，就没有意义了，它需要短线交易者不断翻阅和总结，以分析自己的长处与短处，检讨自己的交易绩效，增强自己的交易信心。应该记住，成功的交易不在于一时的成败，而在于有没有执行一个好的、稳定的交易理念或操作标准。

四、确定交易策略

在股市里，有很多分析指标和分析工具，如同十八般武器。但无论它们如何厉害，还必须由交易策略来保障实施，方可准确出击，有效制敌。交易策略指导着分析工具往哪里走，在何时发挥有效的功力。一旦对股市有了本质的了解，短线交易者自然就会形成自己的交易策略和交易方法，在市场中展开博弈。

简单来讲，交易策略就是在什么阶段该做什么事，如同作战策略。至于如何做，则属于战术层面的问题。当交易策略明确后，一旦坚持下去，就会形成交易风格。显然，交易风格只是一种表象，实际的交易策略则如同主动脉一般决定整个表象。

交易策略往往是唯一的，是用来指导交易的，是经得起市场检验的。在交易的过程里，会涉及多方面的问题，而每一个方面都应有相应的交易策略来指导实施。具体如下。

大盘环境分析策略之一：如果市场资金供应充沛，则牛市不会消退，应持股待涨。

个股质地分析策略之一：绩优股表现稳健，可中线持有；成长股会有动荡，应抓住主升浪。

个股技术分析策略之一：在股价向上突破 W 底时买入，在股价向下突破 M 顶时卖出。

个股主力分析策略之一：基金重仓的股票有助涨助跌的性质，非待市场转强不可持有。

市场心理分析策略之一：当市场上股评家和媒体一致看好时，若牛市持续已久，应谨慎持股。

交易时机策略之一：当板块集体走强时，及时介入的风险较小，可有选择性地介入。

尤其值得注意的是，前面多数策略属于分析的结论，并由此组成了交易策略。在具体实施的时候，还会出现一个交易时机的策略问题，这是每一位短线交易者必须面对的问题。很多短线交易者把买入过程看得太简单，那是因为多数短线交易者的资金量太小，一次交易就用完了资金。对于大资金而言，则会出现最佳交易点、次佳交易点、适合交易点等。

这些交易点并非是事后诸葛般点评出来的，而是存在于一个多数会出现的未知时空中。比如，股价在上升中即将突破重要阻力位，那么就会出现四个买入点，分别是即将突破点、已经突破点、突破后的回档点、回档后的再次突破点。显然，即将突破点为适合交易点，有一定的风险；已经突破点为次佳交易点，风险较小；突破后的回档点不是一个值得交易的点位，因为交易者不知道是不是假突破后的回归；回档后再次突破点为最佳交易点，值得大量买入，该点位买入的风险最小。

在实际交易中，有的短线交易者在上述四个交易点都会买进，也有的只在一个交易点买进，这取决于个人的交易风格和对买卖点的把握。但就确立以上几个买卖点来说，则离不开市场中各类技术分析手段的帮忙。

第五节 技术分析手段

很多短线交易者在进行技术分析时，往往理不清头绪，甚至不知道要看多少方面的东西，这显然是学艺不精的结果。

下面是一张完整的技术分析清单。

一、趋势

看月 K 线图，或通过道氏理论、均线系统看整个盘面的主要趋势是牛市还是熊市，同时关注趋势线的支撑和压力状况。

在道氏理论中，股票会随市场的趋势同向变化，以反映市场趋势和状况。股票的变化表现为三种趋势：主要趋势、中期趋势及短期趋势。

主要趋势：持续一年或以上，大部分股票将随大市上升或下跌，幅度一般超过 20%。

中期趋势：与基本趋势完全相反的方向，持续时间超过 3 个星期，幅度为基本趋势的 1/3 至 1/2。

短期趋势：只反映股票价格的短期变化，持续时间不超过 6 天。

图 1–5–1 是国统股份（002205）在一段时间内的走势图。可以根据图中的均线判断个股走势的强弱，也可以根据个股的高低点来判断个股的支撑或压制。这些都可以从上文讲到的止盈与止损的买卖点位进行判断。在这一案例中，我们截取的是日线走势，投资者若是想观察更大趋势的运行，可以从周线或月线来判断。

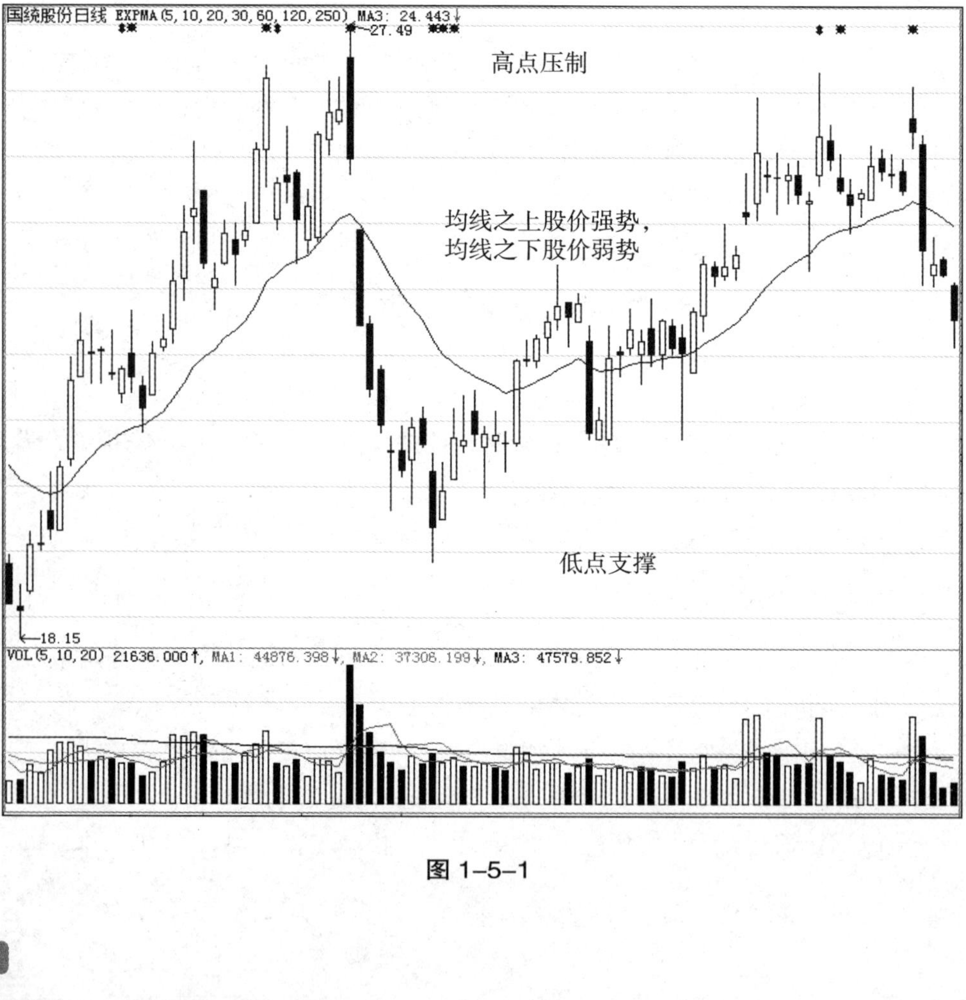

图 1–5–1

图 1-5-2 是国统股份（002205）的周线走势图。在这一周线走势图中，投资者一眼就会发现个股处于熊市之后的震荡市中。对比二者，投资者在日线图中看到的个股趋势是小趋势，而周线中看到的趋势则是大趋势。

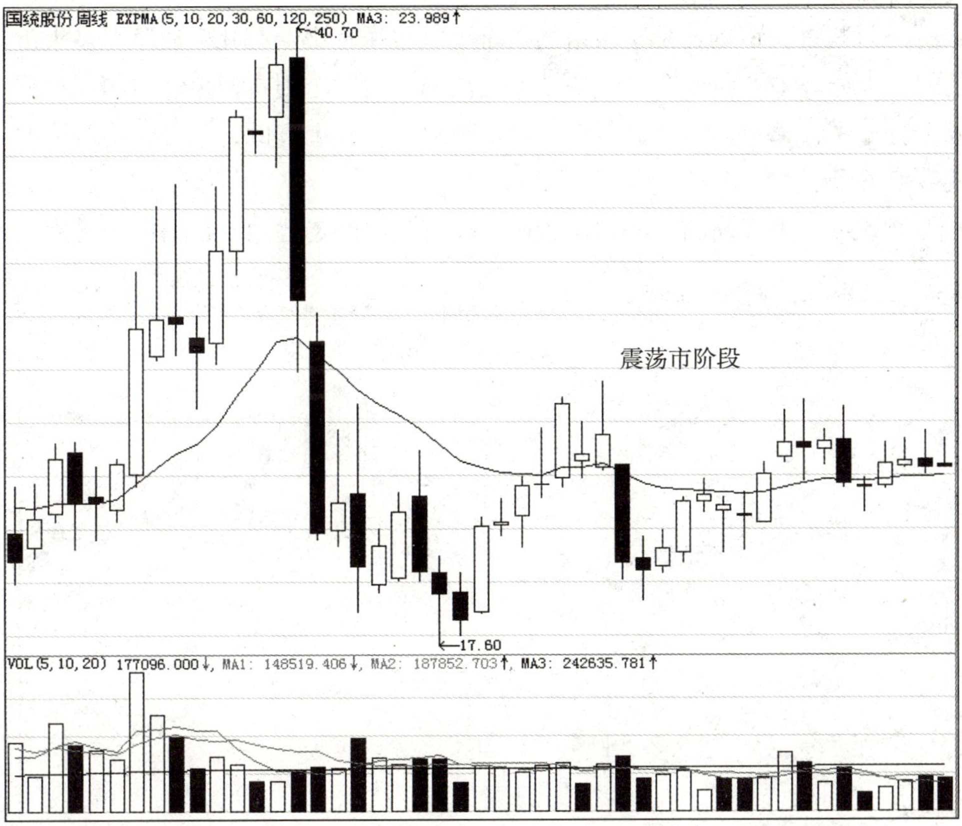

图 1-5-2

投资者还要明白，小趋势是包含在大趋势之中的，大趋势不明朗之前，小趋势也是难有作为的。再结合支撑与压制的关系，投资者就可以更清楚地把握行情。

二、阶段

看周 K 线图，或通过道氏理论、波浪理论、均线系统看目前趋势属于牛市或熊市的哪个阶段，以及当前次级趋势是回调还是反弹。

艾略特波浪理论（ElliottWaveTheory）认为，市场走势不过是不断重复的一种模式，每一周期由 5 个上升浪和 3 个下跌浪组成。无论趋势的规模如何，每一周期由 8 个波浪构成这一点是不变的。

不管是多头市场还是空头市场，每个完整循环都会有几个波段。多头市场的一个循环中，前五个波段是推动性质的，后三个则是调整性质的；在前五个波段中，第一、第三、第五浪即奇数浪是推动上升的，第二、第四浪即偶数浪则属于下跌调整。

图 1-5-3 是嘉凯城（000918）在一段时间内的走势图。在图中能看到个

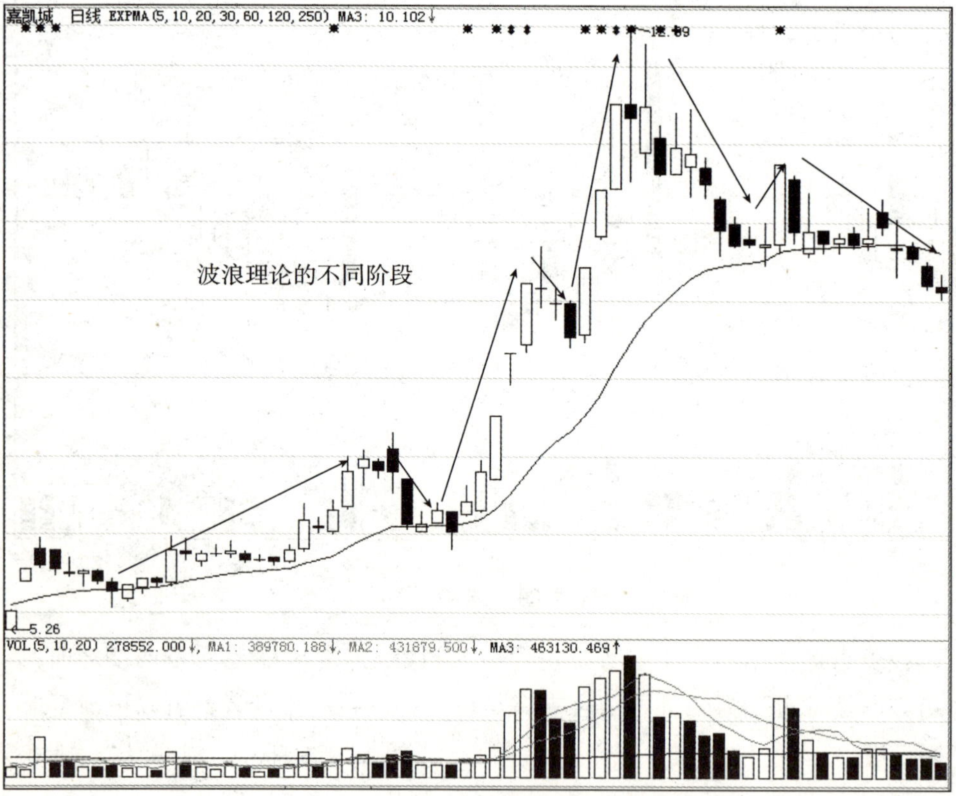

图 1-5-3

股走势是以波浪理论的方式一浪一浪上升的。当投资者明白了波浪理论的运行方式，就会明白个股的走势处于何种阶段，自然对以后的走势也就了然于胸了。

三、空间

看日K线图，通过趋势线或阶段性的、历史性的、整数位的支撑/压力线，以及百分比回撤线等，看回调或反弹的运行空间有多大。

回调力度可以根据回调的幅度来作不同的划分，其后对应的个股机会也相对不同。

（1）弱势回调：回调不足上涨波段的1/3，再次突破前高点可以介入。

（2）中度回调：回调至1/2左右，这时要看量能能否充分放大。

（3）强势回调：回调幅度超过1/2或彻底回落，很难再创新高，要坚决回避。

图1-5-4是标准股份（600302）在一段时间内的上升走势图。在个股上升的过程中，每一段上升走势之后都会出现回调走势。个股在回调期间的回调幅度可以成为投资者判断后期行情的重要依据。

回调的幅度较小，意味着抛压较小，大资金控盘程度较高，后期行情自然较好。回调较大则截然相反，说明主力控盘程度不高，稍有抛压，个股就面临大幅回落，其后涨幅自然有限。在这一过程中，投资者也可参考量能的变化，毕竟量价齐升才是最和谐的。

四、均线

看10日均线、30日均线、90日均线甚至250日均线的角度、收敛、交叉、黏合、发散、平行等状况有何微妙的变化。

移动平均线可以分为短期、中期、长期三种。

短期移动平均线主要是指5日和10日均线。

中期移动平均线，首先是月线，采样为24日、25日或26日。其波动幅度较短期移动平均线平滑且有轨迹可寻，较长期移动平均线敏感度较高。

长期移动平均线，首先为半年线，采样为146日或150日。上市公司一年分两次公布其财务报表，公司董事、监事与某些消息灵通人士常可优先取得这方面的第一手资料并进行炒作，投资者可借此获坐轿之利。

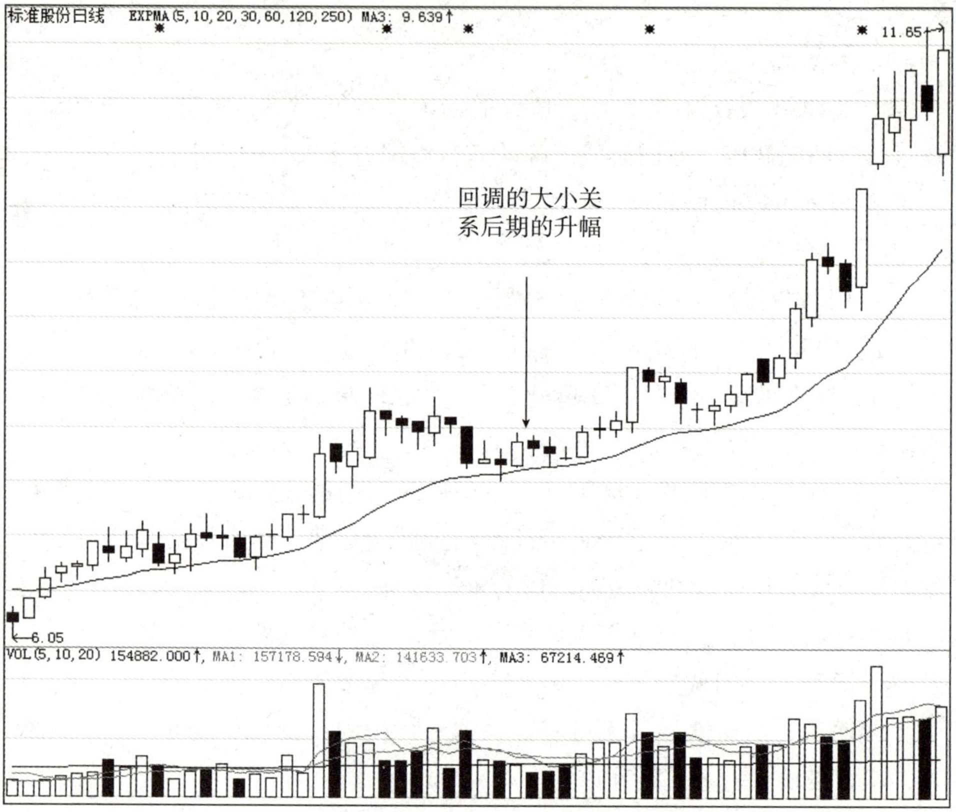

图 1-5-4

图 1-5-5 是标准股份（600302）在一段时间内的上升走势。在这一走势图上，我们保留了短期均线、中期均线和长期均线。在个股运行中，投资者可以从不同周期均线的关系判断个股的走势。

个股在前期出现短期均线下穿长期均线的死叉走势，其后回落。而在回落后孕育的新升势中，则会出现短期均线上穿长期均线形成一个金叉，其后个股开始长期上升走势。

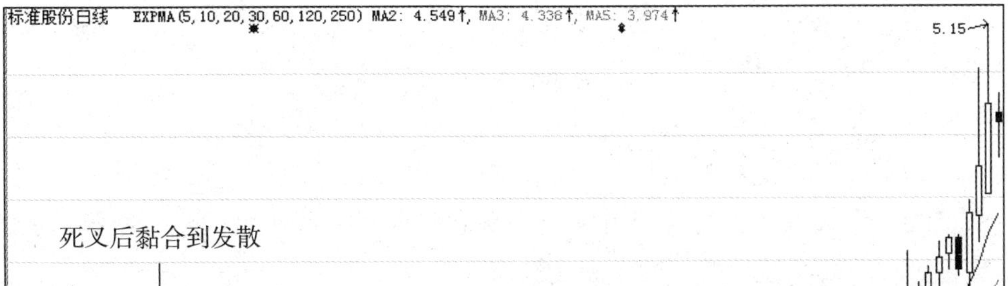

图 1-5-5

当然，从股价与个股的关系上也能看到这一点，个股股价站稳短期均线，说明个股短期走势向好。股价站稳长期均线，则说明长期趋势向好，投资者可以利用这些周期作综合分析，最大限度地把握个股走势，获取收益。

五、K 线

形态：看在最近的几个月中，图表上有无典型的“M 头”“W 底”“V 顶”“弧形顶（底）”等中长期 K 线技术形态。

角度：用甘氏线察看 K 线目前运行的趋势角度。角度代表了股价和时间的辩证关系，也意味着股价运动的冲击力度。

组合：看最近一个波段的 K 线组合，包括在此时间段内的阴线、阳线数量和连续创新高或创新低的 K 线数量。

缺口：缺口代表一次飞跃，其重要性胜过短期形态，且具有支撑或压力作用，故要看附近有无缺口。

K 线：看最近几日的 K 线有无典型形态，再看 K 线出现的相对位置、形态和长短，同时关注大阴线、大阳线的压力或支撑力。

图 1-5-6 是三聚环保（300072）在一段时间内的形态走势。个股在前期的运行中走出回落的走势，在区间内逐步探底。个股在探底的过程中形成一个双底形态，双底形态意味着股价运行方向将出现反转。个股在右底成立后，股价将开始上升并突破颈线的压制，个股开始新的上升走势。

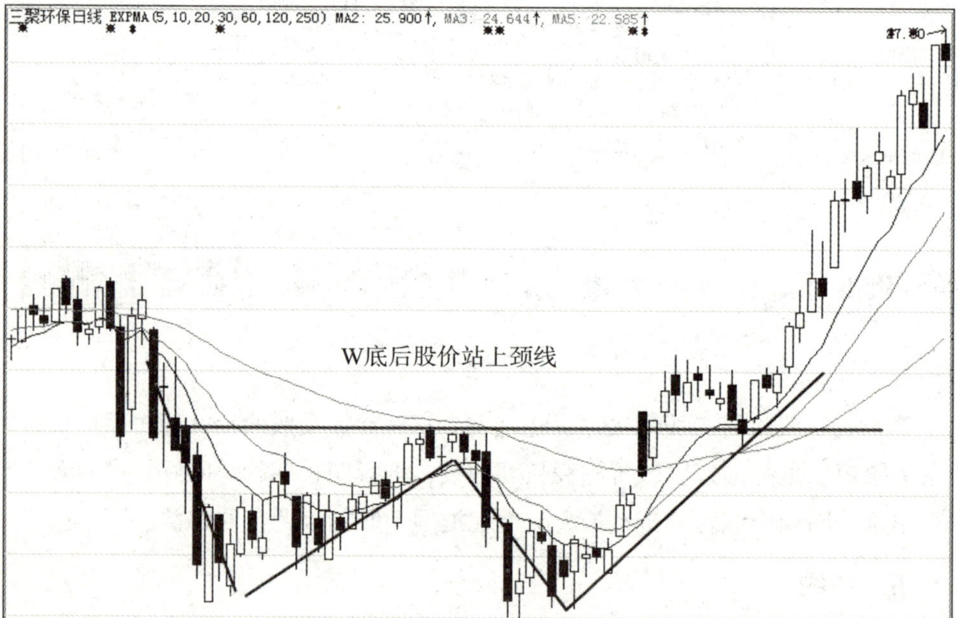

图 1-5-6

“M 头”“W 底”“V 顶”“弧形顶（底）”等都是典型的反转形态，投资者可多加注意，发现其中的投资机会及存在的风险。

图 1-5-7 是富春环保（002479）在一段时间内的形态走势。在个股的运行中，能够清楚地发现个股上升角度的变化。在上升角度较小时，个股的上升走势相对平缓，上升的幅度也相对较小。其后上升角度加大，个股的拉升速度加快，股价的升幅也随之放大。

当然，个股的后期运行角度放大，离不开前期上升角度较小时的量能积累。在个股获得大的上升动能后，走势自然就会加速。在这时，个股的上升角度问题，就成为投资者判断力量强弱和升幅大小的基础，投资者可注意把握其

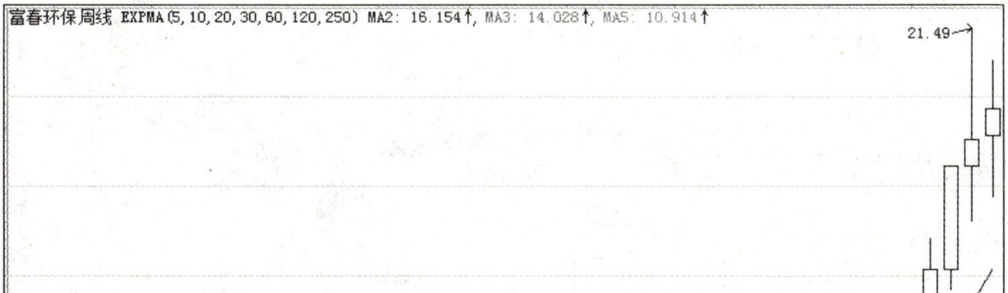

图 1-5-7

中的变化关系。

图 1-5-8 是三聚环保（300072）在一段时间内的上升走势。个股在上升过程中走出跳空上涨走势。个股跳空反映的是一段时间内投资者对股价运行方向的判断高度一致，买进的投资者愿意以更高的价格买进，卖出的投资者也只以更高的价格卖出，这样在这一价位就会形成成交量的放空，出现缺口。出现缺口也反映出人们的看法一致，这反过来又会进一步强化人们的一致看法，进而对股价产生支撑作用。个股运行方向确立，股价也会拒绝回调，继续上升。

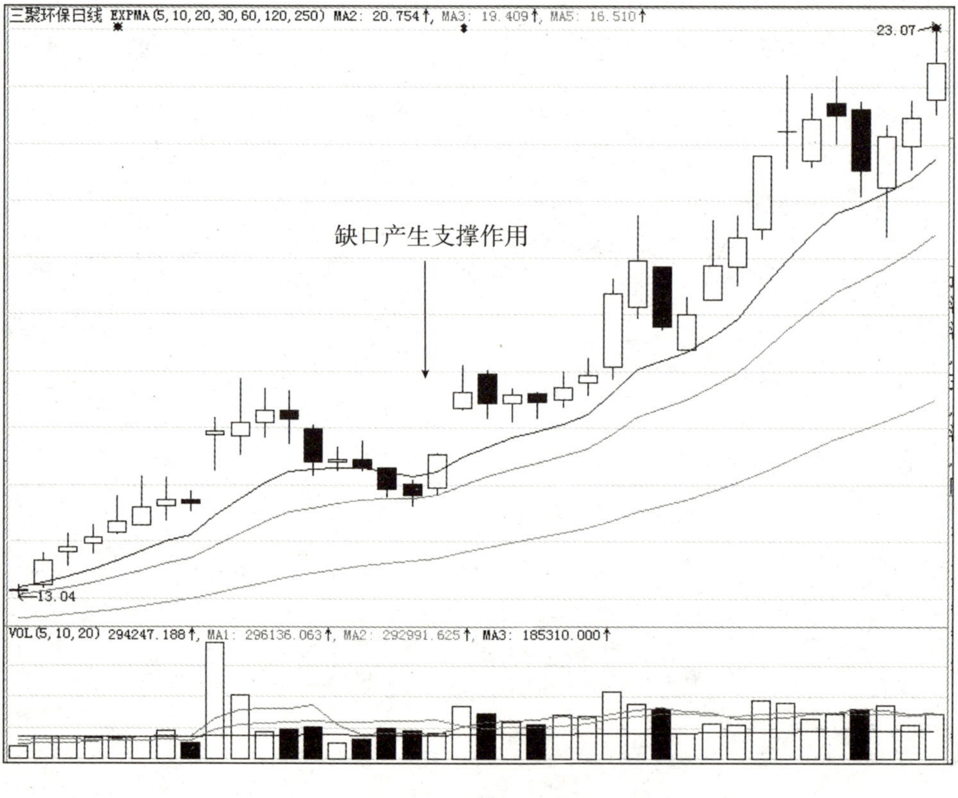

图 1-5-8

六、技术指标

观察技术指标在极限区的变化情况，以及交叉和背离的情况，但要注意顺势指标和震荡指标的差异。

技术指标分析是依据一定的数理统计方法，运用一些复杂的计算公式，用来判断走势的量化分析方法。技术指标主要有相对强弱指标（RSI）、随机指标（KDJ）、趋向指标（DMI）、平滑异同平均线（MACD）、能量潮（OBV）、心理线、乖离率等。

这些都是很著名的技术指标，在股票市场中长盛不衰。随着时间的推移，新的技术指标还在不断地涌现，比如 DMA、EXPMA（指数平均数）、TRIX（三重指数平滑移动平均）、BRARCRVR（成交量变异率）、BOLL（布林线）等。

图 1-5-9 是宏达新材（002211）在一段时间内的上升走势，在股价走势图下对应的技术指标是 MACD 指标。

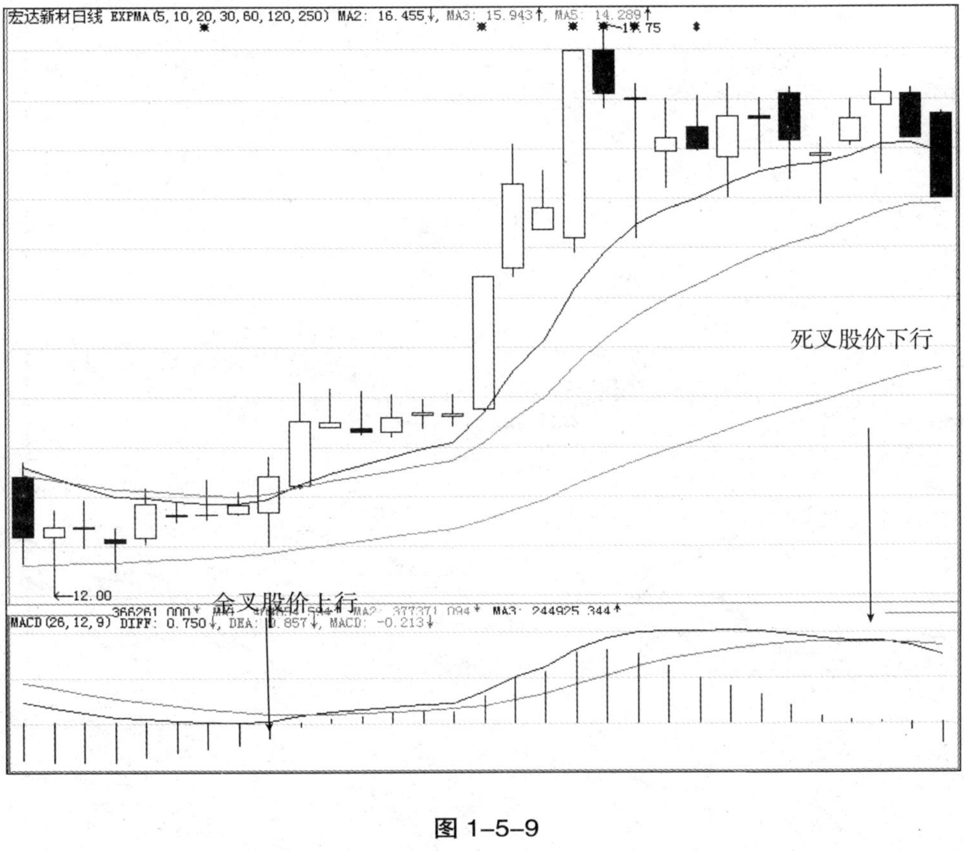

图 1-5-9

观察 MACD 指标与个股运行的关系时，可以发现个股升势的起步始于 MACD 指标金叉时。反过来，MACD 金叉也就成为投资者判断股价上升的办法，投资者在操作时也就能够顺理成章，在 MACD 指标金叉时买进个股获取收益。

图 1-5-10 是廊坊发展（600149）在一段时间内的上升走势。在这一过程中，参考的主要是 KDJ 指标。从指标和 K 线走势中能看到，当 KDJ 指标死叉时，股价出现下跌，操作上应当是卖出；在 KDJ 指标金叉时，股价开始上升，对应的操作是买进。当 KDJ 指标出现探底走势，则是一个超跌反弹的买进机会，投资者也可以注意。

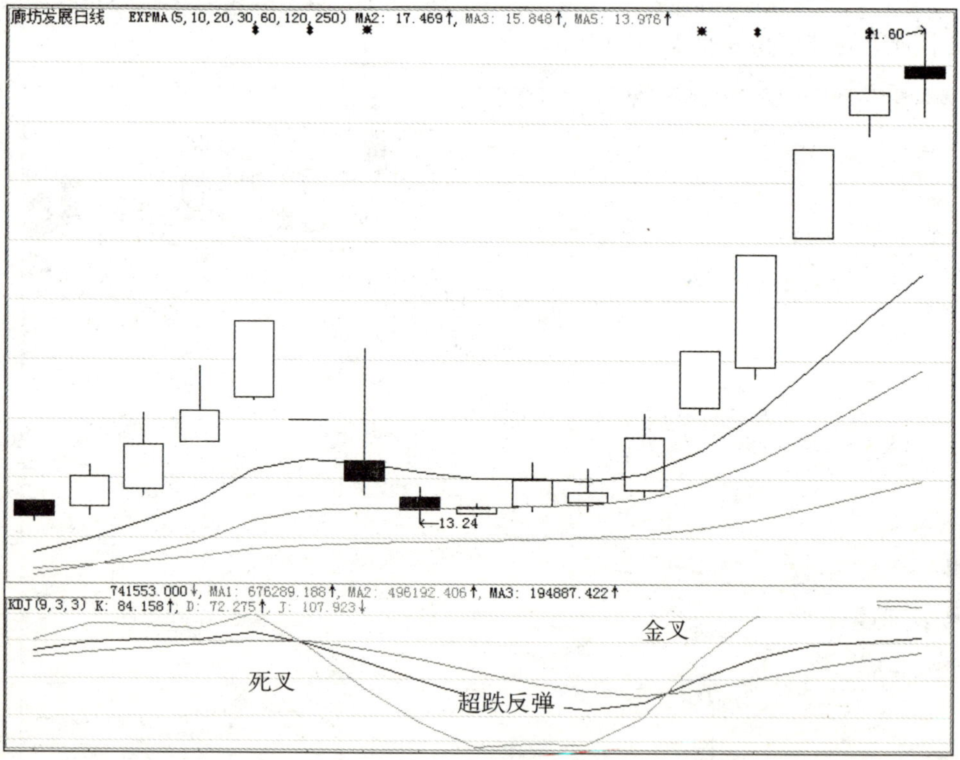

图 1-5-10

七、成交量

成交量是一种供需情况的表现，是一个时间单位内对某项交易成交的数量。当市场供不应求时，人潮汹涌，大家都要买进，成交量自然放大；反之，供过于求，市场冷清无人，买气稀少，成交量势必萎缩。

根据股价所在位置的高低，再根据成交量和价格配合的 10 种关系，可以判断主力的操作思维，把握趋势制造者的节奏。

成交量结合 K 线的使用原则如下。

（1）价格随成交量的递增而上涨，为市场行情的正常特性。这种量增价涨的关系，表示股价将继续上升。

（2）股价下跌，向下跌破股价形态、趋势线、移动平均线，同时出现大成交量，是股价将深幅下跌的信号，表明趋势将出现反转。

（3）股价随着缓慢递增的成交量逐渐上涨，渐渐地走势突然成为垂直上升的爆发行情，成交量急剧增加，股价暴涨。紧接着成交量大幅萎缩，股价急剧下跌，表示涨势已到末期，有转势的可能。

（4）温和放量。个股的成交量在前期持续低迷之后，出现连续温和放量形态，一般可以证明有实力资金正在介入。个股在底部出现温和放量之后，股价会随量上升，量缩时股价会适当调整。当调整持续一段时间后，股价上涨的步伐会逐步加快。

（5）突放巨量。如果股价在上涨过程的后半段连放巨量，通常表明多空分歧加大，有实力资金开始派发。深幅下跌后的巨量，一般多为空方力量的最后一次集中释放，后市继续深跌的可能性很小，反弹或反转的时机就在眼前。如果股市整体下跌，而个股逆势放量，造成十分醒目的效果，这类上涨走势持续时间往往不长，上涨一段空间后反而会加速下跌。

（6）成交量也有形态。当成交量构筑圆弧底，而股价也形成圆弧底时，往往表明该股后市将出现较大的上涨机会。

图 1-5-11 是 *ST 生物（000504）在一段时间内的上升走势。个股在前期走出一个上升趋势，运行到高位后遇到抛盘的影响，股价走出盘整的走势。个股的盘整和上升无力带来更大的抛盘，于是在高位连续收出放量的大阴线。大阴线跌破均线，均线的支撑也不复存在，个股开始下跌走势。

个股在高位放出大阴线，是由筹码的快速涌出造成的，表明个股的运行进入到出货阶段，这一趋势不会在短时间内结束，投资者需要注意风险。大阴线跌破均线则是均线支撑被打破，个股长期趋势转向，这一点也支持投资者及时离场。

图 1-5-11

图 1-5-12 是宏达新材（002211）在一段时间内的上升走势。个股在底部筑底的过程中，量能出现缓慢上升，这是资金介入所致，在量能上也表现为温和放量。

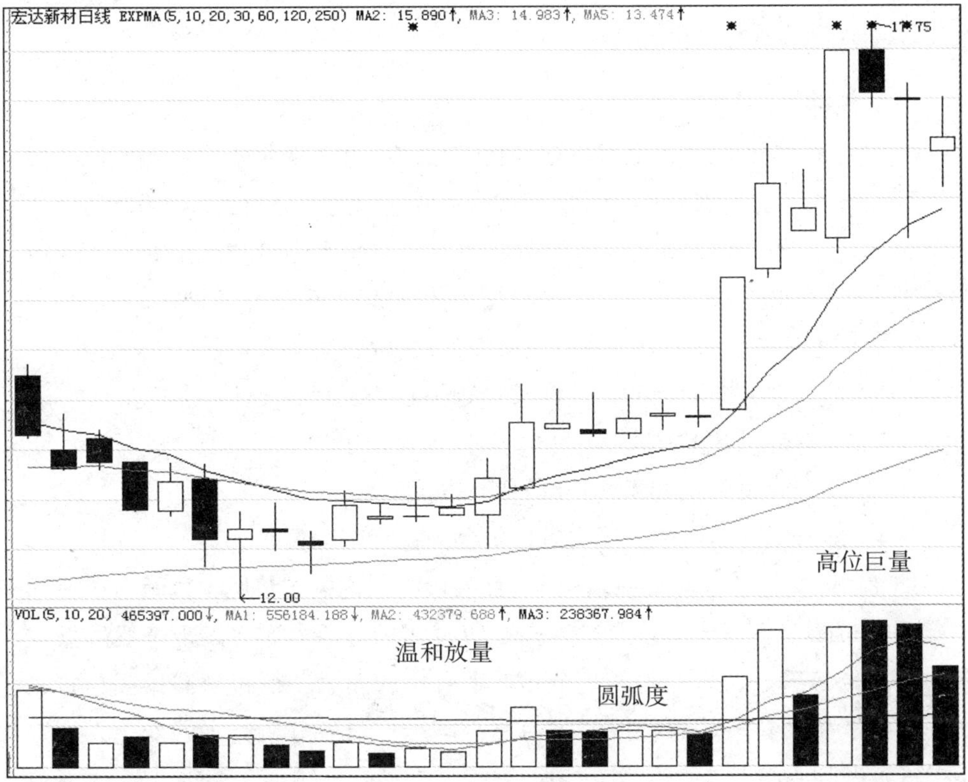

图 1-5-12

个股在获得资金的介入后，股价开始出现抬升，个股走势摆脱均线压制，走出上升走势。个股在股价抬升后需要对筹码进行清洗，个股走出震荡走势，形态开始变坏。但因为这并不是大资金出货所致，所以在量能上表现出缩量形态。洗盘结束后股价重新上升，个股的量能再次上涨。这一过程就构成了量能形态上的圆弧底形态，该形态之后股价看涨。

个股在圆弧底形态之后继续上涨，并随着浮筹的减少和大资金的进一步介入走出快速拉升的走势，个股也在短时间内出现较大涨幅。个股出现较大涨幅后，会遇到获利抛盘的抛压影响，一时间高位卖出的筹码增加，在量能上表现为高位放巨量，K 线形态也会慢慢转阴，股价开始回落。投资者这时就要注意风险，及时兑现盈利。

八、移动成本分布

通过对股票成交换手的动态分析和研究，可以透视股票成本转换的全过程，并形象地标明股票不同时间段不同价位持仓筹码的分布量和变化情况。

移动成本分布主要研究主力的持仓成本，看主力在低位是否获得了足够的筹码，在高位是否意图转手，个股在中间位是否存在压力区或支撑区。

对股票进行持仓成本分析具有极其重要的实战意义，其具体意义如下。

（1）能有效判断股票的行情性质和行情趋势。

（2）能有效判断成交密集区的筹码分布和变化。

（3）能有效识别庄家建仓和派发的全过程。

（4）能有效判断行情发展中重要的支撑位和阻力位。

图 1–5–13 是红阳能源（600758）在一段时间内的走势图，以及对应时间的筹码分布图。投资者可以通过查询对应时间的筹码分布，发现个股的低位筹码、高位筹码。高位筹码即是个股在上升中的阻力，低位筹码稳固与否，则关系到股价的拉升隐患，以及主力是否高度控盘。分析其中的变化，可以让投资者做到心中有数，有效管控风险。

九、盘口动态

盘口包括了股票当天的走势情况，主要包括五个部分：（1）委比；（2）五档买卖挂单；（3）开盘价、收盘价、涨跌幅、最低 / 最高价、量比、内外盘、总成交量；（4）换手率、总股本、流通股本、净资产、收益、动态市盈率；（5）买卖成交单。

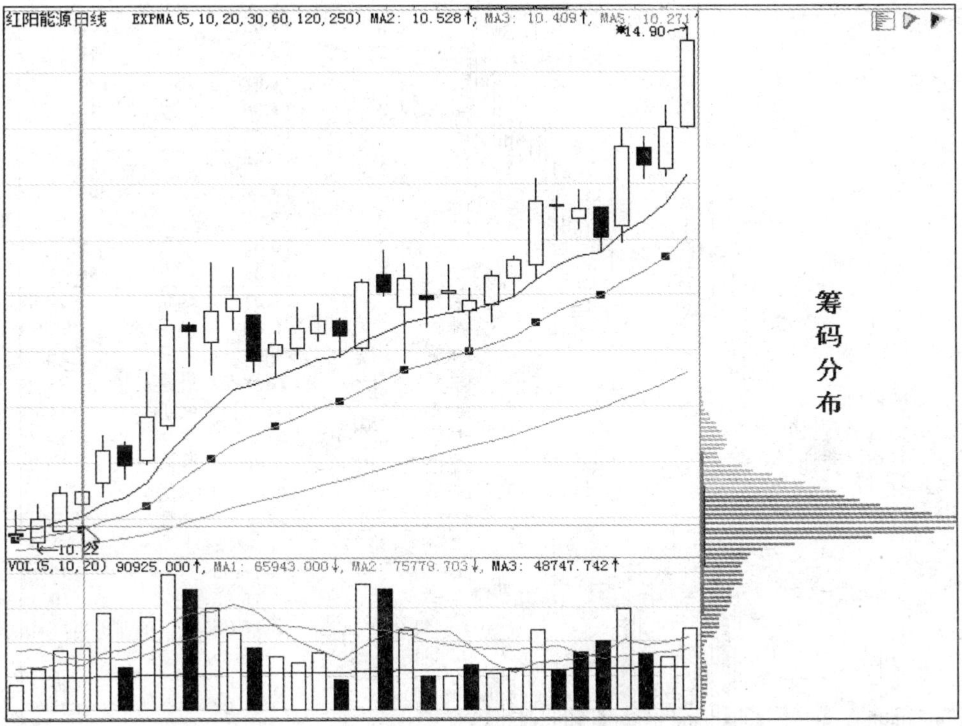

图 1-5-13

图 1-5-14 是红阳能源（600758）在一段时间内的股价走势图，以及对应时间的盘口动态情况。在这一盘口动态中，投资者可以看到五档买卖盘的挂单情况；量比、内外盘情况；换手率、总股本、流通股本、动态市盈率的变化。买卖档可以知道当时的挂单情况，量比则是量能的变化情况，内外盘可以帮助投资者了解个股的资金进出情况，换手率则表明交易的活跃情况。这些都有助于投资者对行情的判断。

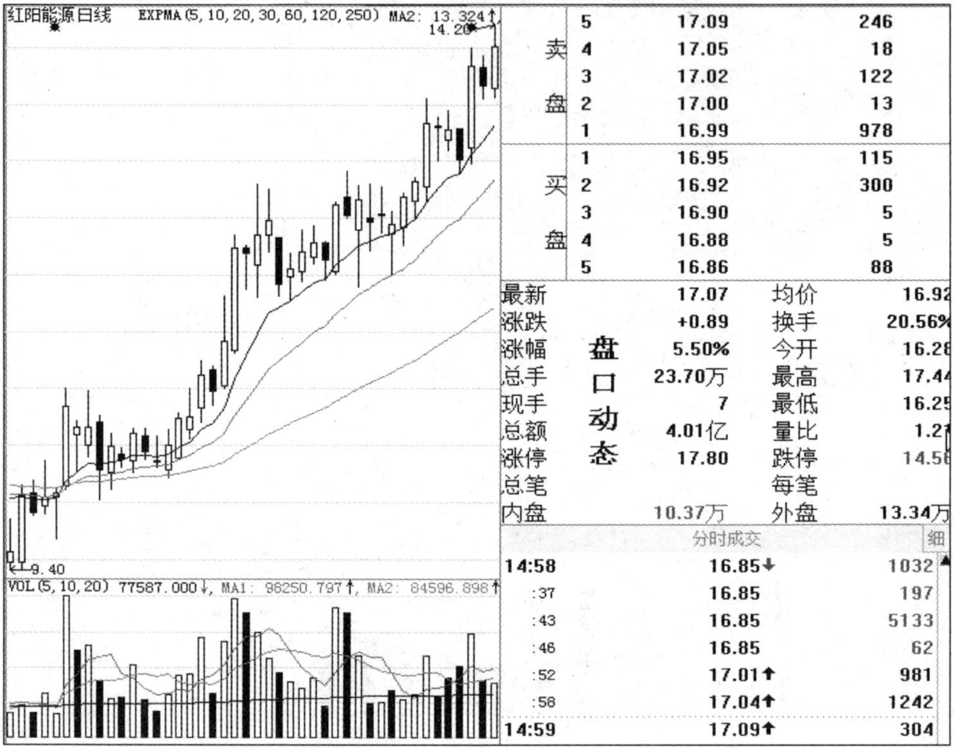

红阳能源日线 EXPMA(5,10,20,30,60,120,250) MA2: 13.324
14.20
9.40
VOL(5,10,20) 77587.000 MA1: 98250.797 MA2: 84596.898
卖盘
5 17.09 246
4 17.05 18
3 17.02 122
2 17.00 13
1 16.99 978
买盘
1 16.95 115
2 16.92 300
3 16.90 5
4 16.88 5
5 16.86 88
盘口动态
最新 17.07 均价 16.92
涨跌 +0.89 换手 20.56%
涨幅 5.50% 今开 16.28
总手 23.70万 最高 17.44
现手 7 最低 16.25
总额 4.01亿 量比 1.21
涨停 17.80 跌停 14.56
总笔 每笔
内盘 10.37万 外盘 13.34万
分时成交
14:58 16.85 1032
:37 16.85 197
:43 16.85 5133
:46 16.85 62
:52 17.01 981
:58 17.04 1242
14:59 17.09 304

图 1-5-14

第二章 短线投资的资金管理

第一节 小资金开场

普通短线交易者的短线交易属于跟风操作，所以资金量不能太大，一般宜在1000万元以内。在资金使用方面，要注意资金使用的原则，即大钱分散，小钱集中。也就是大资金须讲究投资组合，小资金须集中持股。

短线交易的小资金进出场方便，可以强调明确的进出场点位，甚至可以要求在当日最低点进场，在当日最高点出场；但大资金则应讲究进出场的价位区间，不能固执地等待最高点或最低点。

一、小资金入场

建议短线交易者拿出30000元在股市里进行试验。30000元只能买到10手30元的股票（不含交易成本），但是很多短线交易品种往往不超过20元，该金额可以满足试验的需要。

在试验阶段，多数短线交易者是要亏损的，即使有盈利也往往不知所以然。短线交易者一开始不要贪大，等技术稳定了，经验丰富了，再逐步加大筹码。

训练方法如下。

（1）训练自己对大盘的分析和感悟能力，看看每日大盘的实际走势和自己在盘前、盘中预测的有什么不同。如果对大盘没有80%的正确判断率，介入任何个股的风险都会比较高。

（2）训练自己对消息、概念的反应能力和反应速度，以及对板块联动的识别能力和把握能力。板块出现联动时，在熊市里短线操作的风险最小，同时利润又是最大的。

图 2-1-1 是开滦股份（600997）叠加潞安环能（601699）的 K 线走势图。以上两只个股都是以煤炭开采为主业的个股，所以在股价表现上具有高度的一致性。

图 2-1-1

煤炭板块的个股还有很多，任何一个对板块或者行业有影响的消息面、政策面信息，都会对股价的上升或下跌产生作用。也正是因为它们之间具有高度一致性和联动性，投资者在介入个股时，就可以好好利用这种机会。当一只个股启动时，可以把握相应板块个股的启动机会。

（3）训练自己进场的速度和质量，将自己实际进场的点位与事后个股的实际走势相比较，找出自己成功或失败的原因并进行全面、深刻的剖析，做好每场交易的分析记录。

（4）训练自己出场的速度和质量，将自己实际出场的点位与事后个股的实际走势作比较，找出自己成功或失败的原因并进行全面、深刻的剖析，做好每场交易的分析记录。

图 2–1–2 是一汽夏利（000927）在某一天的分时走势图。个股股价在早盘开盘后即进入单边拉升的走势中，在这一波拉升中，股价涨幅接近 4 个点，投资者获利不错。但也正因为个股的短期拉升带来相当大的抛盘，个股股价

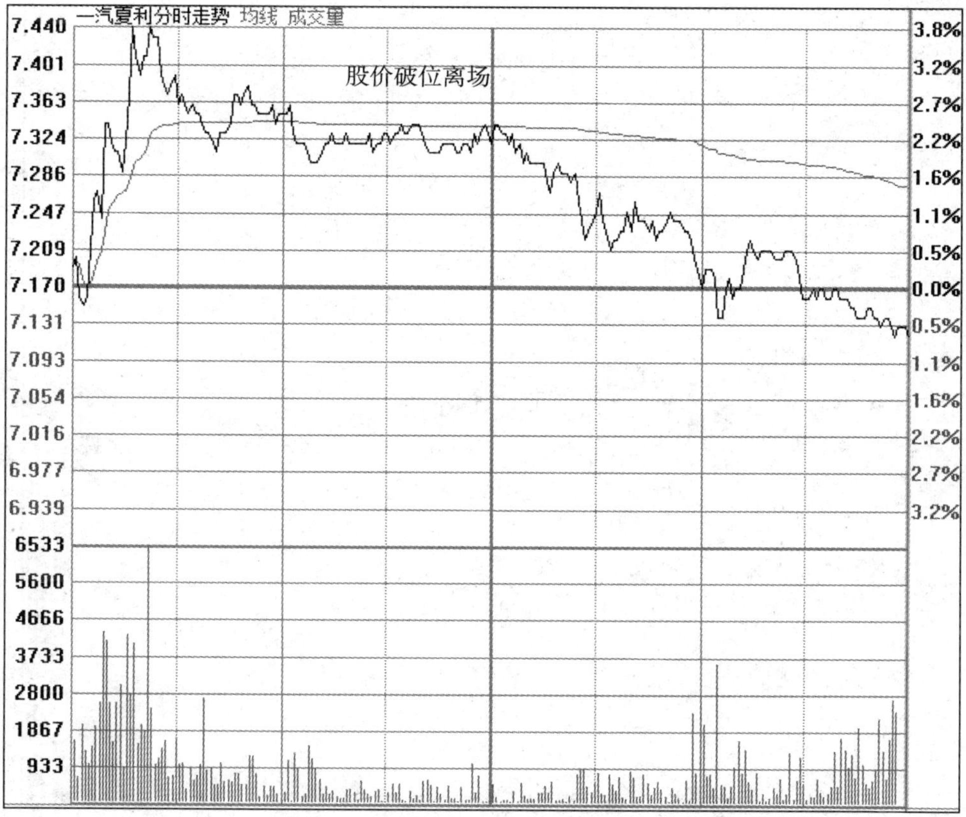

图 2–1–2

开始盘整，并在盘整的过程中慢慢跌破均线，股价出现回落的走势。在股价走出盘整，开始回落的走势后，投资者要注意个股的下跌风险。

个股后期出现单边回落的风险，在K线上形成一个倒锤头阴线。这一形态成立后，预示股价将继续下行，个股的持股风险进一步放大。

我们看个股后期的走势。

图2-1-3是一汽夏利（000927）在一段时间内的走势图。个股在前期出现一段时间的盘整，在盘整中积蓄做多力量。个股在获得做多力量后，股价开始上升，短短几天内股价涨幅在20%以上。随着股价的上升，低位买进的获利筹码开始涌出，股价在高位出现震荡走势，资金也在震荡中逐渐流出。

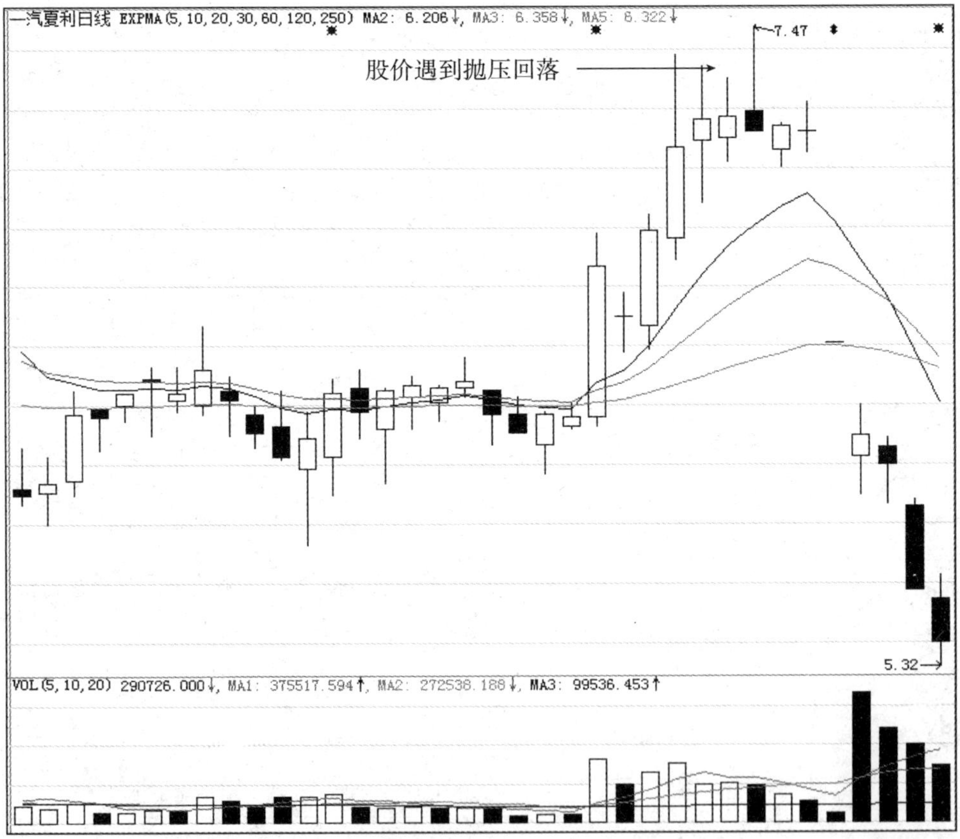

图2-1-3

个股在分时图中走出倒锤头走势，即是受这一因素的影响。形态成立后，个股开始回落走势，股价一落千丈。

从后期的走势来看，个股的拉高只是为了出货，但倒锤头的形态也给了投资者充足的时间离场。投资者要从这些走势中发现更多的规律，并能在以后的交易中运用，这就离不开数量的积累，形态的统计。

（5）观看主力资金在个股上翻云覆雨的动作和手法，设想自己如果是主力，会不会也这样操作，或如果自己是主力，将如何操作下一步。长此思维，你就离短线交易者的距离不远了。

图 2–1–4 是大连控股（600747）在一段时间内的 K 线走势图。在这一走势中，投资者一眼就能发现个股走势的特殊性，个股在运行中多次采取拉高

图 2–1–4

回落的手法操控股价。大资金在低位拉高股价，在股价高位开始散发筹码，主力轻松地在区间内获取差价。

这只是大资金操作股价的一种手法而已，投资者在实际操作中还会遇到很多。要想识别各种不同的操盘手法，必须以量为基础，从量的放大过程中发现其中的内在规律。

（6）必须意识到，你和短线交易者现在是一个对立的关系，他要行骗，而你要识骗。如果你始终只能识骗而无法行骗，那么你最多也只能是散户高手，无法成为短线交易者。

（7）不断进行收盘后的复盘分析，不仅要对自己现在操作和关心的股票进行深刻分析，同时每天还要对沪深两市涨跌幅前后十名的股票走势进行反复察看和揣摩。

图 2–1–5 是某一日大盘下跌排行的前 22 名。投资者在了解大盘与个股时，可通过这些上涨和下跌的股票发现个股上涨和下跌的原因。个股的上涨不是毫无缘由的，个股的下跌也不会无缘无故。投资者通过对比这些统一趋势的个股，最终会发现他们之间的相似性，以及大盘或个股下跌或上涨的前一步是如何运行的。当投资者发现了这一点，就可以在实践中检验并应用。

（8）不断记录操作日记和总结，一方面跟踪自己的交易质量，一方面发现自己的行为缺陷和思维盲点，以快速提高自己的操作水平和研判能力。

（9）刻苦训练，深刻领悟，是成为专业短线交易者的唯一途径，而反复看盘、悟盘、记盘，则是达到条件反射般速度的基础。短线交易者必须在快、狠、准上下苦功夫，同时坚守自己的操作理念。

任何短线操作的高成功率都是来自于严格的系统化训练，短线交易者只有胜过 9999 人，才能成为万里挑一的好手。对各种股市规律及投资理念反复思考，对各种经典的股价走势反复记忆并不断对比总结，对主力各类的操盘模式做到了如指掌，这些都是短线交易者必须要经历的过程，这个过程至少要耗时半年。

序号	代码	名称 ●¤	最新	涨跌	涨幅↑	总手	换手率
1	300218	安利股份	23.10	-2.57	-10.01%	30.38万	18.03%
2	002265	西仪股份	17.01	-1.89	-10.00%	18.58万	6.39%
3	002755	东方新星	61.21	-6.80	-10.00%	17.71万	50.39%
4	002619	巨龙管业	22.62	-2.51	-9.99%	36.99万	13.14%
5	002495	佳隆股份	9.73	-1.07	-9.91%	99.69万	24.88%
6	300299	富春通信	27.93	-2.33	-7.70%	38.85万	21.00%
7	600149	廊坊发展	26.03	-2.01	-7.17%	60.53万	15.92%
8	603799	华友钴业	28.92	-2.23	-7.16%	20.67万	7.83%
9	300174	元力股份	41.50	-3.20	-7.16%	23679	3.22%
10	002547	春兴精工	11.34	-0.85	-6.97%	81.14万	11.86%
11	300072	三聚环保	44.07	-3.19	-6.75%	35.21万	3.96%
12	300472	新元科技	33.95	-2.45	-6.73%	66085	26.43%
13	002654	万润科技 ¤	14.52	-0.96	-6.20%	24.59万	6.45%
14	300381	溢多利	73.39	-4.81	-6.15%	27362	8.99%
15	000683	远兴能源	3.08	-0.20	-6.10%	196.13万	9.37%
16	002614	蒙发利	13.88	-0.90	-6.09%	25.48万	8.99%
17	300232	洲明科技	16.67	-1.07	-6.03%	13.99万	3.98%
18	601216	君正集团	5.08	-0.32	-5.93%	183.04万	2.48%
19	600917	重庆燃气	14.01	-0.86	-5.78%	12.20万	7.82%
20	300035	中科电气	18.00	-1.08	-5.66%	33.25万	17.89%
21	000002	万 科A HR ¤	25.48	-1.52	-5.63%	197.84万	2.04%
22	000918	嘉凯城	9.81	-0.58	-5.58%	63.70万	3.53%

跌幅前十名

图 2-1-5

二、资金管理要求

（1）建仓的技术原则，包括建仓的时机和买入的数量。

（2）加仓的技术原则，包括加仓的时机和买入的数量。

（3）减仓的技术原则，包括减仓的时机和卖出的数量。

（4）平仓的技术原则，包括平仓的时机和平仓的数量。

在这四项资金管理原则中，加仓比较有难度。加仓一般分两种：一种是在行情继续看涨时加仓，这是普遍的加仓行为；另一种是在行情有过少许调整后又开始反转向上时加仓，这是谨慎的加仓行为。绝对不允许因为股价急挫或股价便宜而进行摊低成本的加仓动作。

图 2-1-6 是精功科技（002006）在一段时间内的上升走势图。个股在一波上升走势中会出现多个买点，投资者若是研究它们的运行特点，就能及时买进。在个股还处于低位时，上升力度不太强。但如果没有下降动力时，投资者可以少量建仓，感受个股的力度与方向。当个股的运行方向通过中阳线确定后，就可以逐渐加仓。只要个股的趋势不改，投资者都可以在上升过程中加仓。

图 2-1-6

平仓也分两种，一种是获利或保本出局，这个比较容易做到。另一种是亏损时止损平仓，这个难度比较大，而且不仅是心理接受上的难度，还有操作技术上的难度。平仓与股价目前获利空间与风险大小密切相关，不能一概套用亏损3%就出局的结论。

止损在短线交易中很容易发生，更易产生累积的实际亏损。为了避免止损的出现，方法只有一个，就是尽量少出手，但一出手就要准、快、狠。

三、持股的要求

（1）在大盘背景良好的前提下，只有少于500万元的资金且该笔资金有短期盈利要求的时候，才可以考虑一次性满仓操作。否则，都应该采用分批的方式进场。

（2）无论大盘好坏，大于500万元以上的资金量，应采用分批或分股的原则进行交易。前者是指看好某只股票后可以分批加仓，后者是指可以将剩余资金购买其他股票，以分散风险。总体原则是必须保留可以流动的资金，使自己处在进可攻、退可守的主动位置。

（3）即使短线交易者有1亿元的资金，在短线交易的持股上最多也不要超过3只，更多的资金要么活用，要么考虑中线持股。

短线交易是瞬息万变的，超过3只以上的股票，短线交易者很难在盯盘的时候不出差错，何况每天还有那么多涨停的股票在刺激着神经。精心选股，好好看护，是交易获胜的关键，买股票不是开杂货铺。

短线交易者切勿因为自己的资金量少，就忽视资金管理原则。必须记住，这是一种交易原则，一种交易风格，是千百万成功的短线交易者在资金管理上的经验。

一千个短线交易者，在行情的不同阶段采取的资金管理技术是不同的，这也会导致一千个不同的获利或亏损的结果。即使短线交易者能够准确预测到一些趋势的变化，但如果不能掌握好资金管理的技术，最终的收益盈亏也就无法确定。

第二节 重视资金管理

很多短线交易者如同难以接受“投机”这个贬义词一样，也往往难以接受“赌徒”这种说法。实际上，他们的做法可能并不比赌徒的做法更专业。

很多短线交易者把大量的时间花在了行情预测上，千方百计寻找“一副好牌”，但这往往使他们陷入茫然不可知的窘境，也使他们失去了很多市场机会。即使他们能够找到最值得交易的行情，也往往无法确信那就是最值得交易的行情。再加上复杂易变的交易心理和短暂的行情反复，看对而做不对的情况经常发生。

显然，做对比看对更重要，那么如何才能做对呢？做对不在于短线交易者对行情趋势把握的准确程度，而在于其对未来趋势的应变能力，也就是“见招拆招”的能力。这常常涉及短线交易者对风险的评定，对胜率的判断，对市场机会大小的估算，对未来行情的适应能力，以及在建仓、加仓、减仓、平仓等环节里的经验。

简单地说，做对的通用做法就是：没有值得进场的机会坚决不进；有值得进场一试的机会，轻单进场；出现行情判断失误，及时出场；出现重大盈利的机会，分批加码；行情趋势停滞不前，立刻减仓；行情趋势明确掉头，马上离场。上述这些正确的“下注方式”，总结起来就是资金管理，即短线交易者对自己的资金在投资方向和投资节奏上的管理。

资金管理方法是区别赢家与输家的关键，成功的交易员总是把正确的资金管理方法列为赚钱的头条原则。无论你是什么类型的短线交易者，也无论你是用什么方式从市场中盈利，如果你不知道如何管理交易资金，是很难在市场中获得长久生存的。最佳短线交易者并不是那些偶尔赚很多钱的人，而是那些总是赔得很少的人，他们的风险容忍度通常都很低。

资金管理方法，是短线交易者应对不确定市场的盔甲，它能增强你抵抗市场风险的能力，获得异于常人的生存时间。

好的资金管理方法可以帮助投资者实现以下目的。

（1）使你注意对高概率机会的把握。

（2）使你能够重拳出击高回报的机会。

（3）使你了解自己能够承受多少风险。

（4）使你能够应对最糟糕的状况。

（5）使你能够处理利润最大化的问题。

（6）使你知道什么方法是最合适的出场方式。

（7）使你能够将亏损降到最低点。

（8）使你能够保住最珍贵的交易资金。

（9）使你能够处理大资金的稳定增值问题。

（10）使你能够避免赌博式的交易心态。

即使是世界上最好的赛车，在长达数月的赛跑中，也不一定可以跑赢一辆平庸的大众汽车——如果后者的驾驶员为人稳重，经验丰富，并且非常在意行驶的安全性和平稳性。

同理，即使短线交易者有世界上成功概率最高的交易系统，如果不懂得如何有效地执行资金管理法则，最终也会在一次很小的失败概率中以破产告终。越想快的人越能想出快的方法，但往往容易出事；越是慢的人越看重稳妥的方法，反而能到达胜利的彼岸。

第三节　资金管理方向

资金管理是对投资资金在投资方向和投资节奏上的管理。如果投资资金仅仅局限于股票市场中的买卖行为，那么将涉及组合、仓位、时机三个方面的管理。当然，短线交易者也可以将资金用于“打新股”“参与定向增发”

等特色交易，这里不另行阐述。

一、组合：投入方向

对于大资金而言，集中投向某一只股票面临的风险比较巨大，所以必须分散投资，进行组合式投资。所谓组合式投资，就是依据某些市场理论和经验，将资金分别投到多只不同属性的股票当中，或投到不同的交易市场当中，当单一品种、单一市场出现反向运动的时候，能够避免出现重大亏损。被短线交易者锁定并介入的多个品种和市场，即为投资组合。

投资组合的目的不只是为了盈利，更重要的是防止大资金的系统性风险。因为相关性越强的股票，同步反向的风险越大；越是重仓单一股票，其反向的风险也越大。

组合式投资的原则要求短线高手最大限度地降低单一品种的风险，不将“所有鸡蛋放在同一个篮子里”。同时，也不要对投资对象采用平均主义的做法，而应有侧重、有技术地进行分散投资。

图 2-3-1 是友邦吊顶（002718）和华夏银行（600015）的叠加图，从图中能明显地看到两只个股走势不同。在一只个股大幅拉升时，另一只个股却继续盘整；在一只个股快速回调时，另一只个股却快速拉升，以弥补前一段错过的上涨空间。两只个股虽然走势不同，但都随着时间而出现股价上扬，这就是组合买进的意义。虽然组合买进不能获得超额收益，但可以帮助投资者抵御风险，最终也能获取股价上涨的收益。

投资组合往往涉及三个层面的内容。

（1）不进行单一品种的投资交易。交易对象可以包括股票、债券、权证等品种。

（2）不进行关联行业的组合投资。比如生产制造业和公用事业的关联度较低，可以同时考虑。

（3）进行多周期的投资组合。交易中应包括长线投资品种和短期交易品种等。

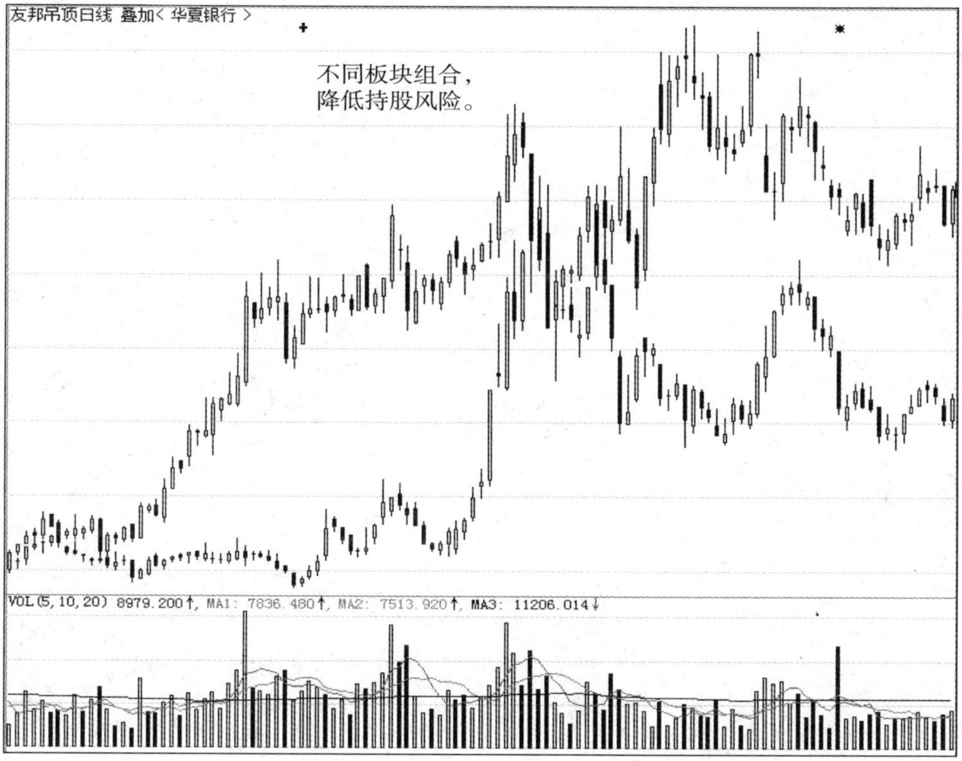

图 2-3-1

图 2-3-2 是友邦吊顶（002718）在一段时间内的走势图。个股在运行中整体处于一种上升走势中，但在上升的过程中，股价也出现了上下波动，这对大资金来说就提供了两种机会。一种是短线操作获取短期收益，一种是长线投资获取长期收益。当投资者需要对资金进行组合操作时，可据此采取不同周期的操作，获取翻倍收益。

在运用投资组合的时候，要注意把握资金分散的尺度。分散是指对非关联交易品种的分散，但它本身也要讲究集中的原则，不能无限制地分散，造成开杂货铺的后果。

一般来说，面对千余只股票，短线交易者能够有精力管好的股票数量不会超过 9 只，这 9 只股票还有可能涵盖了短线、中线、长线三种交易风格。

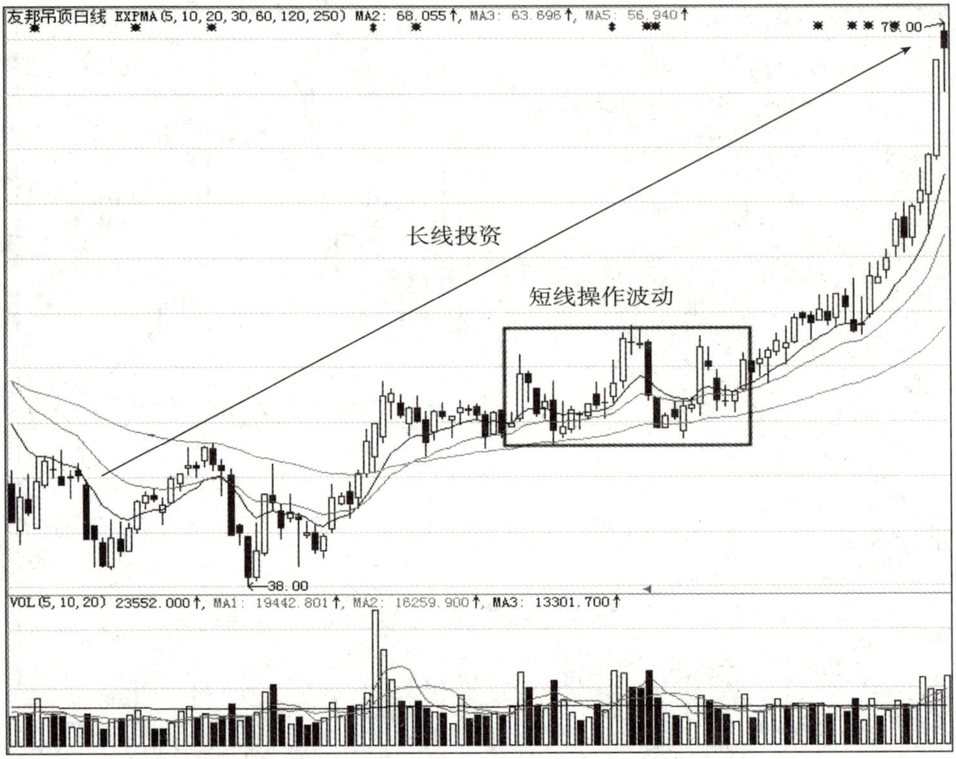

图 2-3-2

但要注意，在漫长的熊市里，对于资金而言，空仓才是明智之举。

二、仓位：投入多少

所谓仓位，就是短线交易者在个股上的持股数量或资金投入比例。仓位往往有两种界定方式，一种是额定仓位，即计划在某股上的持股数量或资金投入总额；另一种是流动仓位，即仓位有一个从零到部分满额直至全额，而后又逐渐减到零的过程，仓位始终处于一种流动的状态。

对额定仓位的计算比较简单，只需要符合短线交易者一贯的交易风格，并对报酬、风险比进行评估后即可确认；对于流动仓位的管理则比较复杂，它需要短线交易者严格执行建仓、加仓、减仓、平仓等管理标准，同时需要短线交易者具备丰富的交易经验。

对于仓位的管理，最简单的标准就是：风险大而机会大的，持仓数量减少；风险小而机会大的，持仓数量增大；做短线交易的，持仓数量减少：做长线交易的，持仓数量视报酬、风险比而增加；大盘股，持仓数量可以视其他综合条件而增加；小盘股，持仓数量相应减少，除非是坐庄，等等。

具体到策略上，可分三步走。

第一步，根据大盘性质来确定入市资金。比如，牛市中使用 90% 的资金，震荡市中使用 50% 的资金，熊市中使用 30% 的资金。

图 2–3–3 是上证指数在一段时间内的走势图，指数在区间内完整地走完了一个牛熊周期。指数在牛市中出现大幅上涨，买进风险较小。熊市期间指数却出现大幅下滑，投资者买进风险较大。在熊市之后的震荡市中，则是风

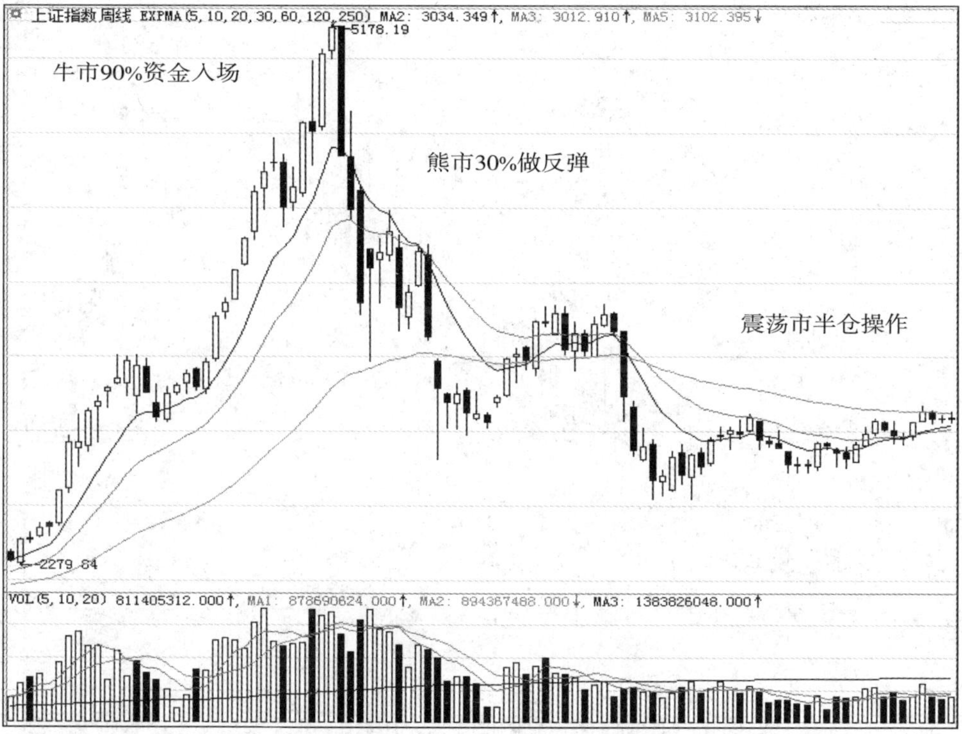

图 2–3–3

险与机遇并存。投资者要根据不同的市场做出相应的资金安排，这样才能在获取最大收益的同时控制风险。

第二步，根据交易对象来确定建仓资金。比如对于个股而言，当风险小于收益时，可以及时介入，甚至加仓买进；当风险大于收益时，不可介入，持有股票的应考虑减仓；当风险等于收益时，没必要进场，持有股票的可继续持股。

图 2–3–4 是台基股份（300046）在一段时间内的走势图。在个股股价处于不同的位置时，其对应的市场风险是不同的。当个股处于单边上扬的走势中时，市场风险较小；当个股处于震荡中时，其风险开始加大；当个股在高位走出大阴线，股价面临大幅滑坡时，风险瞬间加大。

图 2–3–4

对应不同的风险，投资者要对操作的仓位做出增减计划。在风险较小而机会较多时，可以逐步加仓；在机会与风险均等时，要注意控制风险；当市场风险大于机会时，要尽早清仓以避免损失放大。

第三步，根据短线交易者自身的交易风格来控制仓位。不同的短线交易者有不同的交易风格，自然就会根据不同的交易时机进行建仓、增仓、减仓、平仓等动作。

三、时机：何时进出

在买卖股票的时候，如果资金量比较大，短线交易者很难一次性交易完所要买卖的股票数量，往往就会给自己规定一个交易时间和买卖价格的限制。

比如，在购买股票时，短线交易者可以预先确定好最佳买入区间、次佳买入区间和适合买入区间，并做好每个价格区间的资金投入准备；在减仓和平仓的时候，也必须考虑适合的价格区间和时间段，避免和主力出货相冲突。

图 2-3-5 是宏图高科（600122）在一段时间内的走势图。个股在上升过程中形成不少买进区间，投资者在这些买进区间买进，都能获取不错的收益。若是对比收益与时间的关系，以及收益与风险的关系，其中我们也能发现更好的买点。

次佳的买点位置体现在时间问题上，此时个股刚刚出现上升走势，其力度相对较弱，需要一定的时间才能获得不错的收益。

可买进区间则是风险的问题，这一位置是个股盘整的位置。个股在盘整中虽受到均线支撑，但仍是有一定的风险。不过因为前期资金已经介入，这一位置视为可买进区间。

最后的位置则是最佳买进位置，这一位置处于洗盘之后的拉升开始阶段，股价经过洗盘后，迎来新的上升走势。这时投资者在此位置介入，可在最短的时间内获得巨额收益，对应的风险却相当小。

事实上，股票市场和股票的运作是有周期的。在什么时段介入什么品种，是短线交易者应该具备的经验；在什么时段进行建仓、加仓、减仓、平仓等，则是技术分析融合市场经验的成果，操作数量则取决于资金管理的经验。

图 2-3-5

组合、仓位和时机，这三个方面常常是牵一发而动全身。当市场风险增大的时候，不仅投资组合会发生变化，品种仓位也必然会作调整，调整的时机也必然会同步考虑。

第四节　短线交易的心理要求

股市如战场，短线交易者需要具备良好的心理素质，学会调整自己的心态，避免急于求成，这才是在股市获利的基础。

具备良好的心理素质，就是要有正确的心态，也就是所谓的健康的股市心理。股市投资心理这一关非常难过，这是尽人皆知的道理。尽管很多人都知道赢钱赢在心态上，但实际操作中却并不那么容易实现。

交易者要不断锻炼自己的心理素质，培养健康的心态。一波行情下来，不管盈利还是亏损，投资者都要调整自己的思路和心态，让自己在后续实践中达到最佳的“搏击”状态。

从交易的心理影响来说，中长线交易因为时间周期跨度较大，只需要关注周期内股价趋势运行的方向即可，股价对心理的影响较小。短线交易特别是超短线交易，因为股价波动的幅度较大，对情绪和心理造成的影响也较大。

一、正确认识自己和股市

短线交易者要正确地面对自己和评价自己。股民对股市的希望和股市的现实往往会有差距，股市有自身的运作规律，不以人的意志为转移。股市永远是对的，即使错了，它也是对的。

对股市运行规律的无知和狂妄自大，是很多人炒股失败的最主要原因。永远要尊重市场，相信自己的判断是建立在对基本面和股市内外环境的深刻理解之上的，也是建立在顺应市场运行规律的基础上的。

二、健康稳定的心态

不少散户投资者在做短线时，由于技术上的欠缺，经常出现高买低卖的现象，造成心态上十分浮躁。有的投资者总是想在短期追求获利，可事与愿违，常常把握不住个股的买卖点。

还有的投资者总是喜欢在个股放量拉升时不顾一切地追进，盼望该股能封住涨停，好让自己在次日或一天内冲高离场。主力常常利用散户投资者这一急功近利的心态，通过在盘面或技术图形中制造各种诱空或诱多陷阱，使投资者忍不住去追涨杀跌。经历过几次这样的打击，投资者就会有“一朝被蛇咬，十年怕井绳”的不自信心态，对市场就会缺乏信心。

不少投资者选股的水平很高，但对个股的买卖点却把握不准，常被主力震荡洗盘搞得晕头转向，一个利空就吓得落荒而逃，这都是没有一个稳定心态的结果。

心态稳定的短线交易者容易克服浮躁心理，不被主力的各种陷阱所诱惑，也能保持一个良好的心态来对待市场的震荡。这些投资者具备对个股买卖点的准确判断力，以及对上涨或下跌行情的分析能力。特别值得一提的是，长期跟踪一只个股做短线，可以熟悉该股的股性，为准确把握一只个股的买卖点提供帮助，有利于培养稳定的心态。

情绪波动性大的股民，其情绪易被股价操控，持续体验大起大落坐过山车般酸爽刺激的感觉。价格上涨、账面浮盈时欣喜若狂，眉飞色舞，觉得“整个世界满满的都是爱”；价格下跌、账面浮亏时，则嚎啕大哭，痛不欲生，感受到的是“这个世界满满的恶意”。

由于关系框架的作用，以前投资失败带来的经验和后悔情绪，会影响下次投资活动中的判断和行动。有时会因操作某只股票导致心情不好，连带着看其他股票时也觉得“整个人都不好”了。由于被情绪绑架，买卖股票时就会犹豫不决，不利于做出理智的抉择。

三、抛弃浮躁，保持耐心

短线操作过程中需要寻找高胜率的机会，这需要交易者具有良好的分析功底和丰富的市场经验，但最重要的是要有等待的耐心。很多交易者屡屡亏损，原因之一便是交易心态浮躁，没有等到有把握的机会即匆忙入场。

严格来说，高胜率的机会都不会很确定，往往是交易者一厢情愿的看法。即使是有 90% 的获胜率，如果行情偏偏走到了剩下的 10% 的概率里，也一样会发生亏损，而且此时的亏损往往更大，因为交易者会根据高胜率来加大投入资金的比例。所以，寻找高胜率的机会虽然很重要，但交易者也不要过于指望高胜率，并据此盲目加大资金投入。

四、快速反应和应变的能力

短线交易因为短平快的特点，对交易者的快速反应和应变能力要求较高。股票市场最重要的规律和特质就是它具有波动性，炒股的特点就是计划没有变化快。

拟定好炒股计划之后，仍必须随时观察原来计划的实施情况，实时监测你的计划是否符合目前市场实际的运行规律，是否符合你的风险承受力。要经常修改你的计划，一旦股市运行的方向与你的计划正好相反，就要及时纠错。应变能力是股民在股市里长期生存的基本素质。

五、戒贪婪，戒恐惧

“在别人贪婪的时候要恐惧一点，在别人恐惧的时候要贪婪一些。”贪婪和恐惧的关系，可谓投资的永恒命题，良好的心理素质是决定投资组合胜负的关键因素。

短线交易者要按照自己的交易系统发出的信号进行买卖，不要去妄想抓住一切个股涨幅。凭借交易原则和技术赚钱，不听信小道消息，不要因为贪婪和恐惧而改变自己的交易原则。

很多短线交易者常会经历这样一个心路历程，当把所有精力投入到所关注的股票时，受市场的刺激和诱惑，情绪常常会随着市场跌宕起伏，心态会逐渐丧失平静祥和，躁动不安地急切寻求追求成功的方法，最终却事与愿违。

短线交易者需要优化的不仅仅是对股票的更准确判断，也要克服人性自身的弱点。首先得承认，股市高手也无法逃脱平常小亏损的命运，它是客观实在，要懂得这就是股市自身的规律。“胜败乃兵家常事”，股市亦然。要理性地接纳这一事实，到了止损位的时候就立马止损，到了止盈位的时候就立马止盈。

第三章 选时与选股

第一节　短线操作的环境要求

做短线永远要记得一点：并非任何时期都适合短线操作，实战中交易者要判定行情的状态和趋势的方向。短线选时重于选股，选时也就是平时所说的“买入时机”。

关于短线的买入时机，股民中流传着这样一个关于恋爱的段子：在对的时间遇见对的人，是一生幸福；在对的时间遇见错的人，是一场心伤；在错的时间遇见错的人，是一段荒唐；在错的时间遇见对的人，是一阵叹息。日常生活中，大家也常常提到要在合适的时机做合适的事情。这说明，做事情都讲究一个时机的正确性、合理性，在股市中做短线交易也是同样的道理。

如何把握合适的时机，在对的时间和好的个股相遇，将短线操作演绎成一场幸福的交易之旅，而不是使之成为一场心伤或是一阵叹息呢？

具体而言，短线操作的环境要求主要有以下几点。

一、大盘走势理想

大盘指的是沪市的上证综合指数和深市的深证成份股指数，这些指数分别代表了沪市和深市全部股票涨跌的一个平均值。在短线操作中，首先需要对大盘走势保持格外关注。

做短线之前，必须对大盘走势和强弱进行判断，如果大盘走势不理想，那么主力资金是不会轻易拉升股价的。大盘和个股是相关的，呈现出互为因果的关系。当股票集体启动上涨时，大盘也会上涨。当大盘大跌时，多数个股也会下跌。

交易者需要明白，若要炒好股票，分析大盘是极其重要的，买入股票前一定要研判大势。同时，不要和大盘背道而驰，而要顺应其走势。行情好的时候要大胆买进，不好的时候要学会清仓休息。只有把大盘分析好了，才能够采取正确的交易策略。大盘分析有误，一招不慎，会导致你在股海中踏错或踏空行情，陷入被动境地。

笔者就此举三个例子，通过分析不同大盘走势对短线操作的影响，帮助读者在短线操作中做到如鱼得水，稳操胜券。

（1）大盘处于上涨走势，是短线交易的最佳时期。低点不断上移，高点也逐步抬高，K 线和均线处于向上的趋势，短线可坚决买进。若大盘站在 60 日均线上，整个市场处于乐观阶段，趋势向好，个股普遍活跃，出现普涨和向上攻击的状态，此时价涨量增，阳线多，阴线少，趁势而为，可以事倍功半。如图 3–1–1 所示。

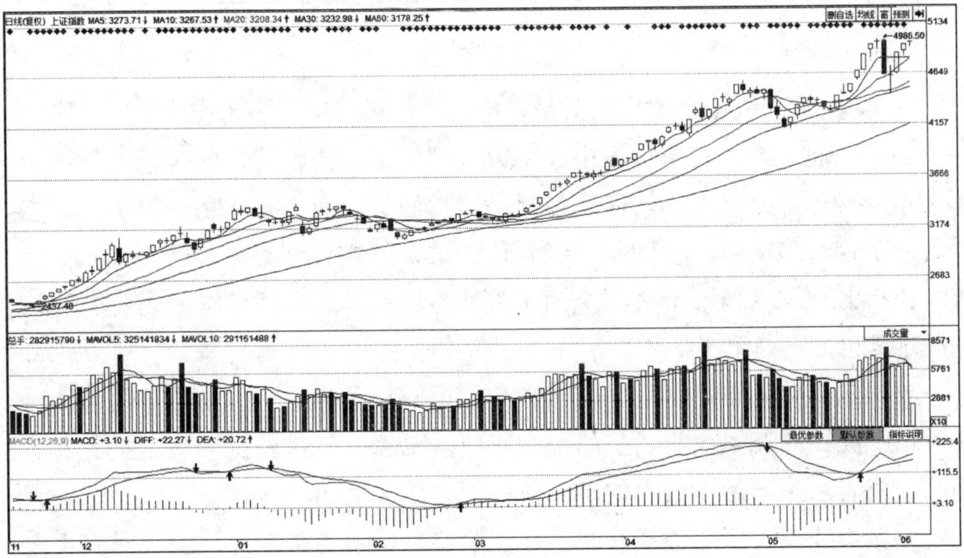

图 3–1–1

（2）大盘横盘盘整时期，也是短线交易的黄金阶段。这个阶段个股涨跌互现，散户心理忐忑，是庄家趁机洗盘与拉升的有效时机。各路资金也常常各显神通，部分庄股逆市大涨，此时的短线交易者能喝汤吃肉，捕捉黑马牛股。如图 3–1–2 所示。

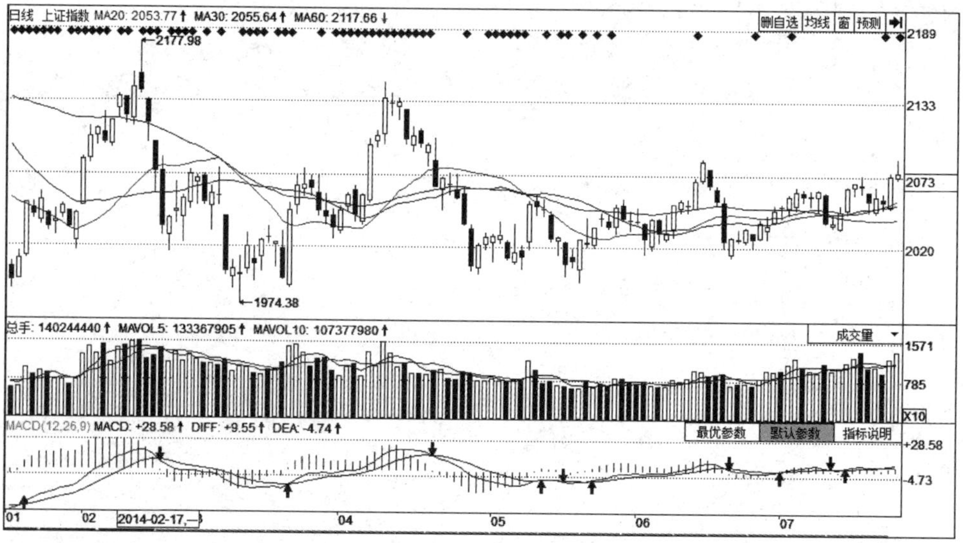

图 3–1–2

（3）大盘均线呈空头排列时最好空仓，持币以待。多条均线向下，表明整个趋势是向下的，目前市场中大多数人都处于亏损状态。此时个股行情持续性差，操作意义不大，任何反弹都是出货的机会而不是入场的时机，不能看着跌了这么多，便以为调整已经到位，某某位置会有支撑。当出现向下趋势时，宁可观望少赚钱，也不要冒着大概率亏钱的风险入场操作。大盘向下时，选股难度也大。如图 3–1–3 所示。

在大盘走势欠佳的情况下，绝大部分股票是下跌的。逆市做多，风险大，易亏损，成功的概率很小。虽然个别股票会暴涨，但这种机会很难把握。成功的投资者从来不做小概率的事，所以说要先看大盘，再选择个股，顺着大盘走势做短线。大盘走势不好时，最佳策略是持币等待，等待获利时机再度出现。

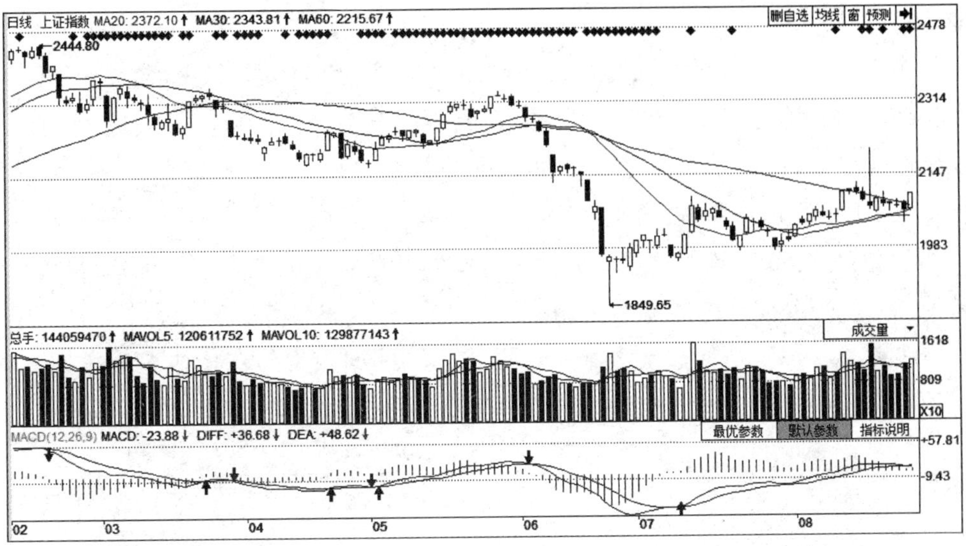

图 3–1–3

二、消息面配合

当大盘处于适合短线交易的环境时，以下消息面变化会增加短线操作的成功率。

（1）政策面和基本面不断有实质利好消息公布。

中国股市是典型的政策市和消息市，利好消息会推动大盘不断向上突破，个股也会产生一轮上涨行情。

（2）龙头板块出现联动。

最好有某一板块集体启动。板块集体启动是大资金涌入的结果，说明热点集中在这一板块，市场共同看好这一板块，买进的风险小。

（3）个股出现利好消息。

某只股票突然公布重大利好消息，往往会有暴涨行情出现，短线交易从中获利的机会不少。

交易者应该审时度势，随时了解并掌握投资市场上的消息变动，及时调整操作战术。

三、个股走势良好

并非任何大盘环境都适合短线操作，并非任何个股形态都适合短线操作。中长线趋势没有走坏的个股，短线操作成功的概率会大大提高。实战中，短线操作应以 60 日均线为分界线来决定操作与否。

（1）个股运行在 60 日均线之上。

股价站在 60 日均线之上，说明个股运行的趋势是向上的，上涨趋势显而易见，此时短线操作的成功率最高。

如图 3–1–4，个股趋势处于上涨状态，均线向上发散，形成多头排列。这种形态的个股，短线操作赚钱的概率很高，亏钱的概率则很小。

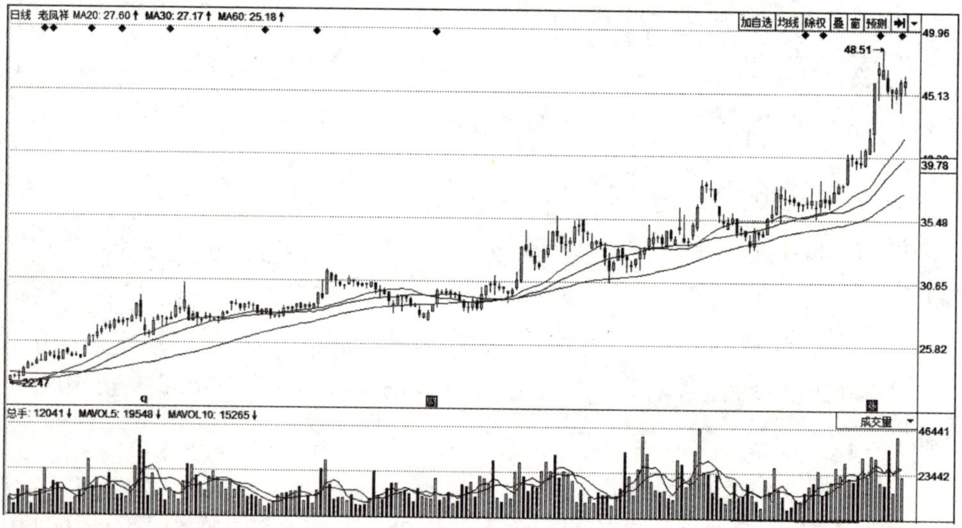

图 3–1–4

（2）个股走势在 60 日均线之下。

当个股走势位于 60 日均线之下时，应停止短线操作，休养生息，等待时机，伺机而动。交易者要注意，坚决不买处于下降通道的股票。猜测下降通道中的股票底部是危险的，因为下跌可能根本没有底。存在的就是合理的，下跌的股票一定有下跌的理由。不要轻易买入下跌的股票，尽管有人可能觉得这类股票已经下跌很大的幅度了，之后应该会起死回生。但这种想法绝对不是买入的理由，因为交易者不知道股价是否已经触底，等股价止跌回升时买入，价格更加便宜也是有可能的。

如图 3–1–5 中的这只股票，不少散户专门找低点去买，以为下跌多了就会上涨。他们认为到底了，就总想在下降通道抓到低位，抄个大底。此时 K 线处在均线之下，在这样的形态下，买入后被套是大概率事件，因为低点之后可能还有更低点，股价可能会不断创出新低，因此买进此类股票的风险远远大于收益。

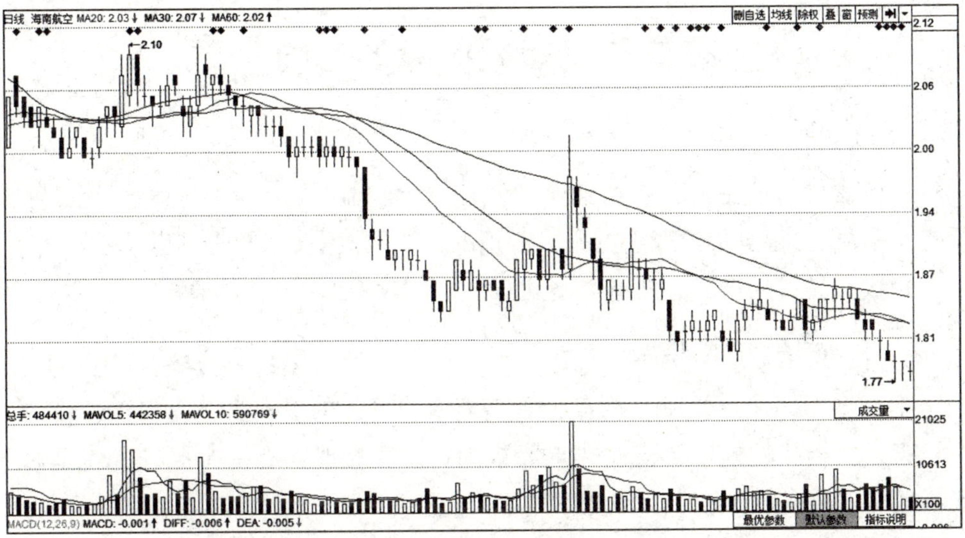

图 3–1–5

短线操作轻易不能做下降通道中的股票，以免小反弹后跟着大下跌，做一次割一次肉。下跌通道中的股票暂时还不到短线操作的时候，等股价放量走强后，出现上涨形态再操作也不迟。

60 日均线之下的个股，可以短线操作的特例是“超跌反弹”。超跌反弹与上面提到的“抓低位”不一样，超跌反弹必须是多个技术指标集体超跌到位。做超跌反弹是一个技术活儿，也是一个危险的活儿。做超跌反弹时要敢于止损，随时准备“断腿”，不建议初学者涉足。

关于超跌反弹的技术要求，不是简单几句话就可以说得清楚的，有兴趣的读者可以关注笔者出版的相关图书。

本节总结：做短线不仅仅要将目光聚焦在个股上，也要将目光放长远，立足整个大盘走势和行情变化，从而更好地判断个股走势。个股离不开整个大盘的操作环境，大环境的影响不可小觑，因此在实战中，交易者务必要重视短线操作的环境要求。

第二节　短线选股的方向

投资者做短线主要是想快速赚取短期差价收益，通常持股周期可能一两天或者一两周，很少关注股票的基本面情况，主要依据技术图表进行技术分析。

短线交易者的选股方向有以下几点。

一、抓市场炒作的热点

市场炒作的热点是所有投资者短期内最为关注的投资主题。属于炒作热点的股票，上涨的幅度要比非热点股票高得多。做股票有一个原则，就是做强不做弱。热点抓得好，赚钱就不难了。

追随市场热点是投资者赖以战胜大盘并取得理想投资收益的途径之一。市场中不乏一些短期热点和相对强势的板块，这些阶段性热点为投资者提供了短线操作的机会。投资者如果能够按照股市热点的轮换规律把握住市场机会，则能获得相当可观的投资回报。

如果无视这些市场热点，踏错节拍，那么想获取高额利润是件非常困难的事。即使在牛市中，如果逆市场热点而动，也只能望牛市兴叹。捕捉市场热点需要敏锐的感觉和深邃的洞察力，在热点形成之初及早抓住，不要等到市场人尽皆知时才后知后觉，因为热点开始蕴酿的一段时间里，利润往往是最丰厚的，错过岂不可惜。还可以通过对市场运行情况、特点及当前热点分析，找出今后可能出现的热点，成为先知先觉者，更主动地把握市场。

股票市场永远是一个推陈出新、热点不断变换的场所。一般而言，一个比较大的热点形成后，通常会持续较长一段时间，因为一个较大热点的形成，需要挖掘、培育以及人气的聚集、持续、反复等过程。在这个过程中，股市中存在许多短线操作的机会，就看你能不能把握住。

抓热点、抓龙头个股一直是跑赢大盘的关键，因为热点代表着主力资金的进攻方向，决定了市场运行的方向。进入市场先要找准市场方向，要把握好市场方向，就要找准市场热点。

通过热点选股可以提高获利效率。老股民都知道，每一波行情中的热点板块和热点龙头股，一般上涨最快，上涨幅度最大，非热点股要么不涨，要么涨幅明显落后于大盘。“赚了指数不赚钱”，原因就在于手中的股票不在热点上。

二、抓板块中的龙头股

当行情到来时，龙头股的涨幅往往非常惊人。是否能够及时抓住龙头股，是跑赢大盘和超越大盘的关键。

判断龙头股的简单方法，是看同一板块中最早开始上涨的股票，以及上涨速度和上涨幅度最大的股票。龙头股一般居于涨幅榜前列，并刺激和带动同一类概念板块的股票上涨，成交量、股价呈量增价涨走势，在资金流向榜排行上位居前列。

如在沪深涨幅排行榜中位列第一的是新能源汽车，那么要找龙头股，就要在新能源汽车板块中寻找，然后再寻找那只先放量上涨、成交量大和全天涨幅大的股票，这只个股往往就是板块的龙头股。

对于怎么抓龙头股不会被套，有如下方法。

（1）必须是涨幅靠前的个股，特别是涨幅在第一榜的个股。

涨幅靠前，就给了我们一个强烈的信号，表明该股有主力资金控盘，且正在往上拉高股价。主力的意图无非是进入上升阶段后不断拉高股价以完成盈利目标，或是在拉高过程中不断收集筹码，达到顺利建仓的目的。

如图 3-2-1 和图 3-2-2 所示，当时的龙头板块是港口航运板块，其中珠海港、中国远洋和招商轮船都是港口航运板块的龙头股。

综合排名

涨幅排名			涨速排名 周期: 5分钟			委比正排名		
北辰实业	6.23	+10.07%	初灵信息	66.80	+3.69%	恒顺众昇	45.88	+100.00%
海航投资	5.25	+10.06%	博通股份	38.06	+2.73%	永清环保	47.30	+100.00%
坚瑞消防	10.18	+10.05%	中国交建	22.20	+2.45%	金龙机电	59.07	+100.00%
国投新集	10.62	+10.05%	中国铁建	23.76	+2.19%	埃斯顿	59.92	+100.00%
珠海港	12.71	+10.04%	青岛啤酒	47.60	+2.04%	浙江众成	42.49	+100.00%
永泰能源	8.44	+10.04%	常山药业	52.83	+1.99%	常宝股份	17.45	+100.00%

跌幅排名			跌速排名 周期: 5分钟			委比负排名		
莱美药业	52.99	-10.00%	浩丰科技	174.60	-2.17%	永太科技	55.25	-100.00%
永太科技	55.25	-10.00%	聚龙股份	42.45	-1.28%	迪安诊断	132.19	-100.00%
迪安诊断	132.19	-10.00%	贵人鸟	46.22	-1.18%	江苏三友	39.80	-97.95%
北陆药业	32.11	-9.96%	酒钢宏兴	5.24	-1.13%	酒钢宏兴	5.24	-97.90%
新日恒力	21.06	-9.88%	中国西电	9.78	-1.11%	五矿稀土	34.50	-97.28%
泰格医药	81.83	-8.93%	紫光古汉	25.61	-1.04%	万马股份	16.84	-97.22%

振幅排名			量比排名			成交额排名		
西北轴承	13.19	18.17%	东方通	79.61	190.84	中国平安	89.92	2,081,238
楚天高速	9.49	17.54%	金轮股份	30.50	32.91	中国中铁	18.00	1,929,438
岳阳兴长	45.48	17.41%	蓝鼎控股	20.06	17.19	中信证券	35.14	1,760,800
广陆数测	88.00	16.54%	*ST新都	7.02	7.81	中国重工	13.07	1,679,551
台基股份	21.76	15.18%	永安林业	17.70	4.34	中国建筑	9.03	1,514,805
江苏三友	39.80	15.07%	岳阳兴长	45.48	3.83	中国银行	4.93	1,322,842

图 3-2-1

（2）必须是开盘就大幅上扬的个股。

因为各种主力在开盘前都会制定好当天的操作计划，所以开盘时的行情，往往表现了庄家对当天走势的看法。造成开盘大幅拉升的原因，主要是庄家十分看好后市，准备发动新一轮的个股行情。开盘就大幅拉升，可以不让散户有在低位接到筹码的机会。

（3）必须是量比靠前的个股。

量比是当日成交量与前五日成交量的比值。量比越大，说明当天放量越明显，也说明该股的上涨得到了成交量的支持，不是主力靠尾市急拉等投机取巧的手法来完成拉高的。

（4）股价必须处于低价圈。

股价处于低价圈时，涨幅靠前、量比靠前的个股，说明主力的真实意图

新兴概念: 湖南国资改革 +1.15% 中俄自贸区 +0.49% 北部湾自贸区 +1.92%

	板块名称	涨幅%	涨速%	主力净量	主力金额	量比	涨家数	跌家数
1	港口航运	+5.96%	+0.10	4.25	+34.38亿	1.40	27	0
2	机场航运	+4.78%	+0.12	1.22	+5.67亿	2.66	7	1
3	国防军工	+4.10%	+0.04	3.18	+24.38亿	1.39	25	2
4	钢铁	+2.81%	+0.03	1.75	+10.88亿	1.34	27	3
5	采掘服务	+2.76%	+0.03	5.90	+9.16亿	1.57	9	2
6	视听器材	+2.66%	+0.11	2.30	+3.12亿	1.20	6	2
7	建筑装饰	+2.52%	+0.12	3.95	+58.91亿	1.21	42	20
8	煤炭开采	+2.49%	+0.05	0.84	+8.11亿	1.51	37	4
9	非汽车交运	+2.47%	+0.02	-0.16	-9827万	0.39	6	6
10	交运设备服务	+2.15%	+0.08	-1.92	-8969万	0.84	6	0
11	有色冶炼加工	+2.12%	+0.02	1.32	+10.95亿	1.41	56	12
12	酒店及餐饮	+2.10%	+0.01	0.34	+2669万	0.80	9	1
13	石油矿业开采	+2.02%	+0.02	0.10	+3237万	1.42	9	0
14	贸易	+1.63%	+0.02	1.17	+2.61亿	1.06	15	4

同花顺指数 行业指数 概念指数 地域指数

	代码	名称	涨幅%	现价	主力净量	主力金额	涨跌	涨速%	总手
1	000507	珠海港	+10.04	12.71	4.32	+4.15亿	+1.16	+0.00	147.6万
2	601919	中国远洋	+10.01	9.67	0.46	+3.40亿	+0.88	+0.00	107.6万
3	601872	招商轮船	+10.00	8.80	0.89	+3.69亿	+0.80	+0.00	300.3万
4	600428	中远航运	+9.97	10.04	2.55	+4.33亿	+0.91	+0.00	141.6万
5	600018	上港集团	+9.97	9.82	0.27	+6.08亿	+0.89	+0.00	409.6万
6	600026	中海发展	+9.96	11.59	0.72	+2.27亿	+1.05	+0.00	329.6万
7	601866	中海集运	+9.94	7.85	0.84	+5.24亿	+0.71	+0.00	374.0万
8	601880	大连港	+9.82	7.94	1.19	+3.12亿	+0.71	+1.02	260.1万
9	000905	厦门港务	+9.41	23.84	0.85	+1.04亿	+2.05	+0.00	64.97万
10	601018	宁波港	+8.69	7.38	0.13	+1.23亿	+0.59	+0.41	339.3万
11	600017	日照港	+5.78	6.59	0.65	+1.32亿	+0.36	+0.15	267.2万
12	600317	营口港	+5.54	6.48	0.68	+1.46亿	+0.34	+0.31	299.0万
13	600751	天津海运	+5.44	14.16	1.03	+4978万	+0.73	+0.14	39.81万
14	000088	盐 田 港	+5.34	12.22	0.68	+1.62亿	+0.62	+0.08	115.4万
15	600717	天津港	+5.00	21.02	0.51	+1.77亿	+1.00	+0.19	91.64万
16	600190	锦州港	+4.93	7.24	0.23	+2287万	+0.34	+0.14	56.53万
17	600798	宁波海运	+4.91	9.19	-0.51	-4113万	+0.43	+0.33	46.03万

图 3-2-2

在于拉高股价，而不是在诱多。若在高价圈出现涨幅靠前、量比靠前的个股，其中可能存在诱多陷阱，参与的风险较大。

（5）形态向上扬。

如果技术指标和技术形态向上扬，则属于股票发出了买入信号，比如股价站在 10 日、20 日和 30 日均线之上。

如图 3-2-3，沪电股份（002463）的股价站在多条均线之上，股价走势是强势上升趋势。10 日、20 日和 30 日均线向上多头排列，在多条均线的支撑下，股价将会稳步上升，因此操作思维应为多头思维。

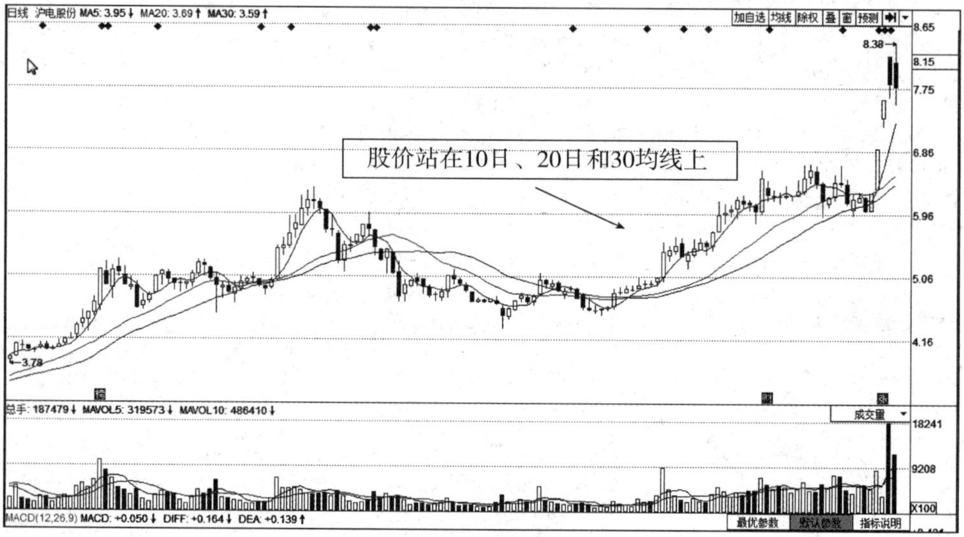

图 3-2-3

第三节　短线选股的标准

任何一种投资都是建立在对未来回报的预期上的，相信每一个投资者都希望投入到股市中的资金能获得不错的利润，甚至收益翻数倍。但是一分耕耘一分收获，任何收益都是建立在辛勤且充满智慧的操作上的。投资者需要在掌握一定的操作技巧的基础上审时度势，做出最合理的决策。

把握短线选股的标准，也是短线决策中重要的一环。在短线选股时，可以遵循以下标准。

一、选择有潜力的低价股

这类股票收益大，风险小，只要市况转好，它们的机会就来了。股票价格低，这本身就是一个优势，低价往往意味着低风险。某只股票的价格之所以低，说明该股的种种不利因素已被大众了解。股票市场有一个特点，就是大家都已经知道的事情，往往对市场不再起作用，正如大家已经知道的利好消息公布出来后，不会再使市场上升一样。如果某只股票的价格很低，那么一定是因为一些众所周知的原因，而且大家都已经接受了这种现实。

然而事情并非一成不变的。在一批低价股中，常常隐藏着有可能变好的股票，这是它们值得炒作的原因。同时，低价的特性使得炒作成本低，容易引起主力的关注，主力容易控制大量筹码。由于比例效应，低价股上涨获利的比率更大，获利的空间与想象空间都更加广阔。再加上群众基础好等原因，常常会使低价股成为大黑马。

当然，并非低价就一定好。有些上市公司积弱多年，毫无翻身的希望，甚至是亏损累累，这样的低价股还是不碰为妙。短线操作，最重要的是找出低价股中的好股票和有转好可能的股票，将那些低价股的潜力挖掘出来。

二、选择股本小、市值低的个股

股本小、市值低的股票，因为整个流通市值不太大，所以不需要用太多的资金就可以轻松拉出涨停。

股本结构这个因素是个股的重要属性之一。多年来，股本小的个股往往容易成为主力炒作的目标。很多主力介入操作的重要参考，就是流通股本的大小。小型股容易控制筹码，轻、薄、短、小的股票容易拉升，十分利于主力操作。股本小、市值低的股票经常受到机构的青睐，因为这些个股股性活跃，也孕育着较多的短线机会，黑马股常常从这些股票中冒出来。

三、选择强势产业中的领头股

短线操作，要根据国家产业政策和经济形势来分析判断哪个行业的股票是最有前途的股票。强势产业的股票往往是领导大市的主角，尤其是行业中的龙头股，往往具有指标股的作用。

选股必须选择强势产业中的领头股，这样才能领先大市获利。通常，在某个多头市场的领头股，到大市反转时，强势产业中的领头股便成为抗跌的好股票。

投资者应该了解整个国家的经济形势与产业政策，了解哪些是夕阳产业，哪些是强势产业，做到心里有数。对国家产业政策扶持的上市公司来讲，经营的阻力要小一些，获利的能力也会大一些。

另外，从全世界的产业发展趋势来看，也可以看出哪些行业是有前途的，哪些行业会面临困境。投资者应建立买股票就是买未来的观念，对前景看好的尖端产业要具备长远的投资眼光，对高科技、高附加值的产业，尤其要特别注意。

投资者应经常检视各类产业股票的表现情况，这样有助于回避目前弱势产业的股票，盯住强势产业的股票。在这个过程中，交易者会发现某一行业的股票常常具有某种联动性。如果某产业的龙头股表现疲弱，往往会波及到该行业的其他股票；同样，如果某行业的几只指标股呈强劲趋势，则会带动其他同类个股走强。

四、选择主业清晰的公司

一般只有一两种主业的上市公司，好过超过三个主业的上市公司。主业太多的公司经营业务繁杂，经营者精力无法集中，所以不在自己关注的股票池之内。

寻找在细分行业里占有份额最高的公司和行业龙头、行业垄断公司，这些公司往往是板块中的龙头股。这些龙头股不仅是行情演绎的风向标，而且同比涨幅也更为可观。

龙头股通常有大资金介入，有实质性题材或业绩提升作为依托，在某一热点板块走强的过程中，往往上涨时冲锋陷阵在先，回调时走势抗跌。

五、选股要选波动大的股票

这种股票的获利机会大一些，但同时也要注意风险。每只股票的特性都有所不同，自然有的波动大，有的波动小。

波动大的股票最适合短线进出。一只平静无波澜、股性死寂的股票，突然连续数日转强时，决不能等闲视之。如果此时有成交量的配合，那么这只股票大可有一番表现。

第四章 均线中的短线必杀技

均线是最常用、最经典的技术指标之一，不少技术指标都是由均线系统衍生而来。传统技术理论认为，均线适用于中长线操作，短线反应迟钝。其实不然，均线运用恰当，短线交易也能如鱼得水。

第一节 10 日均线操作技法

在短线高手手中，一根 10 日均线就可以构成一个完整的短线交易系统。这是一套形式简单、易学易懂的短线交易系统，但对交易者的纪律性和执行力要求较高。初学者可以据此理解短线交易常见的技法。

10 日均线是一条短期均线，代表了近 10 个交易日内的交易成本。如果股价处于 10 日均线上方，10 日内买入的交易者皆获利，这样持股者就会出现惜售的心理，从而使股价维持强势。反之，如果股价处于 10 日均线下方，短期被套交易者的卖出行为会对股价上涨造成压力，因此股价会弱势运行。

需要注意的是，这里探讨的不仅仅是一个买入定式，也是一个“有买也有卖”的交易系统。10 日均线可以成为独立的交易依据，也可以辅助其他买入技法进行操作。

（1）买入规则。

买入规则：10 日均线上买入并持股，10 日均线下卖出并持币。

在股价上涨过程中，稳健的交易者在股价跌破 10 日均线时就应该卖出，以免出现风险，卖出后可在后续行情中另找良机。积极的交易者则不必全部卖出，为了防止高位筑顶，可以适当减仓，然后关注接下来的走势。如果呈现顶部形态，则继续卖出。假如跌破 10 日均线只是短期调整，股价重新盘稳后再次回到升势，收复 10 日均线，此时可以继续参考 10 日均线的买卖原则：股价上升趋势完好，则继续买入；反之则谨慎对待，择机高抛。

如图 4-1-1 所示，荣丰控股（000668）前期股价一直运行在 10 日均线下方，股价从 14.5 元左右一路下跌，最低跌至 11.44 元，之后股价横盘企稳。在这一过程中，交易者不宜过早买入。虽然 11.44 元附近可能是底部，但后市方向尚不明确。等股价站上 10 日均线，多头力量开始强势，才可以分批买入。如果股价不跌破 10 日均线，交易者就可以耐心持有。

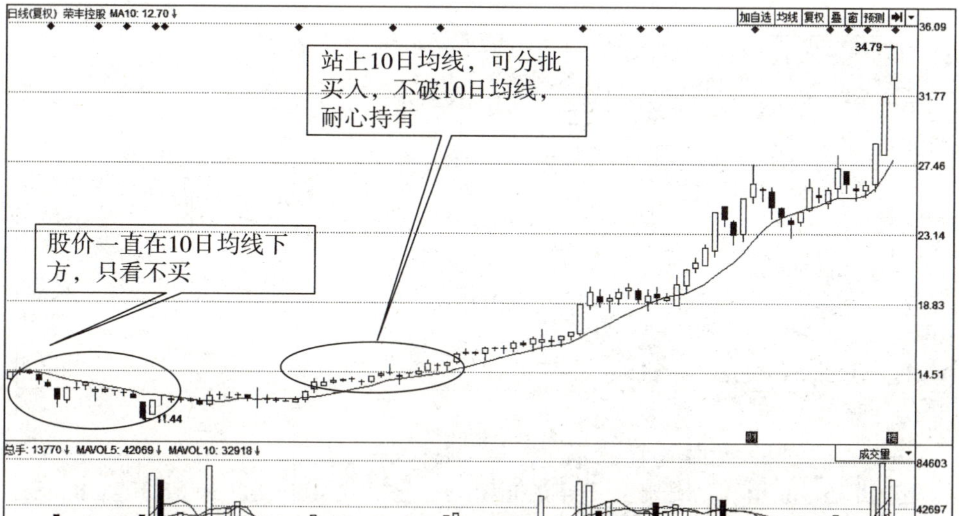

图 4-1-1

10 日均线作为短线操作的参考线，实现了化繁为简、轻松获利的目的。纵观 A 股市场，大部分股票在强势拉升的时候，一般都不会跌破 10 日均线。特别是在连续拉升上涨之后，更应该重视这条均线的价值。如果股价跌破 10 日均线，就应当减仓或者卖出。

（2）突破 10 日均线并非都是很好的买入时机。

10 日均线代表着短期趋势。当短期趋势还在下行时，10 日均线对股价有压制和向下牵引的作用。因此，当 10 日均线还是下行趋势时，股价突破 10 日均线并不是非常好的买点，因为此时很可能仅仅只是一个小反弹，股价或许还会在 10 日均线的牵引下再次下探。比较可靠的买入点，应该是在 10 日均线往上翘时，此时向上突破才是真正的突破，这时候买进就十分可靠。

图 4–1–2 是当代东方（000673）的日 K 线走势图。当 10 日均线向上翘时，股价突破 10 日均线且站上 10 日均线是很好的买点。此时，短线交易者就应该积极跟进，获取利润。

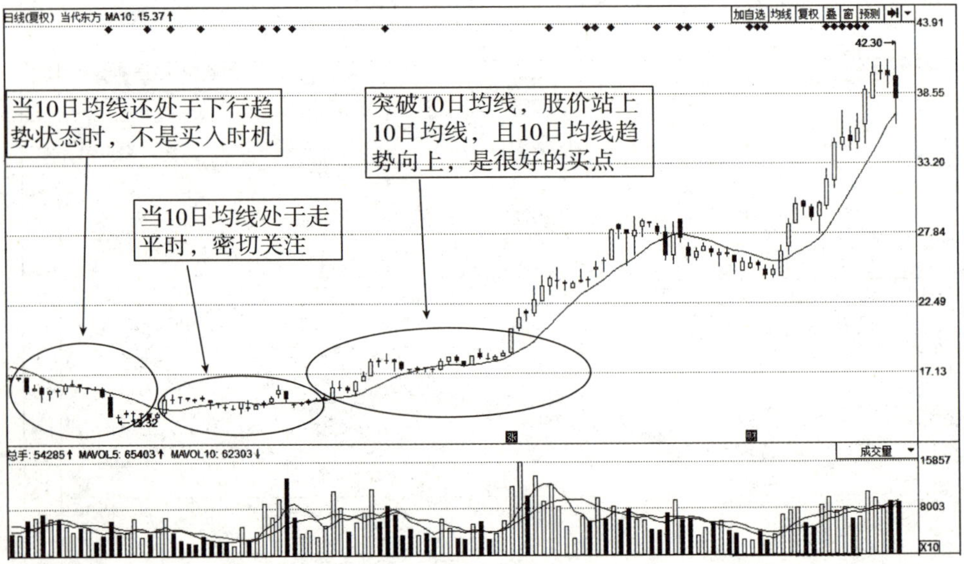

图 4–1–2

图 4–1–3 是智度投资（000676）的日 K 线走势图。如果在 A 点买入，虽然股价站上 10 日均线，但却是一个失败的买入点，后期需要止损。为什么这个买点会失败呢？最大的原因是突破 10 日均线的时候，该均线还呈下跌趋势，下跌趋势的 10 日均线说明短线还是空头市场，下降的 10 日均线对股价有向下的牵引作用。

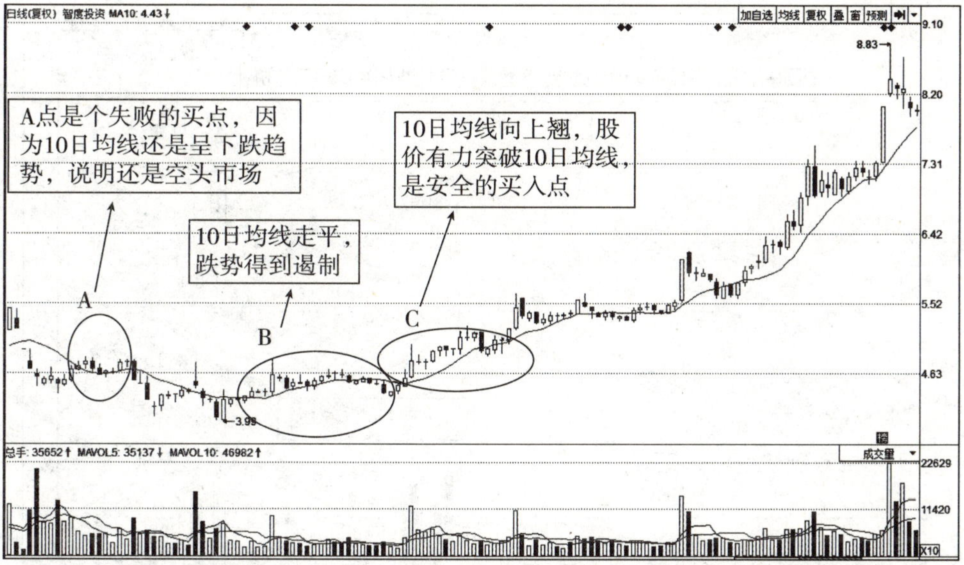

图 4-1-3

（3）回踩 10 日均线，且 10 日均线保持上升趋势，是良好的买点。

突破 10 日均线后买入股票，并不代表股价就会直线上冲，其后也常有回调。待股价回到 10 日均线后企稳，再次启动时可能会加速上升，这也是短线交易者买入的机会。回踩 10 日均线买入的条件是股价涨幅不大，且 10 日均线还保持上升趋势。

如图 4-1-4，太龙药业（600222）的股价在突破 10 日均线后回调，细心的交易者可以看到，股价回调时成交量是萎缩的，说明此时市场惜售，有假跌诱空的嫌疑。

之后股价攀升，此时可以密切关注 10 日均线的支撑。如股价能够获得有效支撑，成交量同步放大，量价配合良好，将是短线买入的较好时机。

如图 4-1-5，烽火电子（000561）的股价在底部启动后，开始依附 5 日均线上涨，成交量也随之温和放大，这预示着股价已经进入了上涨趋势。从图上的箭头位置可以看到，股价在上涨受阻后开始回落。股价回落到 10 日均线附近时，回落过程是缩量的，并且受到了 10 日均线的支撑。随后股价便调

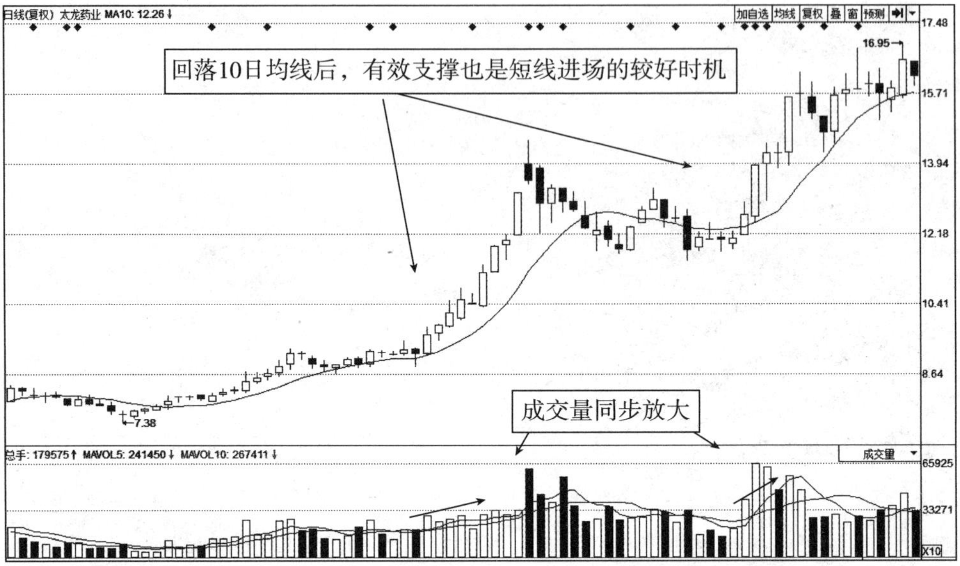
日线(复权) 太龙药业 MA10: 12.26↓
加自选 均线 复权 叠 窗 预测
17.48
15.71
13.94
12.18
10.41
8.64
16.95
7.38
回落10日均线后，有效支撑也是短线进场的较好时机
成交量同步放大
总手: 179575↑ MAVOL5: 241450↓ MAVOL10: 267411↓
成交量
65925
33271
X10

图 4–1–4

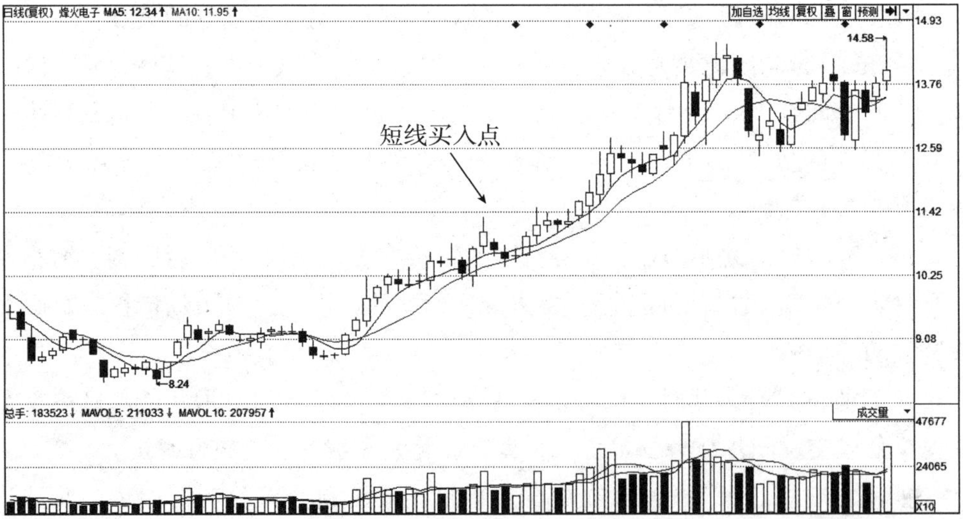
日线(复权) 烽火电子 MA5: 12.34↑ MA10: 11.95↑
加自选 均线 复权 叠 窗 预测
14.93
13.76
12.59
11.42
10.25
9.08
14.58
8.24
短线买入点
总手: 183523↓ MAVOL5: 211033↓ MAVOL10: 207957↑
成交量
47677
24065
X10

图 4–1–5

头向上继续攻击，短线交易者可以趁机买入，以期获得短线利润。

如图 4–1–6 所示，海德股份（000567）的股价在上涨过程中也依托 5 日均线上涨。从图上的箭头处可以看到，股价连续 4 天缩量回调，在 10 日均线附近得到了支撑，之后开始回升。调头向上站上 5 日均线时，短线交易者可以进场买入。

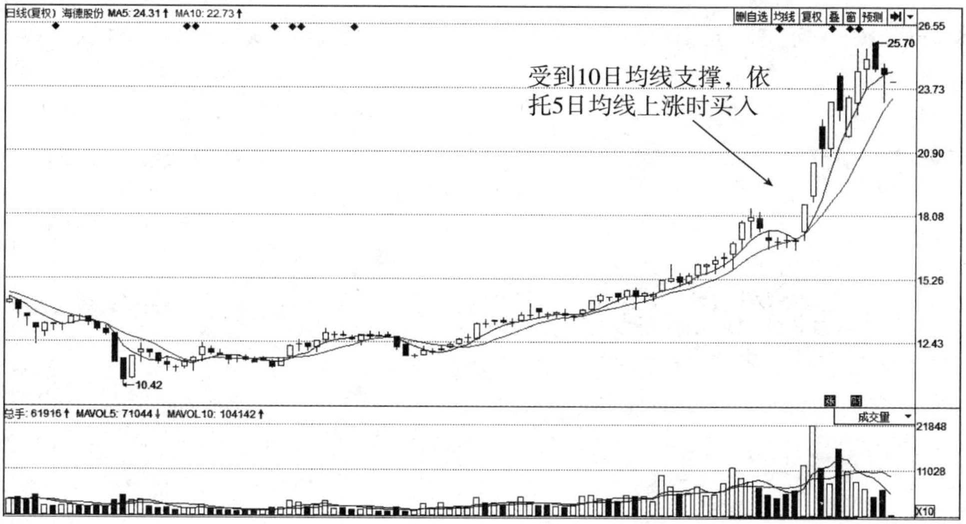

图 4–1–6

从图上可以看到，在上涨的过程中，股价缩量回落到 10 日均线附近，受到支撑后拉起，这表明庄家采用的是边拉边洗盘的操盘手法。此时交易者须注意，等股价调头向上时，就是一个很好的买点。

（4）卖出规则。

10 日均线卖出规则，要同时满足以下两个条件才成立。

首先，连续两天收盘价在 10 日均线下方。

其次，10 日均线向下走空。

收盘价连续两天收在 10 日均线下方，意味着股价短线走弱，有可能进入调整。如果此时 10 日均线开始转头向下，则需将手中的股票抛出。

对于 10 日均线卖出法成立条件的认识，交易者往往有比较明显的错误，没有把连续两天跌破 10 日均线和 10 日均线走空结合起来使用，而是在股价连续两天跌破 10 日均线，但 10 日均线依然走多的情况下就卖出。对卖出条件的正确理解是，连续两天跌破 10 日均线且 10 日均线向下走空，此时卖出定式才成立。

如图 4-1-7 所示，新南洋（600661）第一个箭头处，股价连续两天收盘价跌破 10 日均线，但 10 日均线未走空，不符合 10 日均线卖出法，可以继续持有。

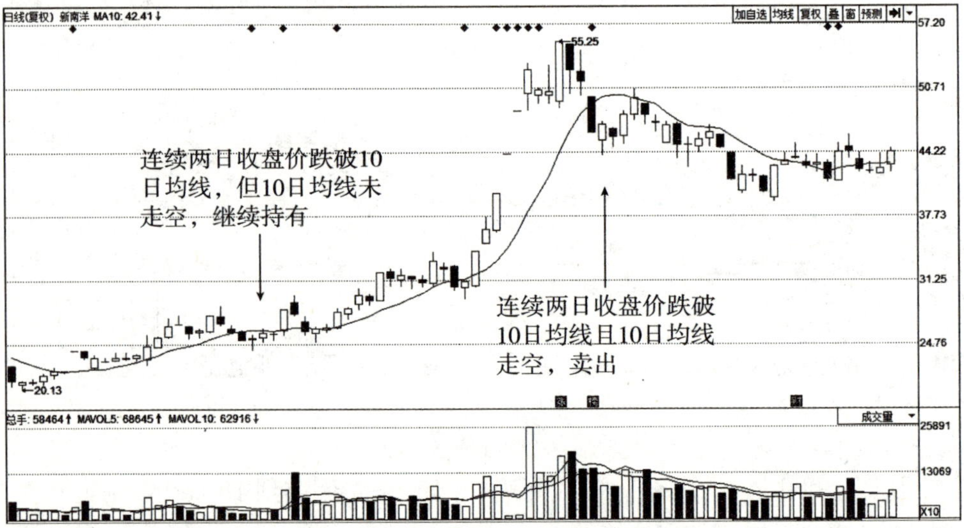

图 4-1-7

第二个箭头处，股价连续两天收盘价跌破 10 日均线，而且还有 10 日均线走空的配合，卖出条件成立。这样操作，就成功避免了后期股价下跌的风险。

如果在平时的交易中能经常关注 10 日均线的变动，并且在卖出条件成立后，严格执行操作纪律，不但能够回避股价短线回调的风险，也避免了资金的损失。

如图 4-1-8 所示，西南药业（600666）在箭头处满足连续两天收盘价跌破 10 日均线的卖出条件，同时 10 日均线走空，此时便可卖出。如此操作，可以成功避免股价后期大幅下跌的意外损失。

在技术指标里，10日均线操作系统作为一个简单明了的买卖定式，交易者可以快速学习并掌握，就算是新股民也能轻易掌握。

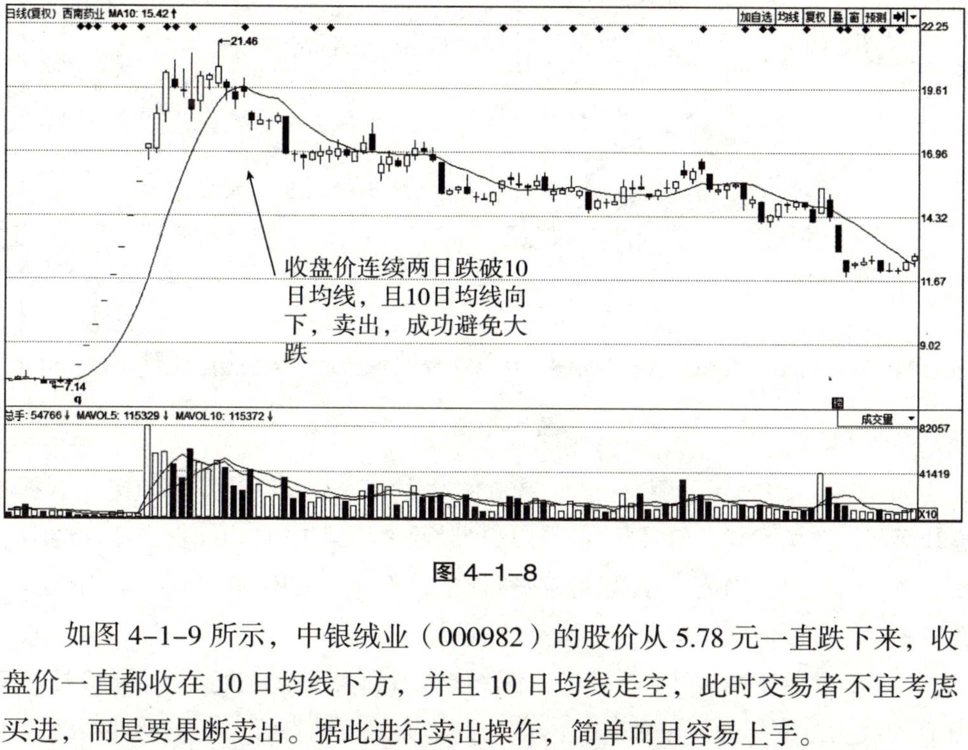

图 4-1-8

如图 4-1-9 所示，中银绒业（000982）的股价从 5.78 元一直跌下来，收盘价一直都收在 10 日均线下方，并且 10 日均线走空，此时交易者不宜考虑买进，而是要果断卖出。据此进行卖出操作，简单而且容易上手。

许多人都知道顺势而为的道理。做股票要顺从趋势的方向，不能太主观，10 日均线操盘系统正是体现了这种顺势而为的精神。当收盘价收在 10 日均线下方时，可以认为短期趋势是向下的，不能买进，而是要卖出。

需要注意的是，10 日均线卖出法有一个缺陷，即在震荡行情中并不适用。震荡行情中，10 日均线释放的信号过于频繁，有时给出的买卖信号较多，会有小亏损出现。只要避免在震荡行情中使用，10 日均线操作系统总体上是大赚小亏的，长期运用此法，则稳赚不亏。

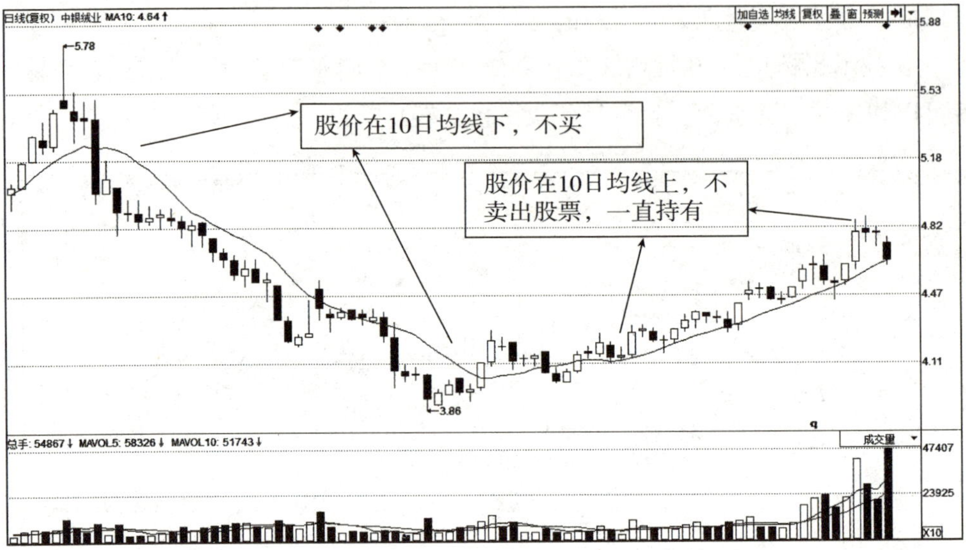

图 4–1–9

如图 4–1–10 所示，蒙草抗旱（300355）的庄家操盘手法非常凶悍，不断拉升回调，多次重复，信号频现。在这只股票中使用 10 日均线卖出法，会不断出现小的亏损。因此，在这种震荡行情中，不适合使用 10 日均线卖出法，交易者应尽量避免操作这种走势类型的股票。

当然，世界上没有只赚不赔的方法，能够做到大赚小赔就可以笑傲股林。10 日均线卖出法作为简单和有效的投资方法，需要交易者长期不断地实践。只有坚持这样的操作原则，才能很好地应用它，充分发挥此法的功效。

如图 4–1–11 所示，锡业股份（000960）出现三次买进卖出的机会，一次小幅获利，一次大赚，一次小亏，总体来说还是大赚的。因此，只要交易者长期坚持实践此方法，严谨恪守交易纪律，整体获利水平并不低。

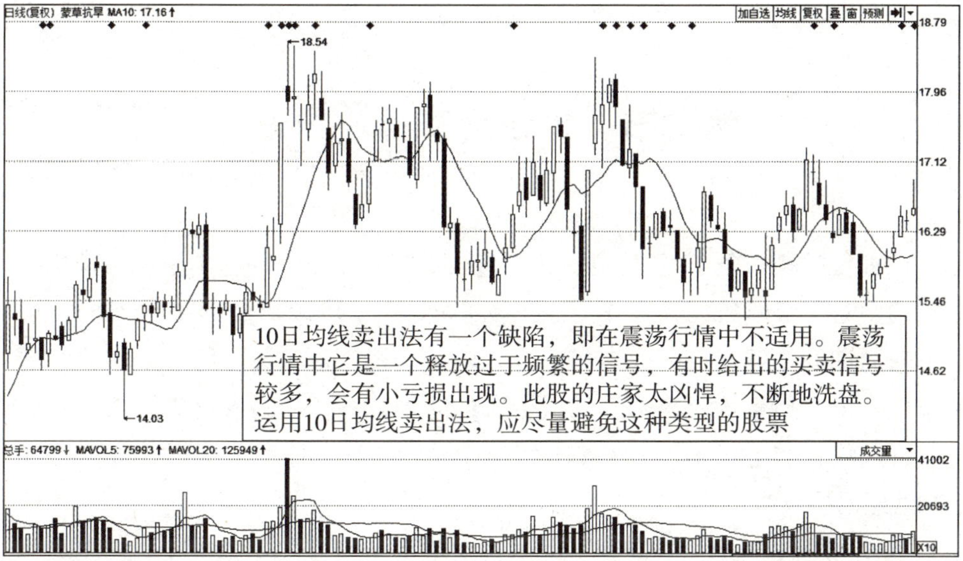
日线(复权) 蒙草抗旱 MA10: 17.16
18.54
14.03
10日均线卖出法有一个缺陷，即在震荡行情中不适用。震荡行情中它是一个释放过于频繁的信号，有时给出的买卖信号较多，会有小亏损出现。此股的庄家太凶悍，不断地洗盘。运用10日均线卖出法，应尽量避免这种类型的股票
总手: 64799 MAVOL5: 75993 MAVOL20: 125949
成交量

图 4-1-10

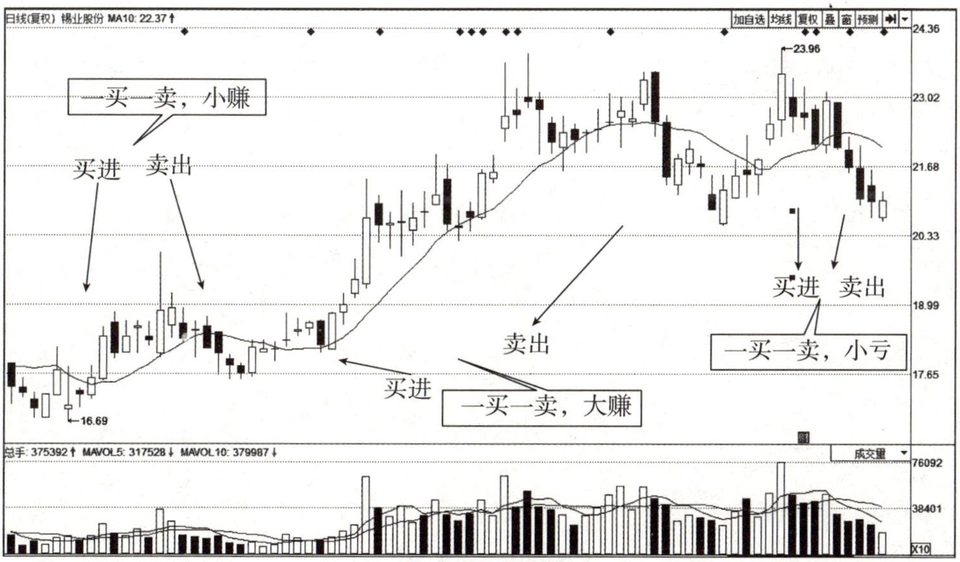
日线(复权) 锡业股份 MA10: 22.37
23.96
16.69
一买一卖，小赚
买进
卖出
卖出
买进
一买一卖，大赚
买进
卖出
一买一卖，小亏
总手: 375392 MAVOL5: 317528 MAVOL10: 379987
成交量

图 4-1-11

第二节　均线金叉操作技法

前面说的是一条 10 日均线对买卖时机的指导作用，现在来说说两条均线在实战中对买卖时机的指导作用。当动态运行中的两条均线相互交叉时，说明不同周期的投资者持仓成本相重合。两条均线产生交叉，可以利用均线交叉组成一个交易系统。当两条均线金叉的时候，短线交易者可以买入，然后持股直到均线产生死叉。为了符合短线交易的特征，这里采用 5 日均线和 10 日均线组合。

如图 4-2-1 所示，百花村（600721）的股价缓步拉升，5 日均线向上穿越 10 日均线产生金叉，此时为买点，短线交易者可以积极参与，此后该股一路上升。

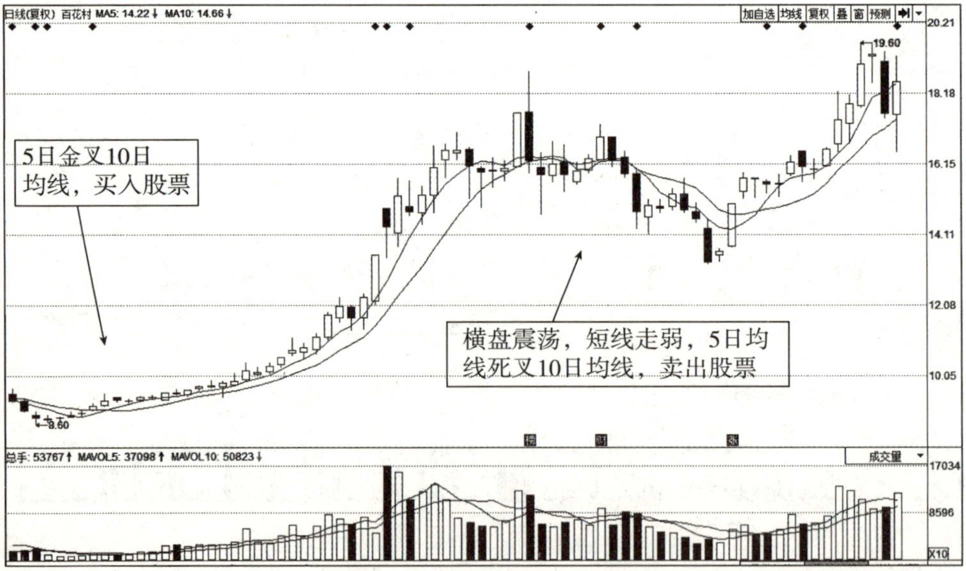

图 4-2-1

后期横盘震荡，短线走弱，这时就要密切关注该股的走向了。当5日均线死叉10日均线，交易者可以果断卖出股票。从金叉买进股票到死叉卖出，形成一个完整的交易系统，这样可以赚取大部分中间利润，盈利面比较大。

（1）两条均线金叉买进。

当5日均线从下往上交叉比其周期更长的10日均线时，称为“金叉”，反之则称之为“死叉”。从字面上就可以看出，金叉能让我们挖掘金矿，死叉能让我们亏损。金叉往往助涨，死叉往往助跌。

在实际操作中，可以利用均线之间的金叉和死叉来进行相应的买入和卖出操作。当出现金叉时，个股上涨的概率总是要大于下跌的概率。

如图4–2–2所示，上峰水泥（000672）日K线中的两条均线分别为5日均线和10日均线。当5日均线从下方往上交叉10日均线时，形成金叉，此时交易者可以买入。当5日均线从上往下交叉10日均线时，形成死叉，此时可以卖出。

交易者只要按照这样的金叉买、死叉卖的方法操作，基本上都能获得阶段性收益。考虑到指标的滞后性，先有股价下跌才有死叉形成，因此，在股

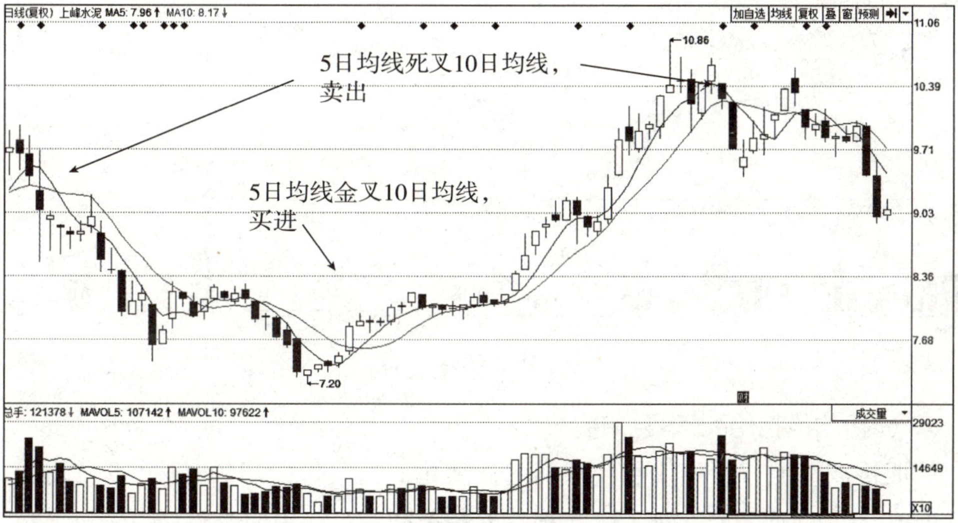

图 4–2–2

价欲形成死叉的时候，就可以进行减仓操作，不用等死叉形成之后再卖出。

标准的金叉应该是：周期长的均线走平或上行，周期短的均线由下而上穿越周期长的均线。激进的交易者可以在普通的金叉时进场，谨慎的交易者可以等10日均线向上行时金叉买进，胜率较高。当10日均线正处于下跌趋势或横向波动时，说明此时的看涨信号不强，交易者应该继续观察。

如图4-2-3所示，宁波富达（600724）从跌势反转上行，5日均线与10日均线产生金叉，说明股价开始走强，是短线进场的时机。不过，该股这个金叉不是标准的金叉，因为10日均线还呈下行走势，意味着之后可能会出现二次探底，只可少量参与。还好该股此后持续上涨，并未出现回调。交易者要知道，标准的金叉并不是这样的。

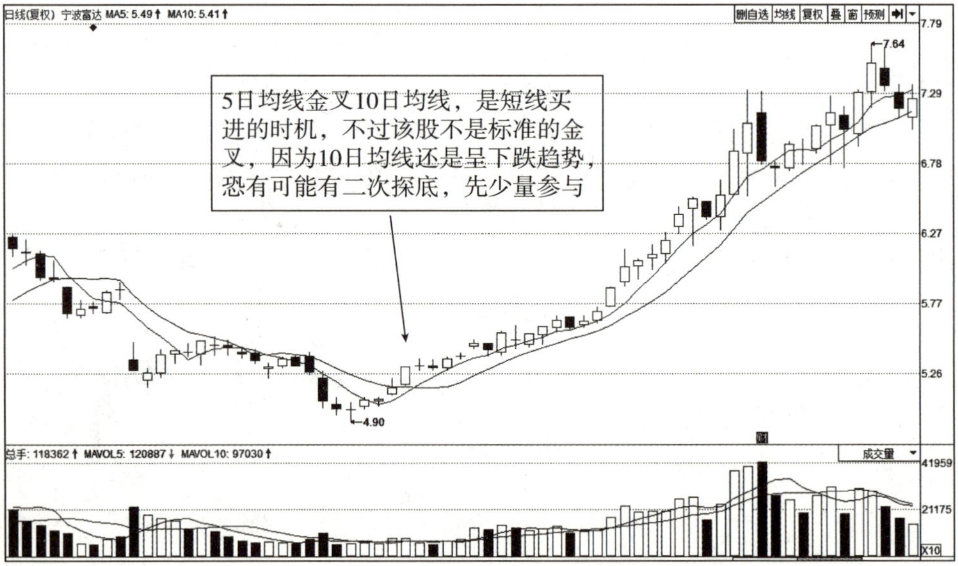

图4-2-3

（2）均线拒绝死叉可加仓。

股价波浪上行，均线也会跟随起伏变化。当股价回调的时候，5日均线靠近10日均线而不产生死叉，再度接着抬头往上行，说明调整结束，短线交易者可以积极加仓。均线拒绝死叉是强势调整的表现，适合短线交易者介入。有些个股可能稍弱，均线死叉后又快速金叉，也说明调整结束，可以稳步加仓。

如图 4–2–4，瑞和股份（002620）的股价波浪上行，其间有回调，导致两条均线靠拢。就在均线将要死叉的时候，股价再度拉起，这说明短线调整结束，是多头强势的表现。5 日均线和 10 日均线拒绝死叉，是短线加仓的机会，交易者此时应果断介入。有时候行情稍弱，回调过大，但在产生死叉后又快速产生金叉时，也说明调整结束，交易者也可以进场买入股票。

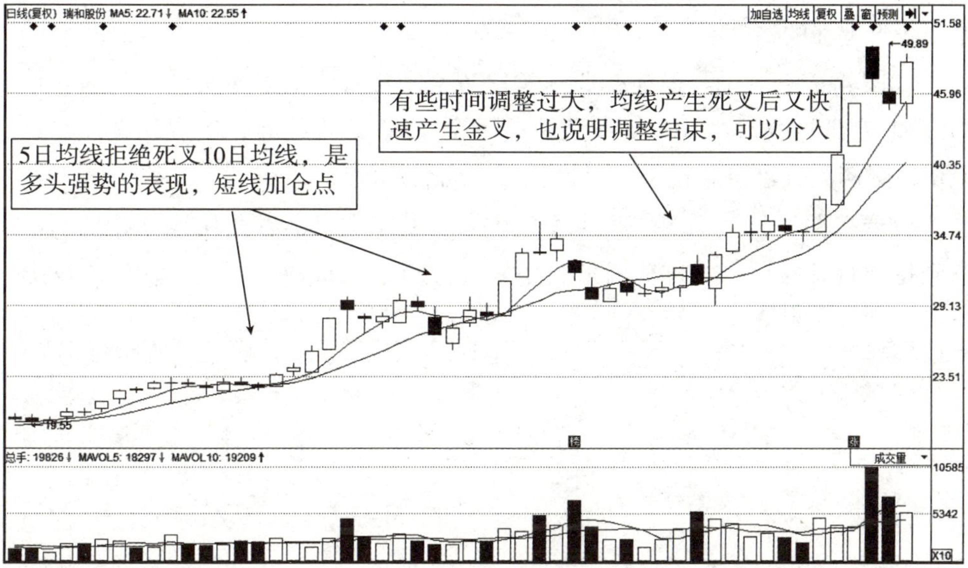

图 4–2–4

在拒绝死叉的形态中，5 日短周期均线可能会稍微向下跌破 10 日长周期均线，但只要幅度不大，该形态依然成立。

像这种适合短线操作的均线组合有很多种，比如 10 日和 30 日均线、5 日和 20 日均线、5 日和 30 日均线等，交易者可以在实战中不断寻找自己感觉比较有效的一组加以利用。

（3）均线死叉卖出规则。

5日均线死叉10日均线的卖出方法，是在10日均线卖出法的基础上延伸出来的，也要同时满足以下两个条件才成立。

首先，连续两天收盘价收在10日均线下方。

其次，10日均线走空。

当5日均线从上往下交叉比其周期更长的10日均线时，称为死叉。从字面上就可以看出，死叉是一个贬义词。在实际操作中，短线交易者可以利用均线之间的死叉来进行相应的卖出操作。当出现死叉时，个股下跌的概率总是要大于上涨的概率。

如图4-2-5所示，豫能控股（001896）日K线中的两条均线分别为5日均线和10日均线。当5日均线从上往下交叉10日均线时，形成死叉，并且股价连续两天收盘价收在10日均线下方，此时可以卖出。

只要按照这种金叉买、死叉卖的方法，基本上都能获得阶段性收益。考虑到指标具有滞后性，即先有股价下跌，才有死叉形成，因此，在股价欲形

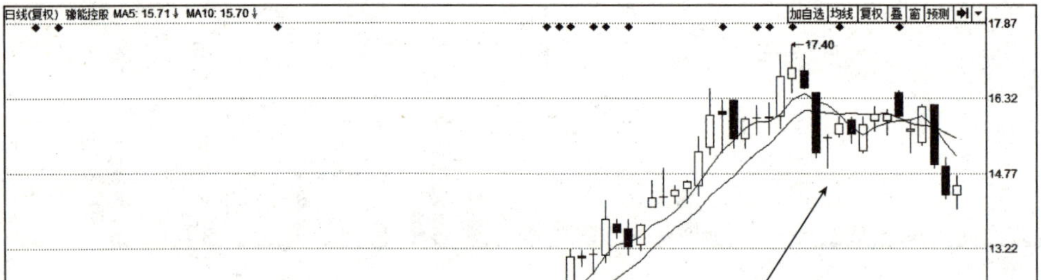

图4-2-5

成死叉的时候，就可以提前进行减仓操作，而不是等死叉形成之后再卖出。

在此提醒交易者，前面提到的两个条件要同时满足：首先，连续两天收盘价收在 10 日均线下方；其次，10 日均线走空。这样才符合 5 日均线死叉 10 日均线卖出法。

如图 4-2-6 所示，鸿达兴业（002002）在第一个箭头处未同时满足以上两个条件，所以不符合 5 日均线死叉 10 日均线卖出法，还未到卖出的时机。第二个箭头处才是真正满足以上两个条件的时机，此时要果断卖出止盈。

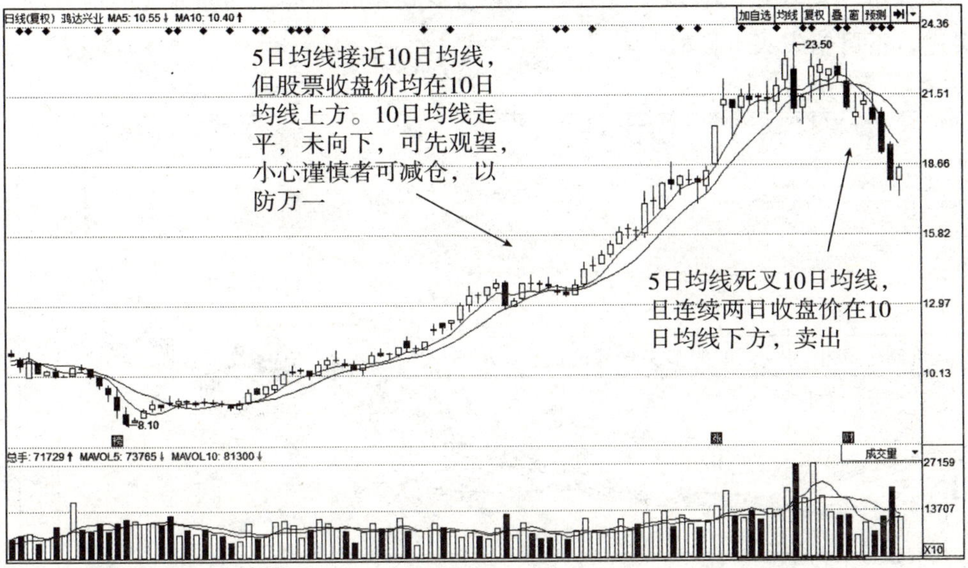

图 4-2-6

第三节　多条均线操作技法

（1）阳线穿越多条均线。

股价在中低位震荡的时候，均线逐渐靠拢，甚至黏合在一起，这说明不同时期的股民持股成本开始接近，有利于主力拉升。当股价以阳线突起，穿越多条均线，宣告庄家开始发动攻势，短线交易者正好趁机买进。这种股票大多是牛股，需紧紧抱牢。但是，这个方法只有买入信号，没有固定的卖出信号。一般来说，看交易者习惯使用哪条均线指导操作，当股价跌破这条均线时，就可以卖出止盈了。

如图 4-3-1 所示，大连三垒（002621）的股价在低位横盘震荡一段时间后，多条均线逐渐黏合在一起。当股价站上多条均线时，显示出多头的超强实力，这是股价发动攻势的表现。配合成交量逐步放大的态势，交易者此时应果断买进，不可错失买进良机。

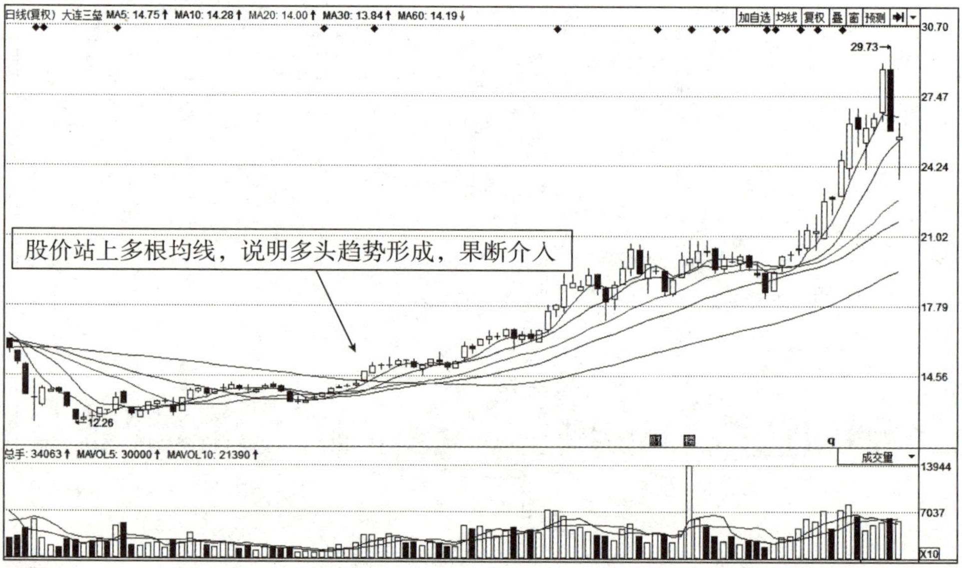

图 4-3-1

如图 4-3-2，亚玛顿（002623）的股价跌势渐缓，均线在低位逐渐黏合在一起，短线交易者可以密切关注这种类型的股票。随后均线向上发散，股价站上 5 日、10 日、20 日、30 日和 60 日均线。股价向上拉起，后市极具爆发力，交易者此时进场不仅安全，后市的上升空间也很大。

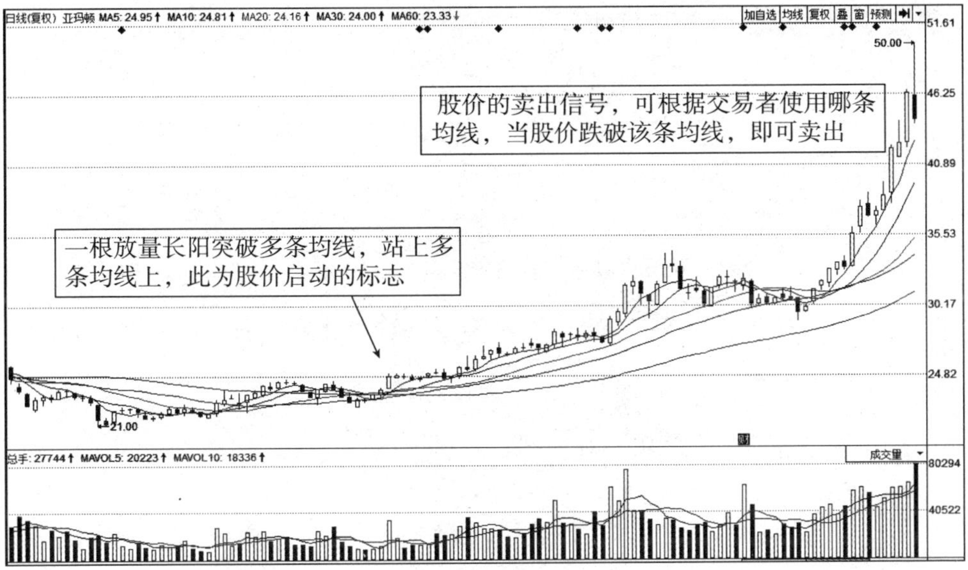

图 4-3-2

（2）涨停突破多条均线。

涨停突破多条均线，说明股价经过一段时间的整理后，多方已经积攒了足够的动能。此时出现一根向上突破的大阳线，说明多方强势爆发，这是未来股价上涨的信号。

当涨停大阳线突破多条均线时，多方的强势已经可以确定，此时投资者可以积极买入股票建仓。

（3）实战操作要领。

突破多条均线的 K 线涨幅越大，说明多方越强势，该形态的看涨信号也就越强。当这是一根涨停阳线时，可能投资者当天并没有机会买入，这种情况下可以等到下一个交易日开盘时积极介入。

如果在股价大幅上涨的同时成交量也跟随放大，则验证了多方强势推升股价的信号，该形态的看涨信号会更加可靠。

图 4-3-3 是海虹控股（000503）的日 K 线走势图。该股前期运行在明显的下跌趋势中，股价即便反弹，也会受到向下均线的牵引，这说明空头占据

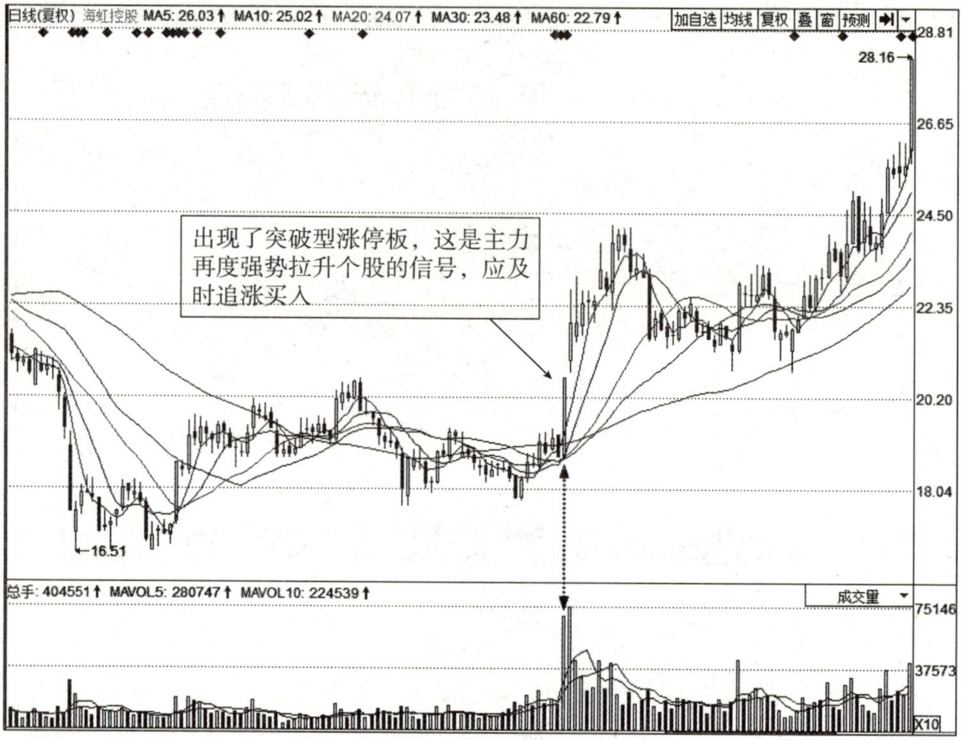

图 4-3-3

着绝对的优势。

图中箭头处，该股在前期企稳的基础上加速上行，当日强势向上放量涨停，一举突破此前长期下降的均线，形成涨停突破多条均线的形态。后市虽然股价不一定会直接上行，但至少不再是空头走势了。投资者在此可以适当介入。如果后市继续上涨，可以适当加仓。

股价以涨停的方式突破多条均线，这是多头强势的表现，说明主力的实力十分雄厚，后市自然看好。

涨停突破多条均线，这种情况往往发生在股价回调整理的末期。此时均线逐渐靠近在一起，涨停突破标志着主力启动涨势，投资者应该及时介入，获取收益。

图 4-3-4 是黑牛食品（002387）的日 K 线走势图。该股在上升途中出现了较长时间的横向整理走势。在横向整理区，个股的上下波动幅度不大。随后在 2015 年 5 月 4 日，一个涨停板使股价站在中短期均线之上，突破了这一整理区。这是主力再度强势拉升的信号，预示着新一轮的上升行情即将展开，是升势仍将持续下去的明确标志，投资者可以积极追涨买入。

该股股价经过横盘后，一根涨停阳线向上突破多条均线，且站在 60 日均线的上方，是典型的上涨信号。

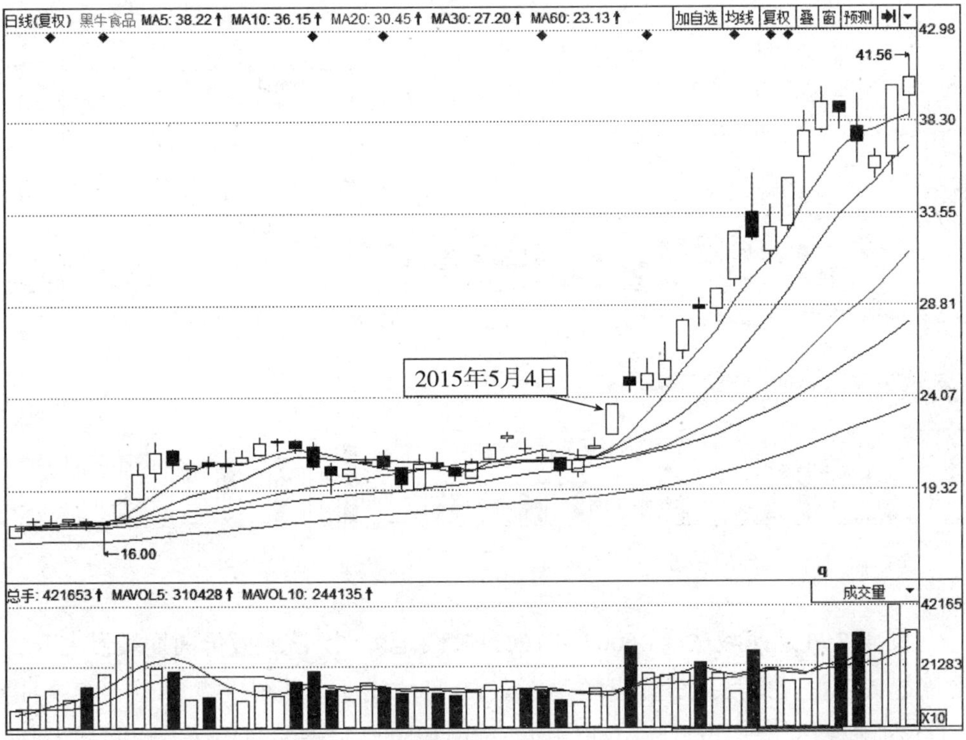

图 4-3-4

图 4-3-5 是东易日盛（002713）的日 K 线走势图。该股深幅下跌后探底回升，2015 年 1 月 28 日强势涨停，一根大阳线上穿所有均线。既然多头如此强势，自然不能放过买入的机会。

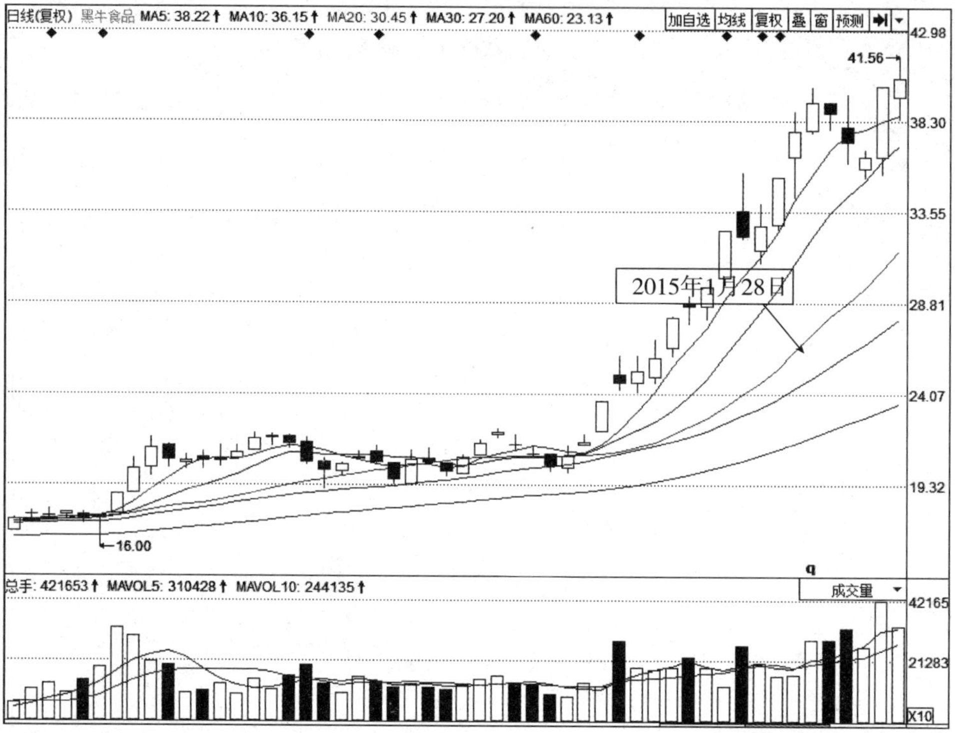

图 4-3-5

图 4-3-6 是西藏珠峰（600338）的日 K 线走势图。该股股价前期缓慢上升，上涨趋势明显。此后该股横盘震荡，在 60 日均线上方获得支撑。2015 年 5 月 7 日该股放量暴涨，当日收出涨停板。此时股价已突破多条均线，说明多头开始发动攻击了，后期股价快速上扬。

本例中，该股先是缓慢上行，然后横盘震荡洗盘，洗盘结束后快速拉抬股价。涨停突破多条均线是多头强力进攻的表现，此时是投资者买进的良机。

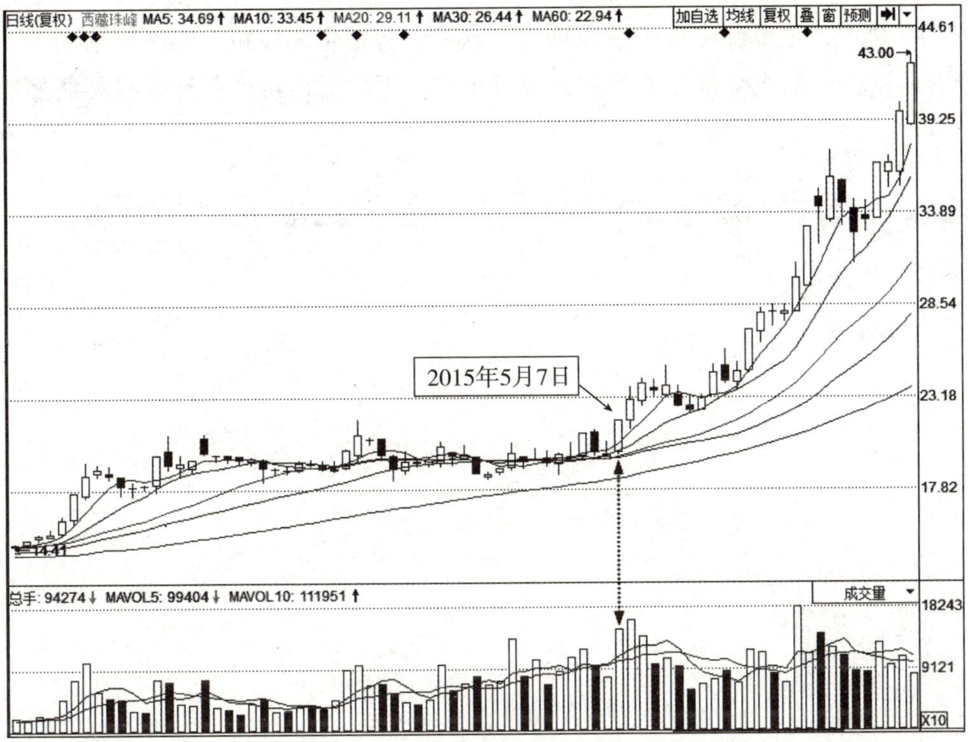

图 4–3–6

图4-3-7是千山药机（300216）的日K线走势图。该股运行在上升趋势中，在一个位置止跌企稳，均线逐渐黏合在一起。该股于图中箭头处强势封涨停，一根“一”字涨停突破所有均线，这是多头发动攻势的表现，后市应该还有更大的涨幅，投资者可以积极买入。

本例中，该股涨停突破多条均线，这种走势发生在股价大幅度回落的背景下。由于前期成交量萎缩，主力没有出逃，因此后市再度上涨是自然而然的事。

图4-3-7

图 4-3-8 是彩虹精化（002256）的日 K 线走势图。该股前期缓慢上行，60 日均线呈向上运行趋势。股价在图中箭头处大幅上涨，当日收出涨停板。一根涨停大阳线轻松突破所有均线，这是多头强势启动上涨的表现，当日成交量放大。投资者在盘中可以伺机介入。

本例中，该股涨停突破多条均线发生在上涨途中，股价没有经过大幅拉升，且有一个较长时间的横盘，均线逐渐黏合在一起，这说明各路资金持股成本逐渐接近，浮筹被清洗。该股后市大幅度上涨，投资者如果能及时买进，获利丰厚。

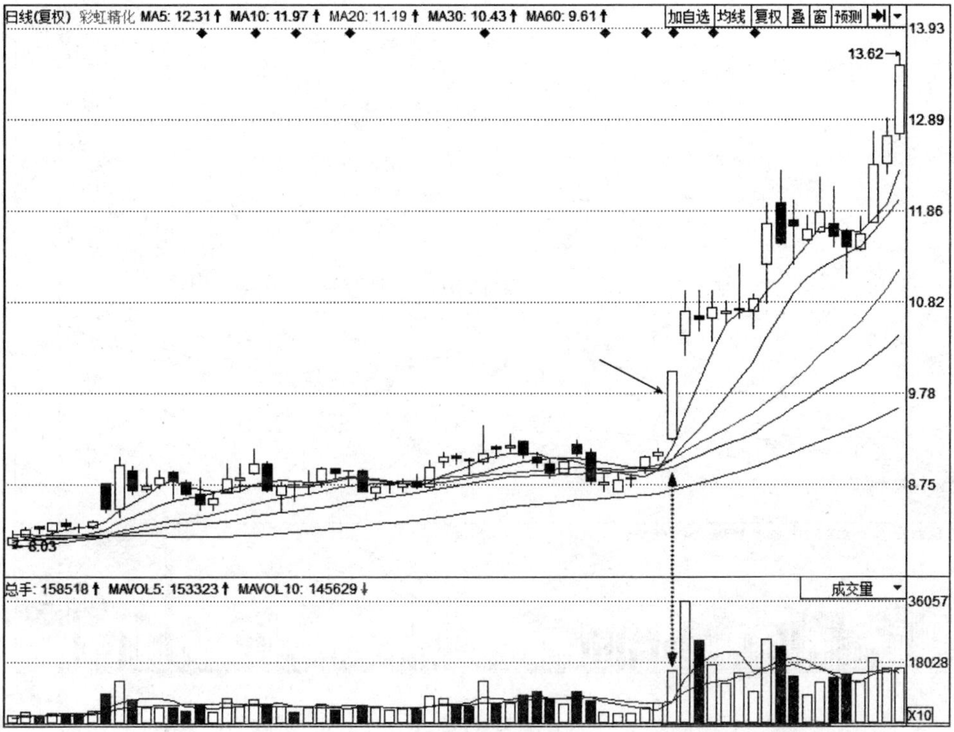

图 4-3-8

图 4-3-9 是美晨科技（300237）的日 K 线走势图。该股前期缓慢上升，走势非常稳健。此后回调和震荡调整，不过成交量萎缩，有回调洗盘的嫌疑。该股在 60 日均线之上止跌企稳，均线逐渐靠拢在一起。2015 年 2 月 27 日，该股强势上涨，最后收出涨停。一根放量涨停大阳线上穿多条均线，后市值得期待，投资者要积极介入。

本例中，该股运行在上升趋势中，回调整理时间较长，蓄势充分。此后涨停启动，表明后市上涨的空间必定不小，因此买入的安全性比较高。

图 4-3-9

图 4-3-10 是金螳螂（002081）的日 K 线走势图。该股经过一段上涨后调头下行，股价逐波下挫。经过较长时间的下跌后，该股终于止跌，均线也逐渐缠绕在一起，这说明场内多周期持股价格已经接近。

2015 年 1 月 5 日，该股大幅度上涨，最后封于涨停。一根放量大阳线轻松突破图中所有均线，表明多头重新占据优势，后市走势值得期待。

该股以放量涨停的方式突破多条均线，是一个很好的买进机会。此前较长时间的下跌，使空头能量得到有效的释放。此时涨停，表明上涨至少可以维持一段时间，投资者可以买入。

图 4-3-10

图 4-3-11 是 TCL 集团（000100）的日 K 线走势图。该股在短暂回调后重新上涨，且涨势凶猛。2015 年 2 月 11 日，当日强势放量封于涨停，股价突破多条均线。该股涨停突破多条均线发生在上涨趋势中，这是多头行情启动的标志，投资者可以跟随进场。该股后市的表现也证明了这一点。

本例中，该股涨停突破多条均线发生在股价整体向上的背景下，经过短期回调整理后，均线再度呈现多头发散，这是短线投资者买进的绝佳时机。该股后市果然进入一段涨势。

图 4-3-11

图 4-3-12 是中国重汽（000951）的日 K 线走势图。该股前期在缓慢上升途中突然调头快速下行，不过成交量萎缩，有挖坑洗盘的嫌疑，此后股价止跌回升。

该股在图中箭头处封于涨停，股价突破多条均线，这是多头非常强势的特征。既然多头如此强势，投资者自然也要积极追涨。另外，主力能以涨停的方式发动进攻，说明主力实力非凡，后市继续拉升的可能性很大。

该股此后果然拉升，短线涨幅不小，这样的强势走势源于此前的挖坑洗盘，主力这样的动作可谓诡计多端。拉升前先下跌以清洗浮筹，后市快速上涨也算是情理之中的事了。

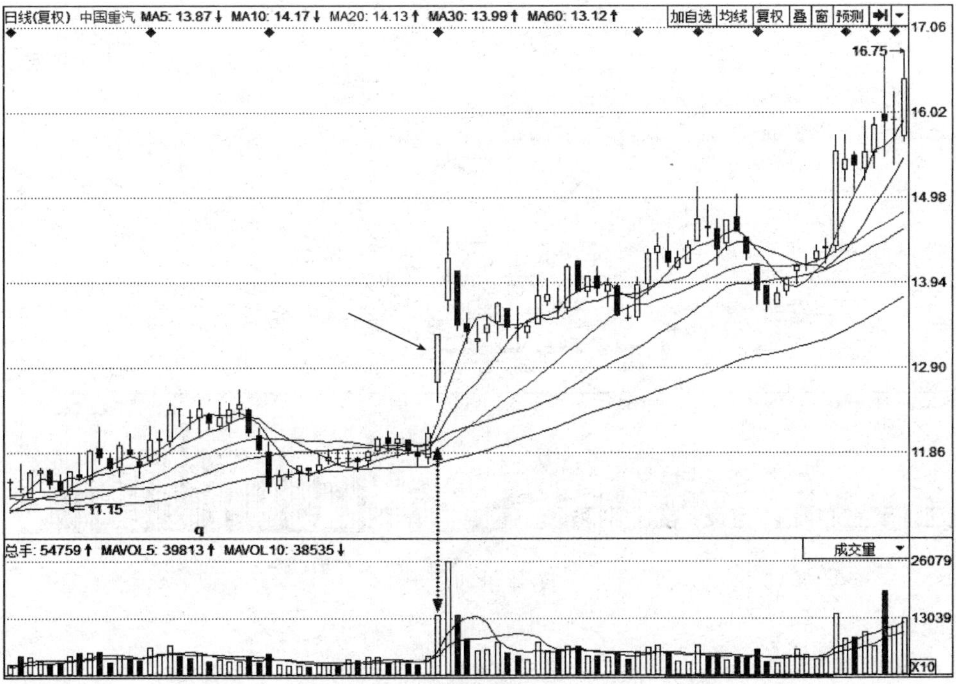

图 4-3-12

图 4-3-13 是莱茵体育（000558）的日 K 线走势图。该股在 2015 年 2 月 26 日开盘后飙升，股价涨停突破多条均线，甚至站上 60 日均线。不仅短期多头爆发，而且中期走势也相对看好。该股此后的上涨幅度也确实没有让人失望。

本例中，该股涨停突破多条均线发生在股价大幅调整之后，且当时有成交量的配合，因此相对看好后市的走势。特别是股价攀上 60 日均线，足见多头的实力，投资者可以适当介入。

图 4-3-13

图 4-3-14 是游久游戏（600652）的日 K 线走势图。该股经过一段时间的下跌后开始止跌企稳，于2015年2月5日形成放量涨停突破多条均线的形态，发出了买入信号。

股价站上所有均线，说明走势脱离下跌局面，正是介入的好时机。该股后市果然开始上行，短期内涨幅较大。

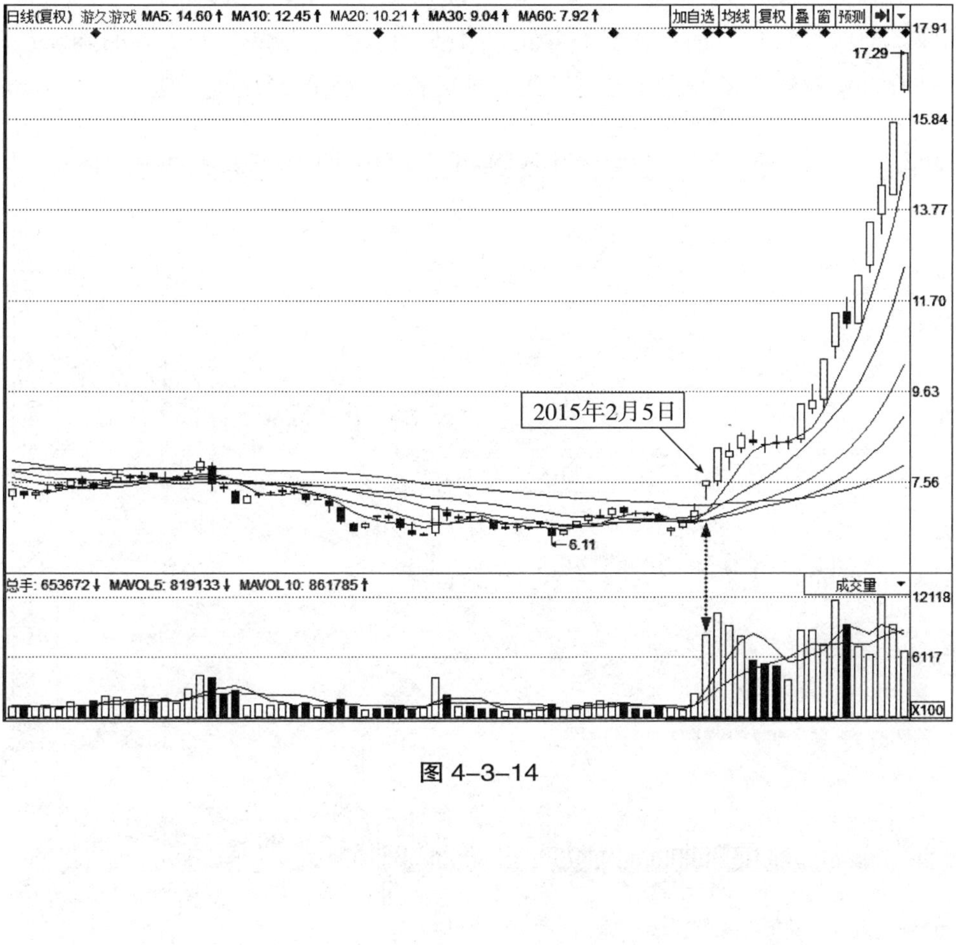

图 4-3-14

图 4-3-15 是精工钢构（600496）的日 K 线走势图。该股在 2015 年 1 月 7 日走出一根涨停大阳线，一举上穿多条均线，形成涨停突破多线的走势形态。这种走势表明多头开始发力，今后股价将迅速飙升。涨停突破是股价启动上涨的标志，交易者应该立刻跟进买入。

当然，买入的理由还包括该股整体处于上升趋势中，回调后震荡整理时均线缠绕在一起，表明再次启动一触即发。但是交易者不能提前买入，毕竟突破之前股价运行方向和启动行情时间不明确。什么时候方向才算明确呢？就是股价涨停突破多条均线之时，此时投资者应该及时果断地买进。

图 4-3-15

图 4-3-16 是维尔利（300190）的日 K 线走势图。该股在 2015 年 1 月 21 日大幅上涨，收出涨停阳线，股价也一举突破多条均线，同时均线开始呈多头发散。这种情况说明多头已经明确发动攻势，投资者在盘中可伺机买进。

这一次涨停突破多线发生的背景交易者也不能忽略。该股此前处于横盘走势中，均线逐渐缠绕在一起，说明市场的持有成本越来越接近，变盘随时可能发生。一旦股价向上突破，将意味着后市有较大的涨幅。该股此后的表现也证明了这一点。

图 4-3-16

图 4-3-17 是健康元（600380）的日 K 线走势图。该股前期窄幅整理，多条均线逐渐黏合在一起。这一段整理有震荡洗盘的嫌疑，因为此时的中长期均线仍处于多头走势中。

既然中长期趋势未变，那么短期的整理走势多是主力的洗盘行为，投资者要做的就是等待行情启动。2015 年 2 月 13 日，该股盘中收出一根大阳线，股价涨停突破多条缠绕的均线，均线也有多头发散的迹象，投资者可以择机进场买入。

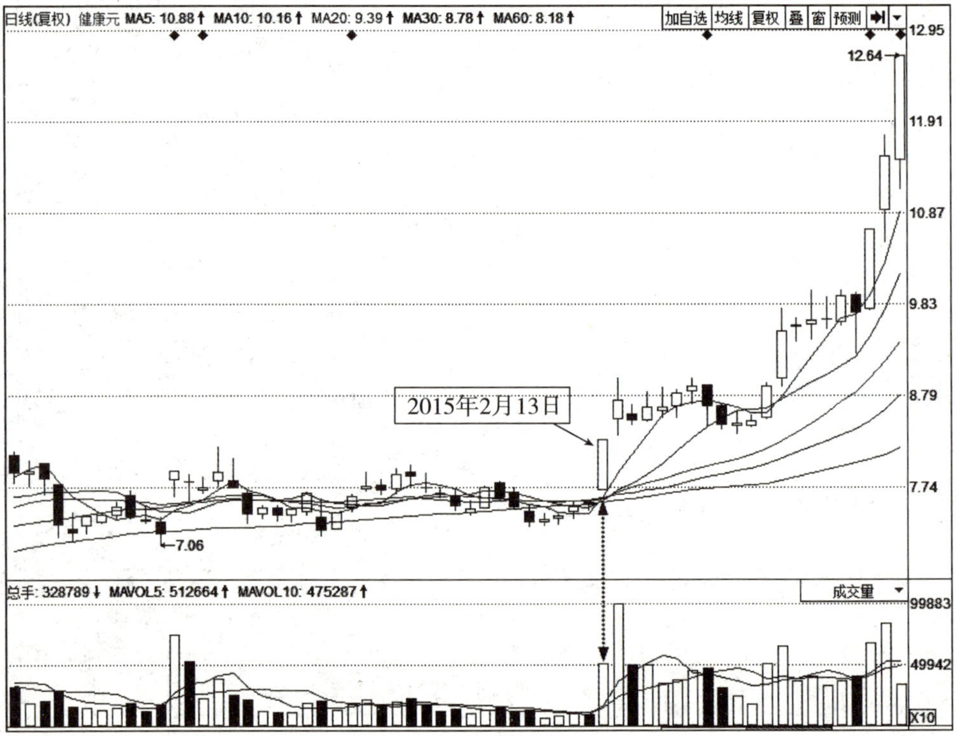

图 4-3-17

图 4-3-18 是九洲药业（603456）的日 K 线走势图。该股在低价区域内长时间横盘震荡整理，成交量由大到小不断萎缩，换手充分。在整理末端，2015 年 2 月 16 日，股价突然放量跳空涨停，突破多条均线，其后股价走出一波凌厉的上涨行情。

图 4-3-18

第五章 成交量中的短线必杀技

股市中流传一个说法，区分看图水平高低的重要标志，就是能否在看K线的同时，真正重视成交量的变化。这句话是有道理的。量在价先，分析量价关系能对股市趋势和个股形态有更明确的认识。

关于成交量，有人总结得比较好：量之要，其一在势也。高位之量大，育下落之能；低位之量大，藏上涨之力。

第一节 短线放量买入技法

（1）放量突破买入。

当股价经过大幅下跌后，如果低位连续放出大成交量，且股价上涨，此时可以短线跟进。

成交量的变化会影响到股价的变化，同时成交量也是对股价的肯定。一个价格如果能被支撑住，必须有成交量相配合，因此巨量必然会伴随着股价的大幅上涨。

普通股民的资金操作是杂乱无章的，无法对股价的波动产生强大的影响力，只有主力资金才会对股价的波动产生强大的支撑和促涨促跌作用。在实战操作过程中，交易者要对成交量的变化进行深入的分析。

如果个股在低位放出巨量，日K线已向上突破长期下跌趋势线或突破20日均线，此时便可买入。

如图 5-1-1 所示，顺威股份（002676）的股价前期有大幅度的下跌，箭头处出现了放量上涨的走势，当日换手率达到 12.95%，出现天量，此时便是买入时机。之后几天成交量密集放大，说明有大资金在盘中进行操作，这是典型的庄家拉高进货形态。

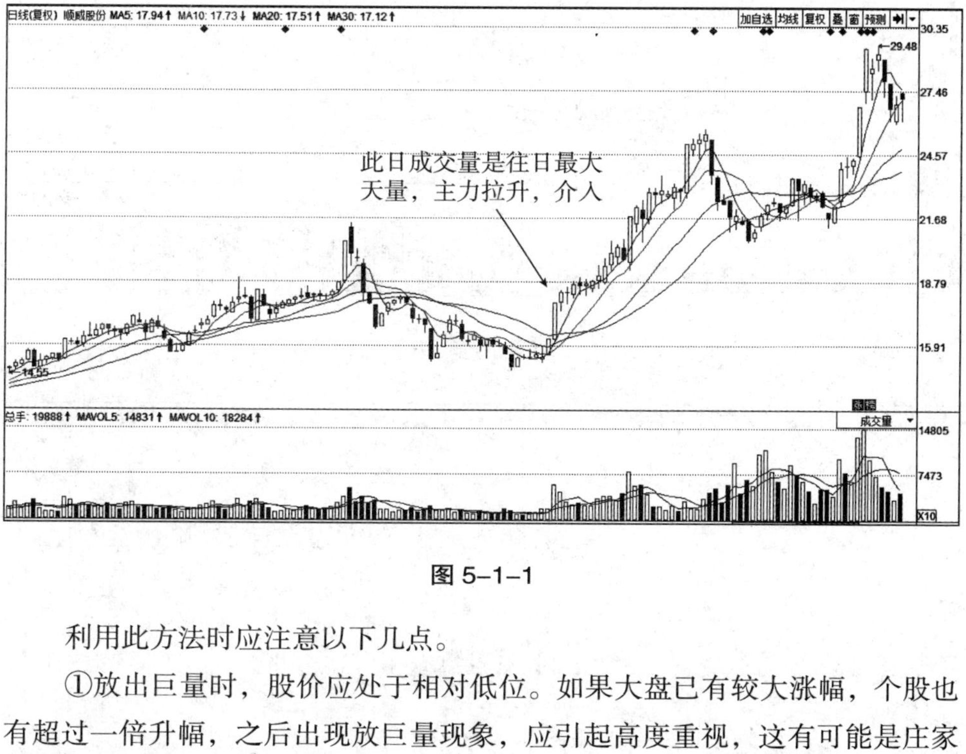

图 5-1-1

利用此方法时应注意以下几点。

①放出巨量时，股价应处于相对低位。如果大盘已有较大涨幅，个股也有超过一倍升幅，之后出现放巨量现象，应引起高度重视，这有可能是庄家在拉高出货。

②股价在低位整理时间越长，出现巨量后股价上涨的概率越大，涨幅越高。

③如发现巨量后成交量不能继续有效地放大，应引起高度重视，最保险的做法是先清仓出局，观望后续走势。

（2）低位放量买入。

如图 5-1-2 所示，置信电气（600517）的股价经过长期下跌，使得空头能量有足够的时间充分消耗。随后股价止跌走稳，表明多空能量获得暂时平衡。多空交替，多头最终打破这种平衡，低位放量正是多头力量异动的最初表现。

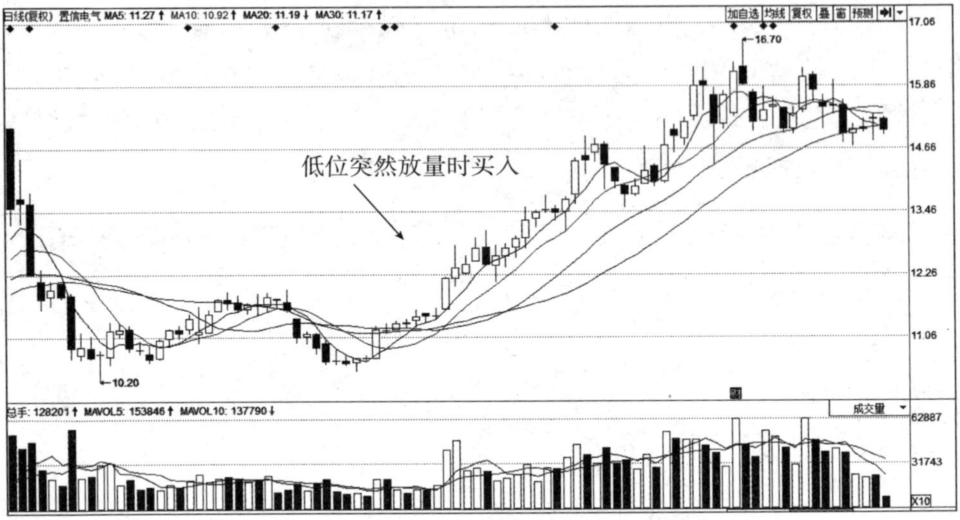
日线(复权) 置信电气 MA5: 11.27 MA10: 10.92 MA20: 11.19 MA30: 11.17
16.70
10.20
低位突然放量时买入
总手: 128201 MAVOL5: 153846 MAVOL10: 137790
成交量
17.06
15.86
14.66
13.46
12.26
11.06
62887
31743
X10

图 5–1–2

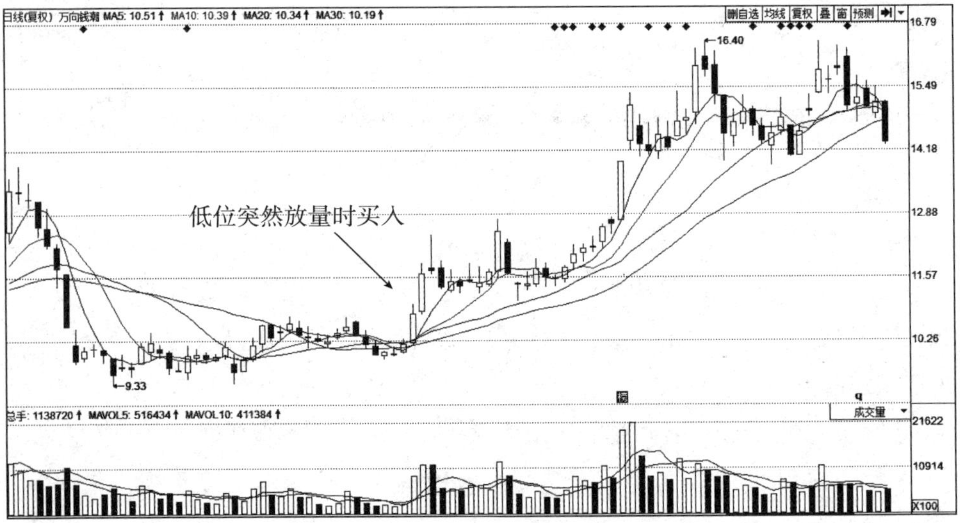
日线(复权) 万向钱潮 MA5: 10.51 MA10: 10.39 MA20: 10.34 MA30: 10.19
16.40
9.33
低位突然放量时买入
总手: 1138720 MAVOL5: 516434 MAVOL10: 411384
成交量
16.79
15.49
14.18
12.88
11.57
10.26
21622
10914
X100

图 5–1–3

短线交易者应在低位突然放量、股价明显上涨时跟进。

利用此方法时应注意以下几点。

①突然放量时，股价必须处在相对低位。这一点可从个股历史走势中确认，这样买入信号才可靠。

②突然放量前，股价应在一个时间段内获得支撑，有跌不下去之感，股价呈平台整理形态，此区域成交量呈均匀缩量状态，此时突然放量才有效。

③注意低位放量区域与前一轮行情高点的距离。与前期高点距离越远，空头力量消耗得越充分，多头力量确认的可靠性越强。

如图 5-1-3 所示，万向钱潮（000559）的股价在一个月的时间内呈缩量横盘的状态，有跌不下去的感觉。此时低位突然放量，价增量涨，短线可以跟进。

第二节　短线缩量买入技法

（1）缩量回调买入技法。

如图 5-2-1 所示，平高电气（600312）的股价经过了放量上涨之后，出现缩量回落的走势。在连续收出阳线的上涨过程中，堆积了不少成交量，从这一点可以看出进场资金比较积极。

遇到这种情况，交易者要注意以下三点。

首先，连续收出上攻阳线。

其次，在连续上涨的过程中，必须要有成交量的配合。

最后，在回落的过程中必须是缩量的。

满足以上三个条件，短线交易者可以买入。

在上涨过程中，有的股票会反复出现这种放量上涨后缩量回调的走势，其原因是庄家在洗盘，目的是把浮动筹码清理出去。在实战过程中遇到这种情况，每次缩量回落时，均是短线买入的时机。

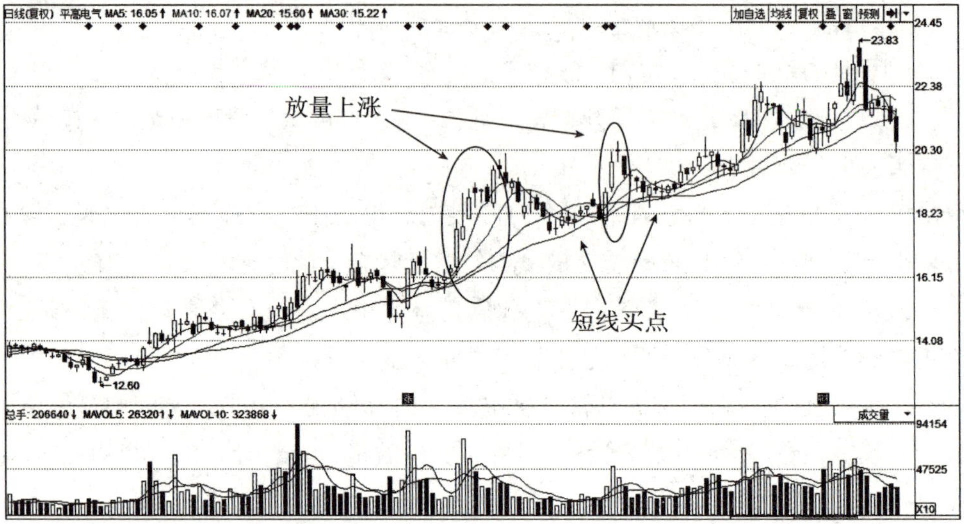

图 5-2-1

如图 5-2-2 所示，农发种业（600313）在放量上涨过程中出现了连续阳线，这说明股价处于强烈的上涨攻势中。经过放量上涨后，股价受到了上方的压力，在椭圆处开始缩量回调。此时的回调是缩量的，所以这是明显的蓄势动作，短线交易者可以趁机进场，把握这个机会，后市一般来说都会有一波上涨行情。

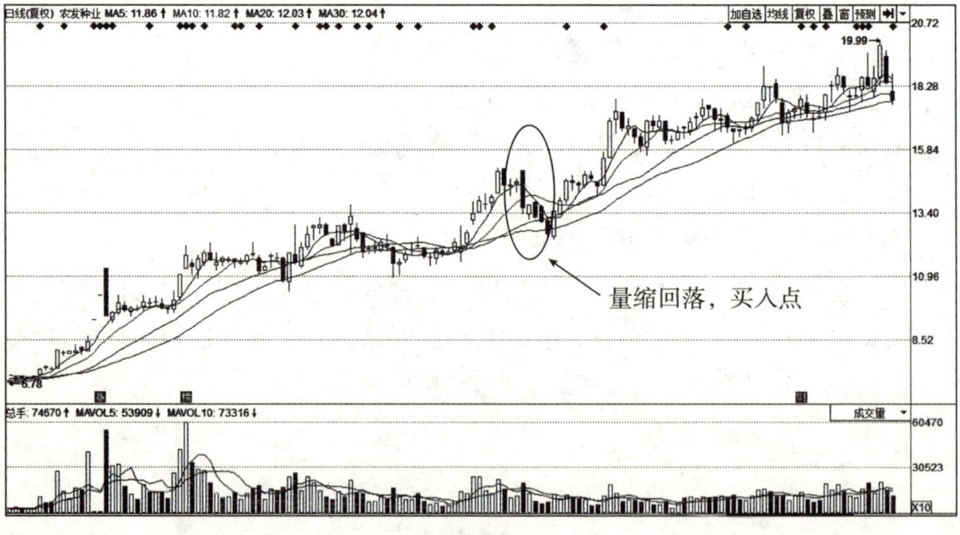

图 5-2-2

（2）缩量横盘买入技法。

如图 5-2-3 所示，当股价经过一波上涨时，获利盘涌出使股价上升受阻，此时需先经过一段蓄势调整后才能继续上升，于是成交量逐步萎缩到一个较低的位置，股价也小幅下跌至一个相对低点，这时是明确的买入时机。当成交量重新开始放大时，将展开又一浪升势。

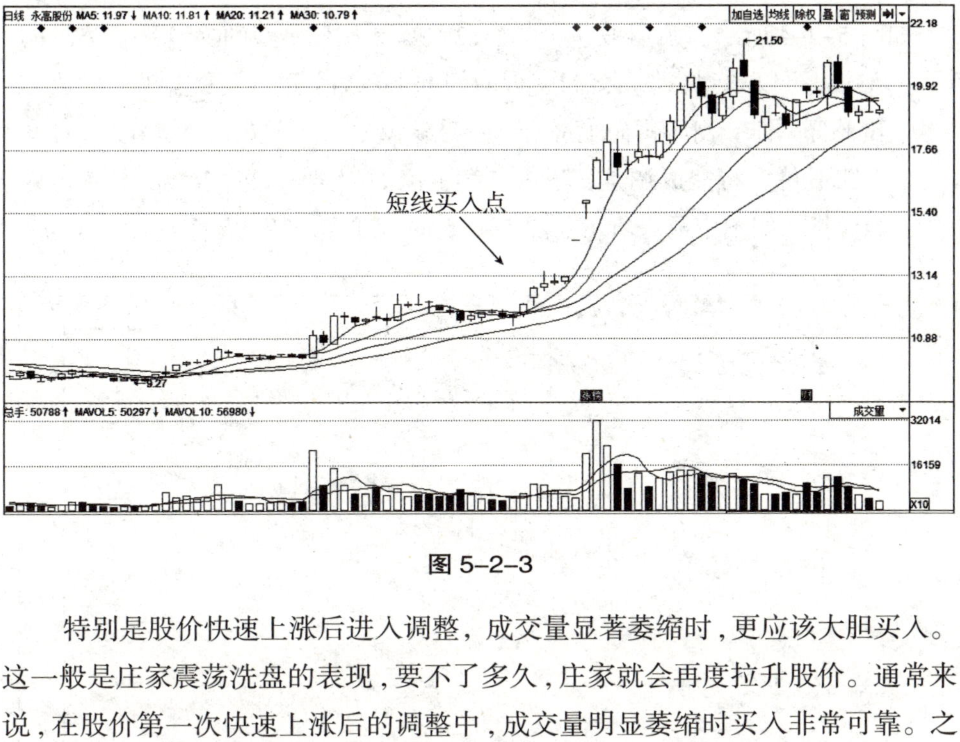

图 5-2-3

特别是股价快速上涨后进入调整，成交量显著萎缩时，更应该大胆买入。这一般是庄家震荡洗盘的表现，要不了多久，庄家就会再度拉升股价。通常来说，在股价第一次快速上涨后的调整中，成交量明显萎缩时买入非常可靠。之后再次拉升并调整缩量时是否是买入时机，要视庄家的行为和股价形态而定。

利用此方法时应注意以下几点。

①正确区分上攻行情初期出现的缩量整理与第一上升浪末期出现的缩量整理。

②注意缩量整理的方式。缩量整理的方式有两种：其一为缩量回调整理，其二为小平台强势缩量整理。

③注意上升趋势中，股价上涨必须有成交量配合，回调时成交量明显缩小，这样后市才会继续上涨。如果只见放量不见上涨，或上涨无量，下跌有量，或看似调整，但成交量却无明显萎缩，就要小心庄家出货的嫌疑，或多空双方的较量在向空方倾斜。

个股经过一个阶段的上涨后，在横盘不回落的强势调整中，保持每天的横盘量能接近或等同于平常的量能。当K线站上10日均线时，是短线买入点。

如图5-2-4所示，朗姿股份（002612）就是一个典型的横盘平量整理的例子。从图上可以看到，股价经过一段时间的上涨后，进入了横盘调整阶段，成交量和平日一样。当股价向上涨升，突破调整平台，并且再次站上10日均线时，表明股价即将完成调整，进入继续上涨的阶段。此时短线交易者可以果断进场操作，如图中箭头所示。图5-2-5的道理也是如此。

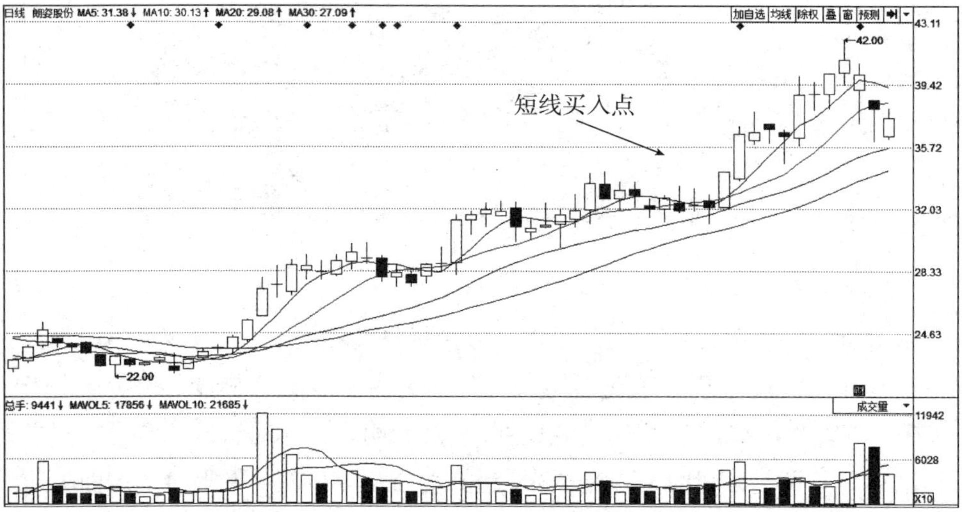

图5-2-4

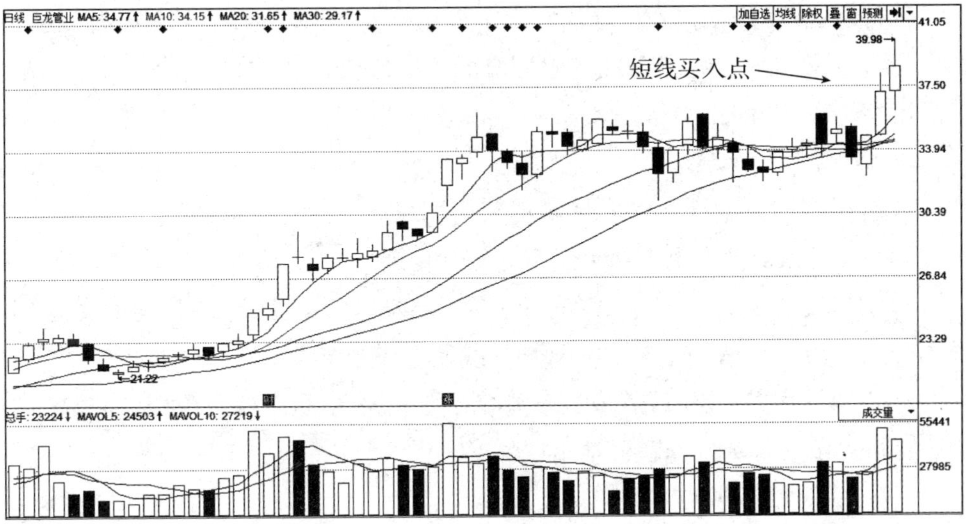

图 5-2-5

第三节　黄金量叉短线必杀技

“黄金量叉”指的是均量线黄金交叉后形成的短线买点。在成交量指标图中，可以看到均量线在成交量柱形图之间来回穿梭波动，指示着股价变动的趋向。

在上涨行情初期，均量线随股价不断创出新高，显示出市场人气的聚集过程。当市场行情进入尾声时，尽管股价再创新高，但均量线已衰退疲软，形成价量背离。此时市场追高意愿发生变化，股价也接近顶部，预示后市将出现反转。

在市场行情下跌之初，均量线一般随股价持续下跌，显示市场人气涣散。当下跌趋势接近尾声时，即使股价不断创出新低，但均量线亦多已走平，或企稳上升，这表明股价已经见底，投资者可以考虑伺机介入。

在实际的股票交易中，投资者利用均量线形成的黄金交叉来寻找买点，是一种行之有效的方法。若均量线二次黄金交叉，更是表明股价上涨动力十足。如果黄金交叉当日，量能出现有效配合的话，股价往往会封上涨停。短线投资者可在均量线出现二次黄金交叉之后积极买入股票，获取短线收益。

（1）均量线黄金交叉的形态特征。

①均量线的黄金交叉一般是指短期均量线自下而上穿越中长期均量线所形成的交叉，该交叉多出现在个股行情启动初期。

②均量线的二次黄金交叉形态一般是指 5 日均量线上穿 30 日均量线所形成的交叉，30 日均量线上穿 135 日均量线所形成的交叉。

③在均量线交叉当日，若成交量能有效地放大，股价多会出现涨停的走势，个股行情后市看涨。投资者可利用这种形态买入股票，进行建仓。

（2）实战操作要点。

①当股价大幅下跌之后，短期、中期、长期三条均量线出现黄金交叉形态，预示着股价后市看涨，投资者可以根据这种形态买入股票。

②均量线形成黄金交叉之后，短期、中期、长期三条均量线应呈现多头排列，也就是短期均量线位于最上方，中期均量线位于中间，长期均量线位于最下方。

③当短期均量线上穿中期均量线、中期均量线上穿长期均量线时，若成交量能有效放大，将确认买入信号的准确度。

下面通过实例来介绍均量线金叉在实战中的运用。

（1）TCL 集团（000100）。

①形态分析。

如图 5-3-1 所示，在 TCL 集团（000100）的日 K 线图中，该股前期处于横盘整理状态，成交量也没有较大的变化。某日，5 日均量线上穿 30 日、135 日均量线形成金叉，之后 30 日均量线上穿 135 日均量线形成二次金叉，表明股价即将结束横盘走势，开始上升行情。

在均量线形成黄金交叉当日，其成交量出现了巨幅放量，也为股价的上涨提供了动力。投资者遇到这种走势之后，可以选择合理的时机买入股票，进行建仓。

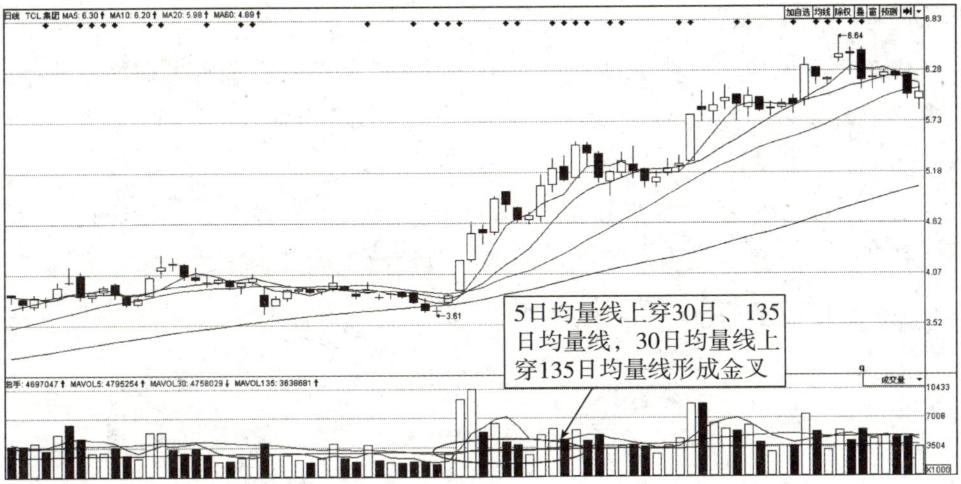

图 5-3-1

②介入分析。

如图 5-3-2 所示，在 TCL 集团（000100）的日 K 线图中，该股均量线形成黄金交叉之后，在成交量的有效配合下，股价强势上涨，封住涨停板。同时，该股的均线系统也逐步扩散，形成多头排列形态，预示该股后市将开始一波

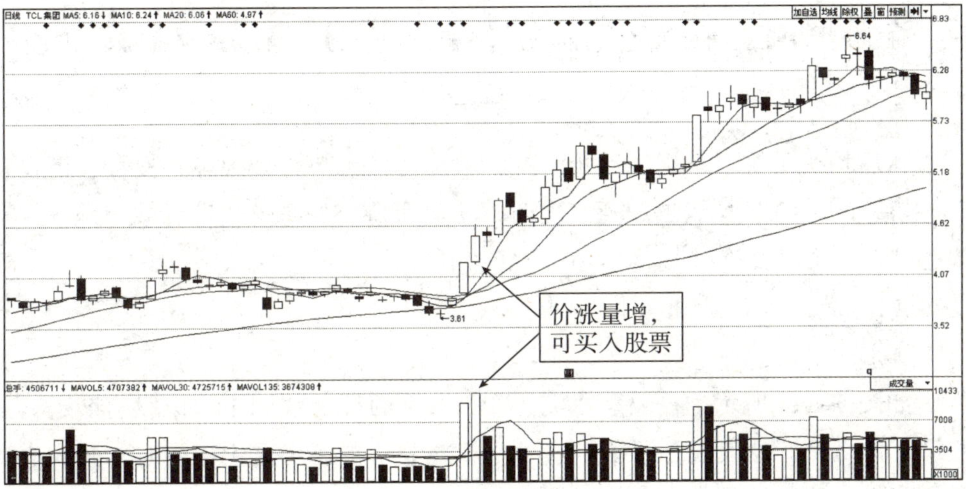

图 5-3-2

上涨走势。

激进的投资者可在个股涨停当日买入股票，稳健的投资者可在均量线出现第二个黄金交叉之后再进行建仓，以期获取短期持股的投资收益。

③卖出分析。

如图 5-3-3 所示，在 TCL 集团（000100）的日 K 线图中，该股经过一轮上涨行情之后，盘中做多动能逐步减退，股价出现横盘企稳的迹象，表明该股后市有可能结束上涨行情，开始回调走势。

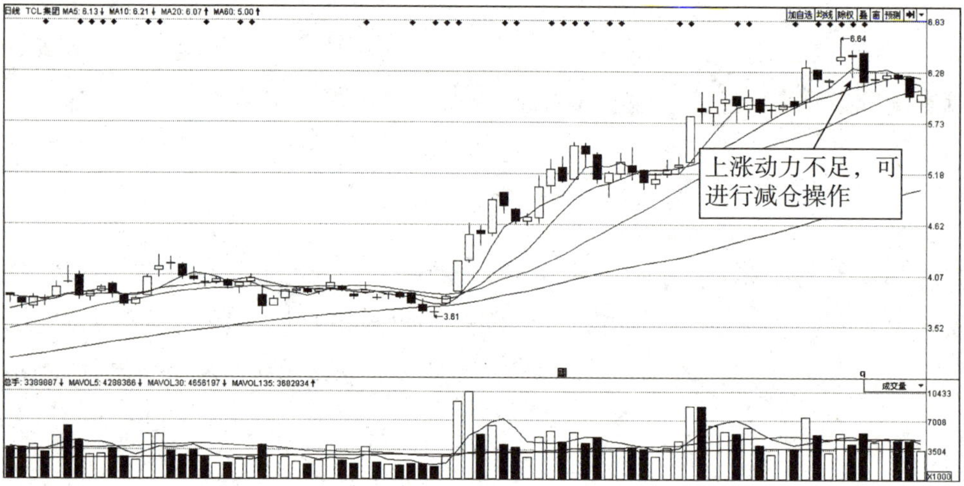

图 5-3-3

随后均线系统多条均线逐步合拢，多头排列态势也被破坏。投资者可在 5 日均线下穿 10 日均线形成死叉之时，卖出所持有的筹码或进行减仓操作，规避风险，兑现收益。

（2）冀东水泥（000401）。

①形态分析。

如图 5-3-4 所示，在冀东水泥（000401）的日 K 线图中，该股前期走势并没有什么良好的表现，股价一直处于横盘整理的态势之中。同时，其成交量也基本上处于地量状态，均量线呈现水平运行的态势。某日，该股 5 日均

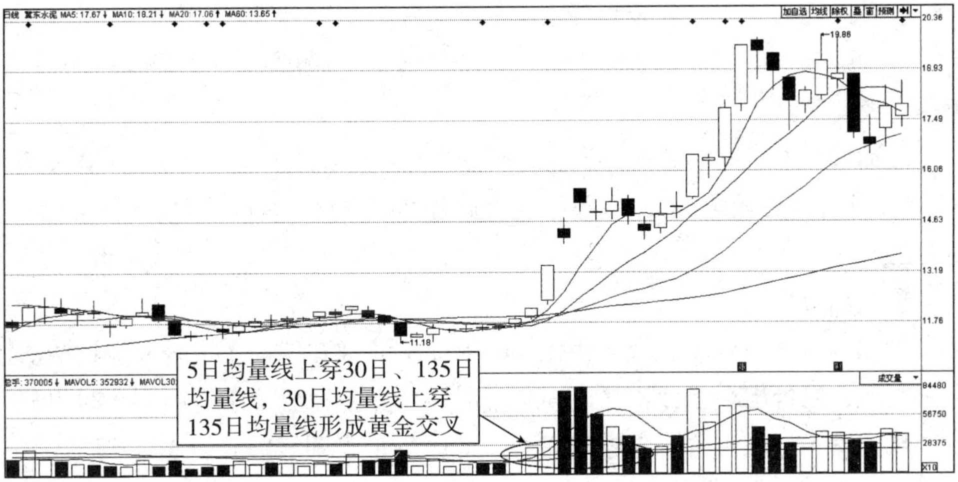

图 5-3-4

量线上穿 30 日、135 日均量线形成金叉，之后 30 日均量线上穿 135 日均量线形成二次金叉，同时成交量也出现有效放量。这种情况表明股价后市将结束横盘走势，开始上升行情。投资者可利用这一形态进行建仓，积极跟进。

②介入分析。

如图 5-3-5 所示，在冀东水泥（000401）的日 K 线图中，该股均量线形

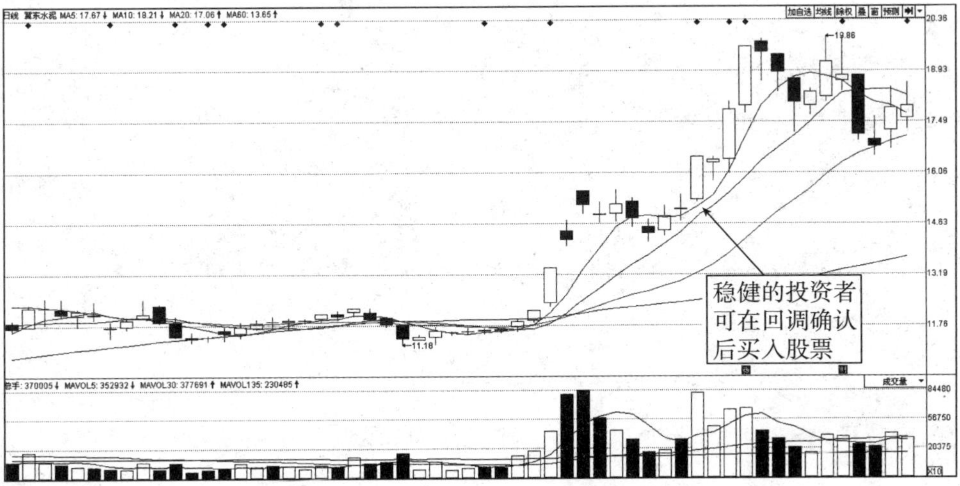

图 5-3-5

成黄金交叉之后，当日股价高开高走，在上午收盘时封上涨停板，显示盘中多方实力强劲，后市该股延续涨势的可能性较大。激进的投资者可在此买入股票，吸收筹码。

之后股价并没有一路强势上扬，而是出现了回调走势。股价回踩 10 日均线企稳之后，才开始强势爬升。稳健的投资者可在股价回调确认后再买入股票，稳健建仓。

③卖出分析。

如图 5-3-6 所示，在冀东水泥（000401）的日 K 线图中，该股经过两次上扬之后，股价出现了回调的压力。同时，成交量在股价小幅回调之时也开始逐步萎缩，呈现出价跌量缩的态势。此时一根大阴线跌破了 5 日均线、10 日均线形成的支撑位，表明此刻盘中空方开始占据优势，股价即将结束上涨行情。投资者应在 5 日均线下穿 10 日均线形成死叉之时卖出股票，实现短期持股收益。

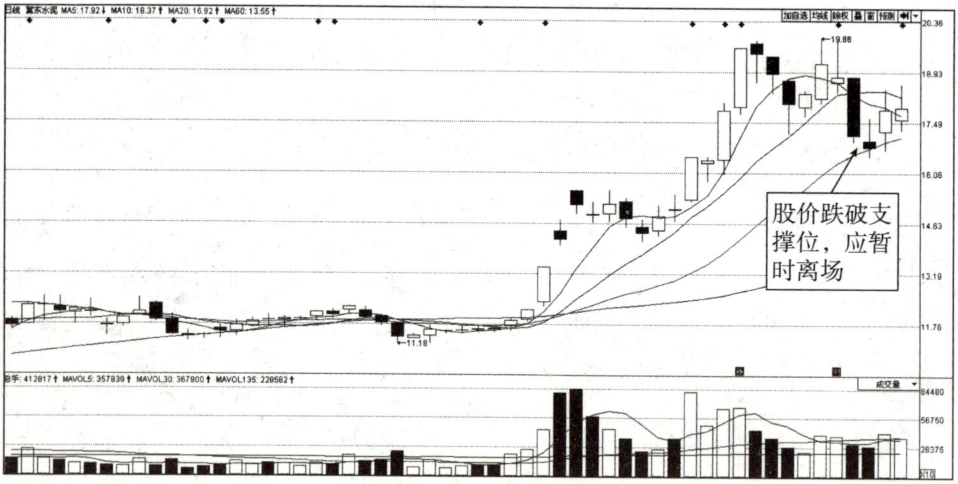

图 5-3-6

均量线二次金叉发出的买入信号，要比一次金叉强烈。若有成交量的适时配合，更是有利的买入时机。在实际操作中，投资者应注意这一要点。

第六章

技术指标中的短线必杀技

第一节　KDJ 指标短线技法

一、KDJ 买入定式

KDJ 指标又称随机指标，主要由 K 线、D 线和 J 线组成，其中 D 值是对 K 值的移动平均处理。

（1）运用技巧。

KDJ 指标主要从 K、D、J 值的大小，KDJ 曲线形态，以及 KDJ 背离等方面来研判买卖时机。

①K、D、J 三线的数值范围都在 0 ~ 100 之间。通过不同的数值，可以判断股价是否处于超买或者超卖状态。当股价处于超卖状态时，通常 K 值小于 20，D 值小于 30，J 值小于 0。股价处于超卖状态时，投资者可以考虑适当买入股票，以免股价上涨后踏空，错失获利的机会。

②当 K 值非常小，例如为 0 时，表明股价下跌的力量非常大，股价总是能够创出新低。在这样的大势中，如果股价开始反转，可以视为较好的买入时机。

③在股价下跌到相对底部时，K 线从下向上突破 D 线时，是投资者买入的信号。当随机指标的曲线变得平缓时，通常意味着股价即将变换方向，投资者这时候要提高警惕了。

④ KDJ 指标形态反转信号。当 KDJ 指标线在相对底部形成多重底形态时，是买入信号。

⑤底部背离信号。当 D 线处于超卖状态时，股价不断创新低，但是 K 线走势却出现连续抬高的底部，这样就在底部出现了背离，是买入信号。

（2）实战案例。

KDJ 指标是经常使用的一种指标，这种指标的优点在于反应敏感。掌握这种指标的分析技巧，对于实战操作有很大的帮助。

下面，笔者就来详细分析一下 KDJ 指标的两种买入方法。

①底部金叉买点。

股价在下跌或者弱势整理时，D 线、K 线、J 线依次由上到下排列，并且三条线处于 50 附近或者 50 以下区域。当股市转强，股价开始上涨的时候，K 线和 J 线就会同时向上穿过 D 线，这时候就形成了股价看涨的黄金交叉形态。

如图 6–1–1 所示，华东电脑（600850）KDJ 三条曲线下行到 50 以下区域，其后股价上涨，KDJ 三条线也开始上升，并且形成金叉。此时投资者买入股票是比较可靠的选择，因为股价上涨趋势非常明显。

②底部背离买点。

在KDJ 指标底部背离中，股价虽然还在下跌当中，但是相对底部已经形成，不久股价就会反转向上。不管反转的时间和幅度如何，股价向上是必然发生的事情。

投资者需要注意的是进入时机的选择。在指标发生背离的时候可以买入股票，但不必将预计的涨幅看得太高。如果股价上涨一段后出现死叉，并且开始下跌，投资者就要及时止盈，避免从盈利状态变为亏损状态。

如图6–1–2所示，中国神华（601088）在下跌的过程中，股价底部不断下移，而KDJ指标并未随之下调，而是逐渐走出了上升走势，这样就出现了底部背离。底背离后投资者可以等待上涨行情的出现。当 KDJ 指标在底部金叉，同时有 5 日均线金叉 10 日均线相配合，就是买入的好时机。

二、KDJ 卖出定式

KDJ 指标的主要原理，是用目前股价在近阶段分布中的相对位置来预测

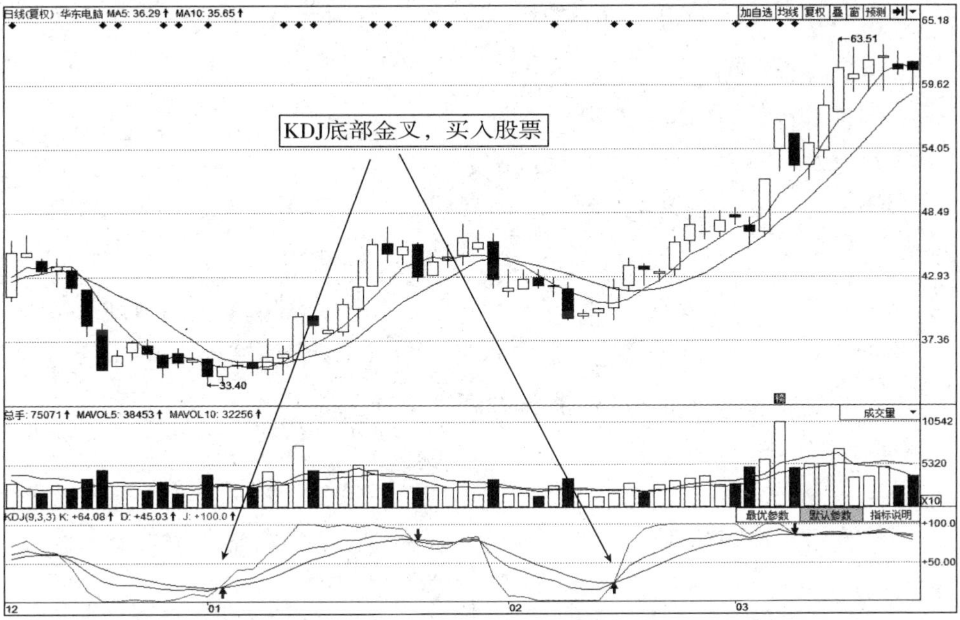
日线(复权) 华东电脑 MA5: 36.29↑ MA10: 35.65↑
加自选 均线 复权 叠 窗 预测
65.18
63.51
59.62
KDJ底部金叉，买入股票
54.05
48.49
42.93
37.36
33.40
总手: 75071↑ MAVOL5: 38453↑ MAVOL10: 32256↑
成交量
10542
5320
X10
KDJ(9,3,3) K: +64.08↑ D: +45.03↑ J: +100.0↑
最优参数 默认参数 指标说明
+100.0
+50.00
12
01
02
03

图 6–1–1

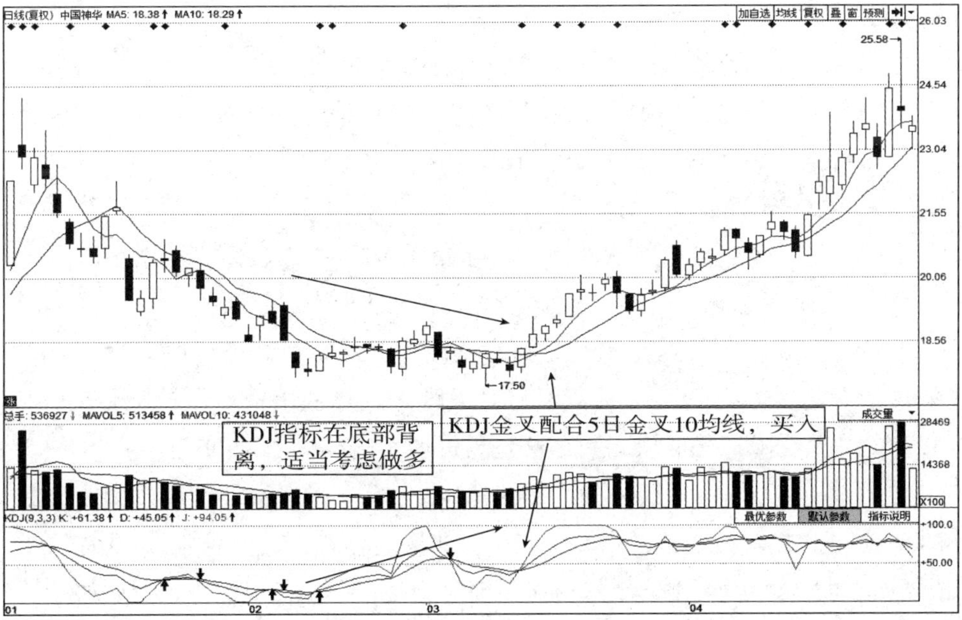
日线(复权) 中国神华 MA5: 18.38↑ MA10: 18.29↑
加自选 均线 复权 叠 窗 预测
26.03
25.58
24.54
23.04
21.55
20.06
18.56
17.50
总手: 536927↓ MAVOL5: 513458↑ MAVOL10: 431048↓
成交量
KDJ指标在底部背离，适当考虑做多
KDJ金叉配合5日金叉10均线，买入
28469
14368
X100
KDJ(9,3,3) K: +61.38↑ D: +45.05↑ J: +94.05↑
最优参数 默认参数 指标说明
+100.0
+50.00
01
02
03
04

图 6–1–2

可能发生的趋势反转。KDJ 指标的反应比较敏感，是一种进行中短期趋势分析比较好的技术指标。

下面笔者讲解如何更好地利用 KDJ 指标来把握卖出时机。

（1）运用技巧。

使用 KDJ 指标主要从 K、D、J 值的大小，KDJ 曲线形态，以及 KDJ 背离等方面来考虑。

①K、D、J 三线的数值范围都在 0 ~ 100 之间。通过不同的指标数值，可以判断股价是否处于超买或者超卖状态。当股价处于超买状态时，通常 K 值大于 80，D 值大于 70，J 值大于 100。股价处于超买状态时，投资者要适当减仓，以避免高位转势的风险。

②当 K 值非常小，例如为 0 时，表明股价下跌的力量非常大，股价总是能够创新低。在这样的大趋势中，如果股价出现反转，将被视为较好的卖出时机。

③趋势反转信号。在股价上升到相对顶部时，K 线从上向下突破 D 线时，是卖出信号；当随机指标的曲线变得平缓时，通常意味着股价即将变换方向，投资者这时候要提高警惕了。

④当 KDJ 指标线在顶部形成多重顶部时，是卖出信号。

⑤顶部背离信号。当 D 线处于超买状态时，股价不断创出新高，但是 K 线却出现连续下降的底部，这样就在股价顶部出现了背离。顶背离是卖出信号。

（2）实战案例。

下面通过几个实例来看看如何在实际操作中运用 KDJ 指标卖出法。

①顶部死叉卖点。

股价上涨到顶部开始盘整，并且有逐渐走弱的趋势。虽然股价没有大幅度下跌，但是多方力量已经明显不足，下跌是迟早的事情。股价下跌时，K 线和 J 线向下突破 D 线形成死叉，这是投资者卖出股票的时机。

如图 6–1–3 所示，华塑控股（000509）的股价在高位整理时，KDJ 指标中的 K 线和 J 线向下突破 D 线形成死叉。如果同时有 5 日均线死叉 10 日均线相配合，此时交易者卖出股票，就可以避开以后的下跌行情。

图 6–1–3

②顶部背离卖点。

长期上涨行情中，股价在高位继续向上的动力会在空方的打压下逐渐消退，从而出现下跌行情。但是很多时候股价是不容易下跌的，反而在下跌前还会呈现出弱势上涨现象。即使股价上涨，指标也会出现向下的背离走势。背离的结果就是股价逐渐形成顶部反转形态，股价随后进入到下跌趋势当中。

如图 6–1–4 所示，三联商社（600898）的股价在上涨过程中，多方力量逐渐衰弱，空方力量逐渐强大起来。此时虽然股价还在上涨，但在股价创新高的同时，KDJ 指标并没有创出新高，只是出现了一个低于前高的相对高点，这样 KDJ 指标就和股价走势形成了背离现象。投资者可以在 KDJ 死叉同时配合 5 日均线死叉 10 日均线时卖出股票，这样才能保住利润，避免由盈利变为亏损。

顶部死叉卖点和顶部背离卖点是 KDJ 指标的两个重要卖出信号，这是交

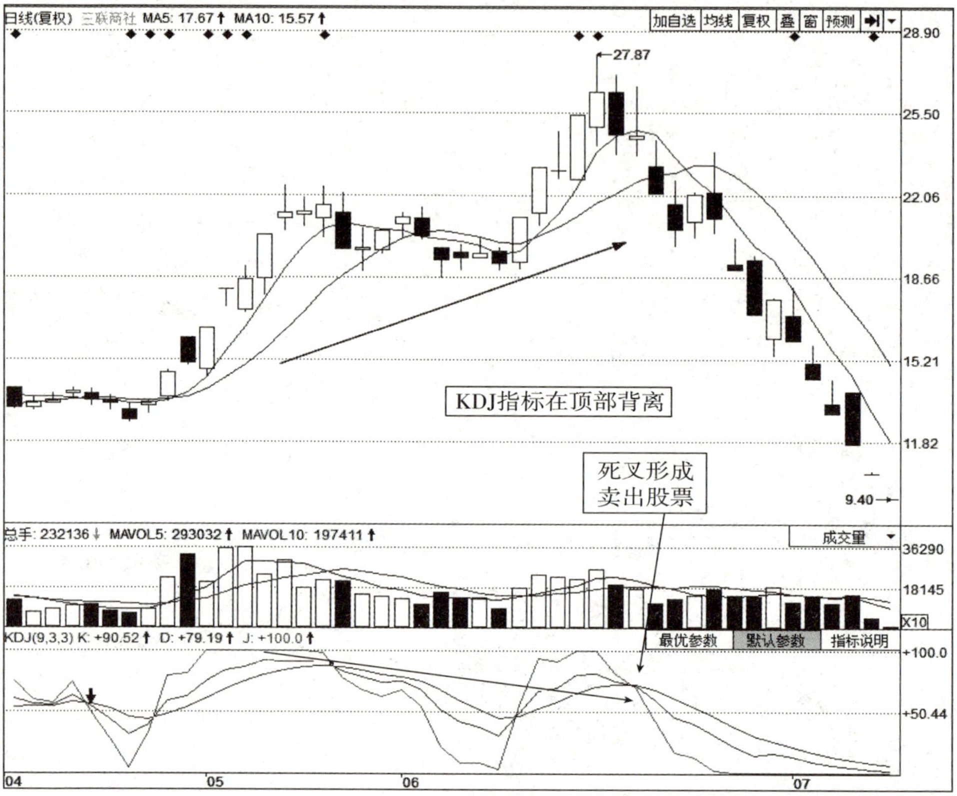

图 6-1-4

易者应该重点掌握并且要学会在实战中灵活运用的技法。

从以上运用技巧和实战案例分析中，大家可以看到，KDJ 指标并没有想象之中那么复杂难懂。只要把握三条线的交叉形态以及交叉时机，基本上就可以把握个股的走势，从而很好地帮助交易者作出正确的研判，在危机尚未爆发前让交易者成功避开风险，不至于被套。

KDJ 指标的优点在于反应敏感，因此 KDJ 指标是技术分析人员经常使用的一种指标，同时也是普通交易者需要在实战中掌握和利用的重要指标。

第二节 MACD 指标短线技法

一、MACD 买入定式

MACD 又称为指数平滑异同移动平均线，它是建立在移动平均线基础上的指标。相对于移动平均线迟缓的反应，MACD 可以在第一时间发出买卖信号。从使用效果上来看，MACD 比移动平均线更加灵敏。MACD 可以更准确地提供趋势变化的信息，又能够让交易者抓住买卖点位。可以说，MACD 指标是建立在移动平均线基础上而又高于移动平均线的指标，投资者可以充分利用这个指标来买卖股票。

（1）运用技巧。

下面讲解如何利用 MACD 指标来把握买入时机。

①当 DIF 和 DEA 同时大于 0 的时候，说明市场属于多头市场，交易者可以在大部分时间里看多股价。

② DIF 金叉 DEA。如果交叉发生在 DIF 和 DEA 都大于 0 的时候，则是买入的信号；如果交叉发生在 DIF 和 DEA 都小于 0 的时候，多数情况下都是股价在下跌途中的反弹，过后不久又会恢复到下跌的状态中去。DIF 在 0 轴以下连续两次向上突破 DEA 的时候，说明市场可能不久将转为上涨行情。

③ MACD 底部背离情况。股价在下跌的过程中，连续两到三次都不断创出新低，但是 MACD 却不出现新的低点，反而逆势上行，这属于底背离。出现这种情况，是买入信号。底部背离的时间越长，背离的次数越多，买入的信号越准确。

④ MACD 柱状图背离情况。股价下跌而 MACD 柱状图并没有下降，反而上升，此时为看多买入信号；股价上涨而 MACD 柱状图并没有上升，反而下降，此时为看空卖出信号。

⑤ DIF 和 MACD 同步看涨情况。DIF 金叉 DEA，并且 MACD 也由负转正

的时候，属于看多信号。特别是 DIF 在大于 0 的时候金叉 DEA，看多信号比较强烈。

（2）实战案例。

下面通过几个实例来看看如何在实际操作中运用 MACD 买入法。

①底部金叉买点。

MACD 金叉形态发生在股价反转的初期，DIF 曲线从下向上顺利穿越 DEA 曲线，就形成了股价反转的金叉形态。就 DIF 曲线和 DEA 曲线所处的位置来说，金叉反转可以分为 0 轴以下的金叉、0 轴附近的金叉和 0 轴以上的金叉。

a.0 轴以下的金叉。MACD 在 0 轴线以下出现金叉形态，是弱势当中出现的金叉，反映出股价在下跌过程中出现了反弹，并由此形成了金叉，并不一定表示股价会改变下跌的方向。但是，如果连续出现两次金叉，情况就大不一样了，表明股价即将终止下跌。特别是金叉发生的位置不断抬高的话，股价反转向上的概率相当高。

如图 6-2-1 所示，阳光照明（600261）在股价下跌到相对低位后，DIF

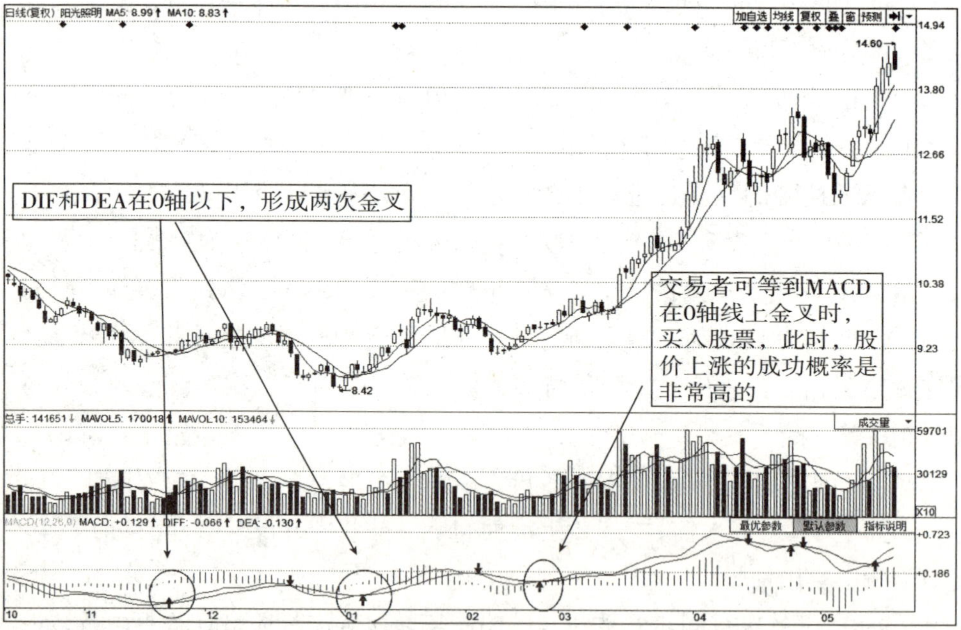

图 6-2-1

以在多数时间里看空市场。

② DIF 死叉 DEA。如果死叉发生在 DIF 和 DEA 都小于 0 的时候，则是卖出信号；如果死叉发生在 DIF 和 DEA 都大于 0 的时候，那么多数情况是股价在上涨途中的回调，不久后股价又会开始上涨。特别是 DIF 在 0 轴以上连续两次向下死叉 DEA 的时候，说明市场可能不久就将转为下跌行情。

③ DIF 顶部背离情况。股价在上涨过程中连续两到三次都不断创出新高，但是 DIF 却不出现新的高点，反而逆势下行，这属于顶背离，是卖出信号。顶背离的时间越长，背离的次数越多，卖出信号越准确。

④ DIF 和 MACD 同步看跌的情况。DIF 死叉 DEA，并且 MACD 也由正转负的时候，属于看空信号。特别是 DIF 在小于 0 的时候死叉 DEA，看空信号更为强烈。

（2）实战案例。

下面通过几个实例来看看如何在实际操作中运用 MACD 卖出法。

①顶部死叉卖出。

股价在长期上涨过程中出现下跌调整行情后，MACD 指标也会出现死叉现象，即 DIF 曲线从上向下穿越 DEA 曲线，形成死叉形态。MACD 形成死叉后，后市看空的概率比较大。如果在股价上涨的顶部出现 MACD 指标死叉形态，那么下跌就是毫无疑问的了。

如图 6-2-6 所示，中百集团（000759）在上涨过程中出现相对顶部，股价由此下跌。从图中可以看出，当时 MACD 形成死叉，这是比较好的卖出时机。

图 6-2-6 中的中百集团符合 0 轴线上强势死叉的情况。当 MACD 指标在远离 0 轴线之上区域向上运行很长一段时间后，DIF 线开始向下突破 DEA 线，这是 MACD 指标的第一种死叉，表示股价经过很长一段时间的上涨行情后，一轮比较大的跌势即将展开。

这种死叉预示着股价的上升行情结束，另一个下跌趋势可能已经开始，因此投资者对于 MACD 指标的这种死叉要格外警惕，应及时逢高卖出全部或大部分股票，特别是对于那些前期涨幅过高的股票，更要加倍小心。

如图 6-2-7，这是广东鸿图（002101）的日 K 线走势图。当白色 DIF 线

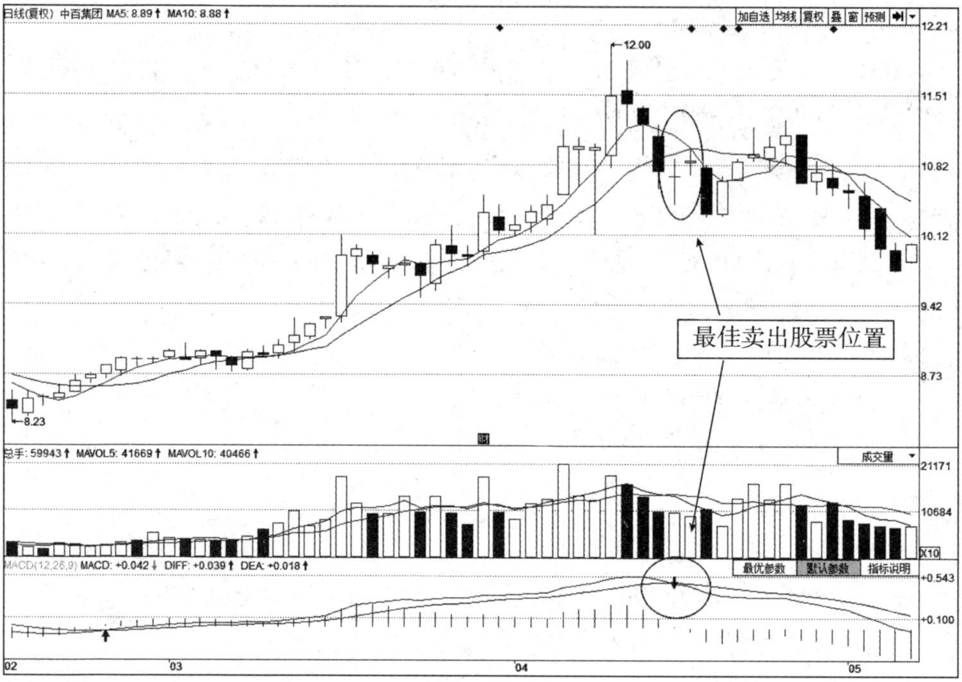

图 6-2-6

自上而下穿越黄色 DEA 线，MACD 出现绿色柱状线时，是卖出信号。当柱状线颜色发生改变，出现绿柱线时，表明市场上的空头力量开始强于多头力量，股价将开始一段下跌行情，是一种比较明显的卖出信号。

②顶背离卖出。

价格上升到顶部的过程中，股价创出新高，而 MACD 指标不增反降，这时就出现了顶背离。

如图 6-2-8 所示，中化国际（600500）的股价持续上升，而 MACD 指标却走出一波比一波低的走势，这就意味着出现了顶背离，预示股价可能在不久出现下行走势，投资者可在死叉时卖出。

当股价持续走高，而 MACD 指标却出现一波低于一波的走势时，意味着出现顶背离现象，预示股价将很快结束上涨，返身下跌。

股价经过长时间的上涨，上涨的空间已经非常小，再次向上创出新高的

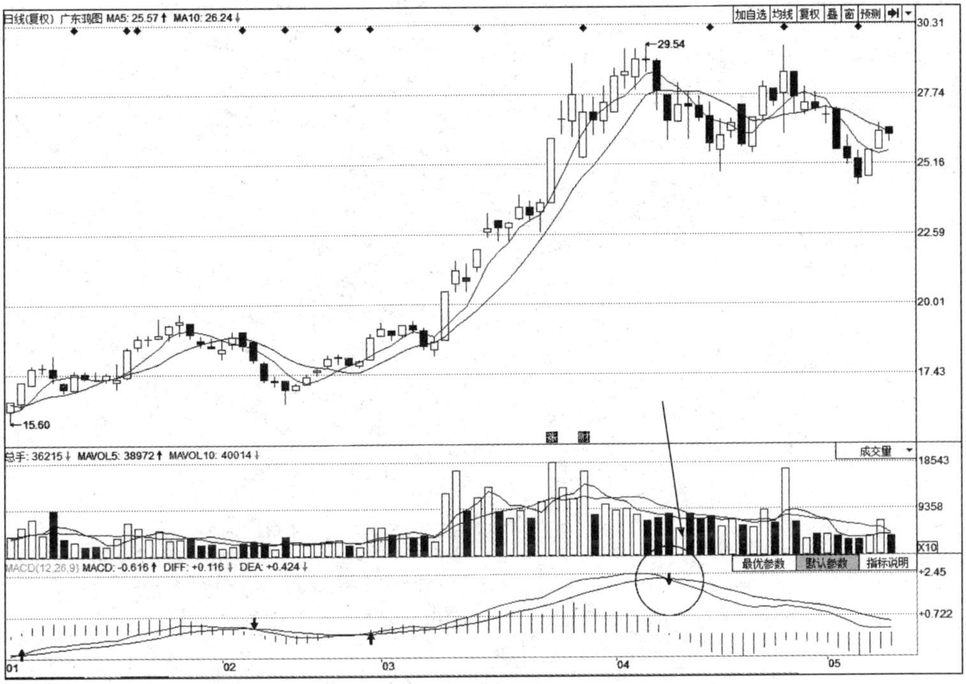

图 6-2-7

能量已经减弱。此时股价虽然仍然小幅上涨，但是MACD指标却与股价走出相反的趋势，开始由高位向下跌，高点不断下移，这样就形成顶背离形态，此时是卖出股票的好时机。

假如MACD指标第一次背离时没有卖出股票，第二次背离的时候也应该卖出了。因为一般情况下，顶背离都不会超过两次。如果交易者在第一次顶背离时没有卖出股票，第二次必须卖出，否则很可能因为来不及卖出股票而在高位被套牢。当然，谨慎的交易者可以在MACD指标第一次背离时，先减仓卖出部分股票，等股价再次背离的时候卖出所有股票。

如图6-2-9所示，亚太实业（000691）在上涨过程中出现两次MACD指标和股价背离的情况，这说明多方力量有变弱的趋势，一旦空方力量复苏，股价将会见顶下跌。

每次背离都是卖出股票的大好时机。在选择卖出价位方面，谨慎一点的

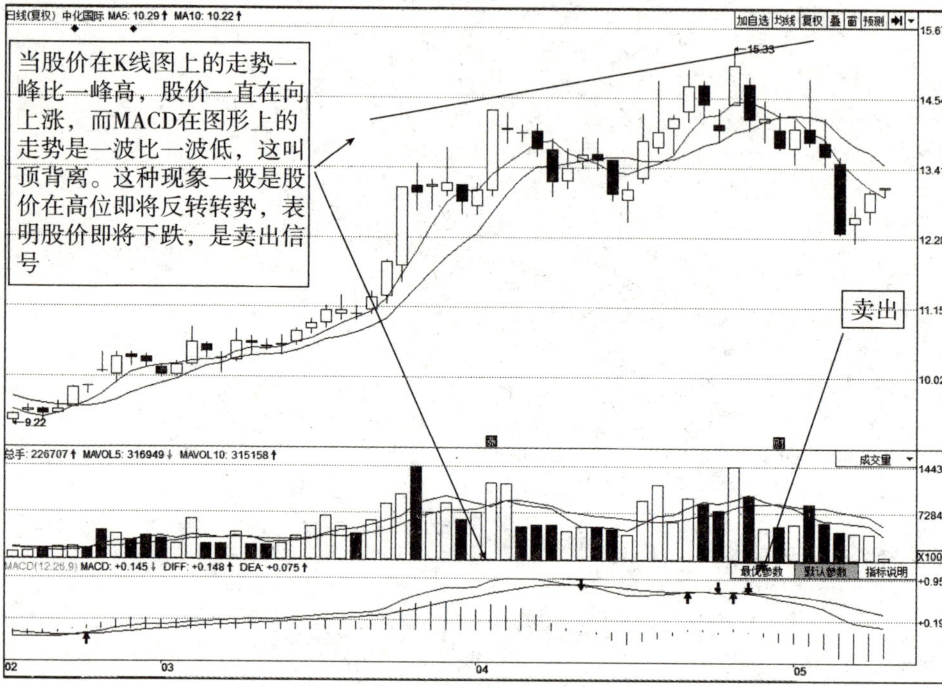

图 6–2–8

交易者可以在指标出现顶背离后立即卖出股票；激进一点的交易者，可以在MACD 指标下跌到 0 轴附近时再卖出股票，此时是卖出股票的好时机。

（3）MACD 指标的缺点。

当然，MACD 指标也有不可避免的缺陷，这需要引起读者朋友的注意。当股价波动没有明显的上升或下降趋势，而是保持水平方向整理时，此时 DIF 线与 DEA 线的交叉将会变得十分频繁。同时，MACD 柱状线的收放也会频频出现，颜色常常由绿转红或者由红转绿，此时表明 MACD 指标处于失真状态，使用价值相应降低。

MACD 是趋势指标，不适合在横盘盘整和震荡整理时使用。股价盘整时形成死叉，不能盲目地卖出，因为盘整时 MACD 指标经常是不可靠的，屡次出现金叉和死叉，并不能说明股票就要上涨或下跌。

股价横盘震荡整理时，MACD 指标会失真。股价在横盘整理的时候，DIF

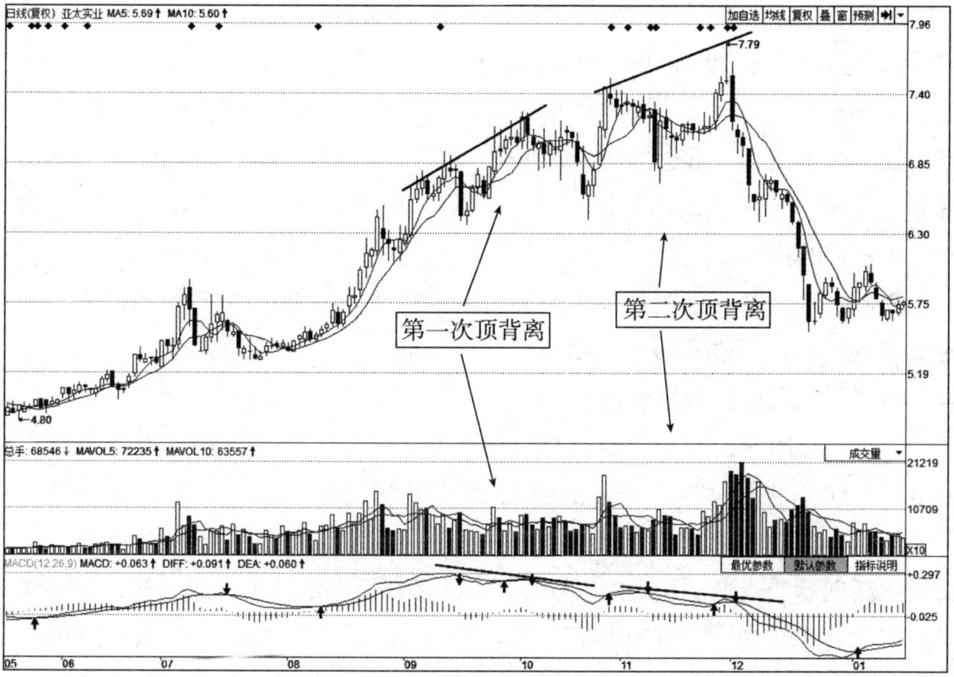

图 6-2-9

会经常金叉 DEA 或者死叉 DEA，MACD 也经常在绿柱子和红柱子之间来回变换，这时候 MACD 发出的买卖信号是非常不准确的。只有在持续上涨或下跌的行情中，MACD 指标才足够准确。

第三节 RSI 指标短线技法

一、RSI 买入定式

RSI 又称为相对强弱指标，属于振荡指标。该指标最早应用于期货市场中，后来因为其效果比较好，强弱指标的理论和实践极其适合于股票市场的短线投资，于是被用于股票升跌的测量和分析中。RSI指标根据市场上升和下降趋势间的力量比较来判断市场价格走势，可以说RSI是一种领先指标。

从指标的应用上来看，RSI指标是相对比较复杂的。该指标几乎囊括了包括数值大小衡量、形态特征、曲线交叉和顶底背离等多种研判方式。从RSI指标的应用上，可以了解其他相关指标的应用方法，因此RSI指标是一种综合性比较强的指标。

RSI指标可以通过测量某一时间段的股价上涨天数占总天数的比值，来衡量市场的多空强弱程度。从RSI数值的变化中，投资者可以观察多空双方力量的消长，为决策做好准备。

RSI的应用方法同MACD指标有很多相似之处。RSI数值在50以下为空头市场，50以上为多头市场；数值在20以下为超卖状态，数值在80以上为超买状态。处于超卖或者超买状态的股票，会有向相反方向运动的倾向。在股价不断创新低或者创新高的时候，RSI指标却没有继续下跌或上升，这时候就出现了背离现象。股价和指标一般不会长时间背离，背离后不久，股价一般就会向相反方向运动。RSI短周期的指标曲线和长周期的指标曲线也会形成金叉和死叉的情况，金叉和死叉同样具有看涨和看跌的指示作用。

（1）运用技巧。

①当RSI数值达到20以下的时候，为超卖区域。股价处于超卖区域时，随时都有反弹的可能性，交易者要保持警惕。在反弹的时候抢底，此时为买入股票的好时机。

②数值50是RSI的多空均衡线，50以下为弱势区域，50以上为强势区域。当股价由下向上穿越50线时，说明市场已经转为强势。

③股价下跌时创新低，随之RSI数值也创新低，那么后市仍然看空。若RSI没有创新低，或者向上运行，这样就出现了底部背离。发生底背离时，股价有强烈的反弹需求，交易者应密切关注股价的动向。

④连接RSI的两个顶部，可以得到一个向下的切线。若RSI数值向上有效突破这条切线，则是很好的买进机会。

⑤在实际应用中，可以用两条周期不同的RSI曲线来判断股价的走势，如常用的长期、短期RSI周期为12天和6天。

⑥当RSI（6）由20以下向上穿越RSI（12）的时候，是极好的买入信号。

除此之外，RSI形成双底、双顶和头肩底部、头肩顶部等形态时，同股价形成的相关形态是一样的，可以提供买卖股票的信息。

以上是利用RSI指标分析买入时机的方法，希望读者朋友能根据实际情况灵活运用这些方法。

（2）实战案例。

掌握了基本的理论基础后，下面通过几个实例来看看在实战中具体是如何利用RSI指标买进的。

①底部金叉买点。

股价在下跌趋势即将结束的时候，RSI短期指标线由下向上穿越长期指标线，这时候就形成了底部金叉形态。金叉形态由当时RSI数值所处的位置可以分为50以下的金叉和50以上的金叉。在50线以下形成的金叉是弱势金叉，只有短期RSI由超卖状态开始向上反弹穿越长期RSI线，并且成交量放大时，才具有看涨的作用。股价在上涨过程中经过回调重新上涨，会在50线以上形成金叉形态。50线以上形成金叉形态后，交易者可以在股价相对低位买进股票或者加仓。

如图6-3-1所示，太原刚玉（000795）有两次RSI指标金叉，交易者可以在金叉处买入股票。由于股价处于相对低位，此时介入可以获得良好的收益。

②底部背离买点。

在股价持续下跌时，RSI指标却开始上升，两者就在底部形成背离现象。底背离虽然不能够说明股价可以立即上涨，但是可以提示交易者底部正在形成之中。

出现底背离形态后，股价一般都会上涨。交易者可以根据股价所处的下跌趋势大小来判断反弹幅度。在长时间、大幅度的下跌中发生底部背离，只要股价开始量价配合地上涨，涨幅都是很可观的。

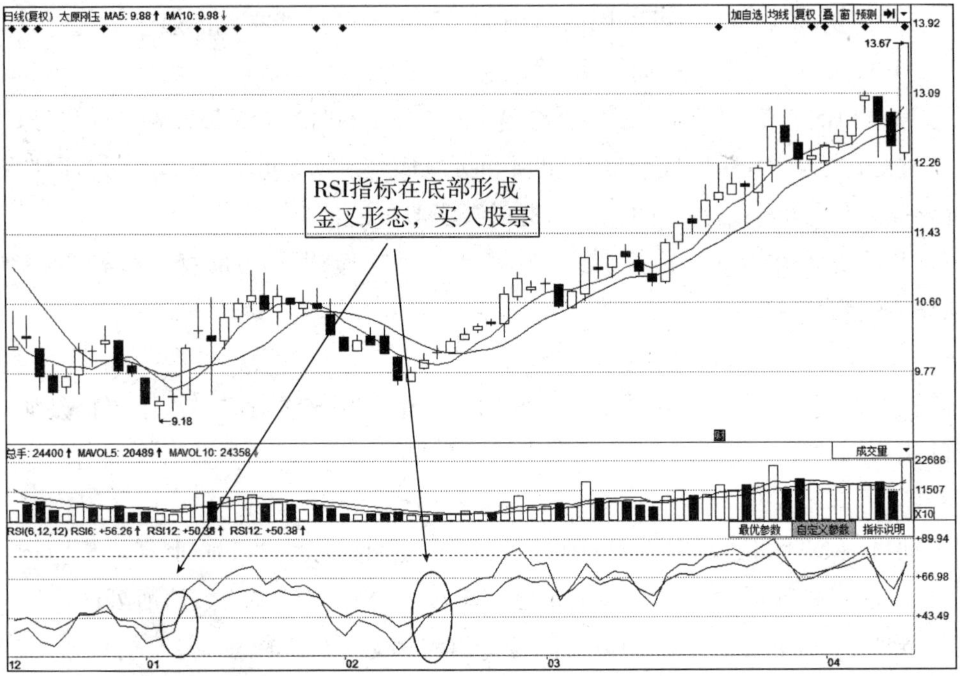

图 6-3-1

如图 6-3-2 所示，甘肃电投（000791）的日 K 线走势图中，其股价在短时间内下跌，股价一波比一波低，而 RSI 指标却开始上升，这就是 RSI 指标和股价发生底背离。交易者可在底背离后 RSI 出现金叉时买入股票。

③底部双底或三重底买入。

RSI 指标线在底部形成类似于股价底部双底形态或者三重底形态时，如果股价在此时带量上涨，通常情况下上涨都是比较可信的。

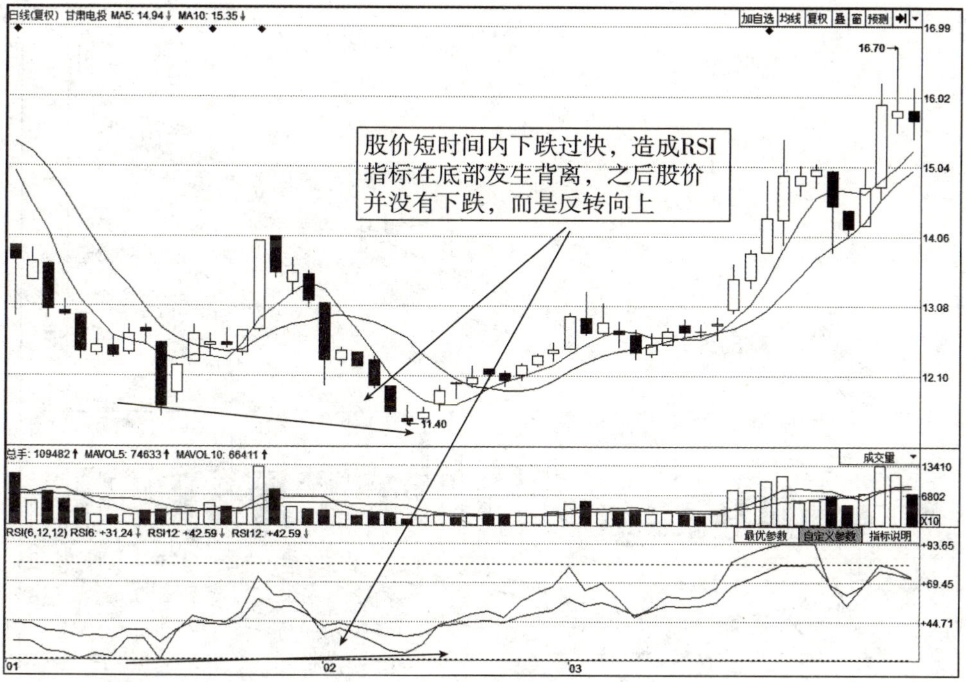

图 6-3-2

如图 6-3-3 所示，金马股份（000980）的日 K 线走势图。在股价下跌过程中，RSI 形成双重底形态。激进一点的交易者可以选择在 RSI 指标出现双重底形态且形成金叉之时立即买进股票。如果感觉把握不大，可以选择在 RSI 指标穿越 50 线且股价回调时买入。

二、RSI 指标卖出定式

在短线买入定式里，曾经提到过 RSI 买入法。那么，作为一种判断行情的指标，RSI 相应地也可以用来判断短线卖出时机。

（1）运用技巧。

①在实际应用中，可以用两条周期不同的 RSI 曲线来判断股价走势，如常用的长短期 RSI 周期为 12 天和 6 天。当 RSI（6）由 80 以上向下穿越 RSI（12）的时候，是极好的卖出信号。

图 6–3–3

②数值 50 是 RSI 的多空均衡线，50 以下为弱势区域，50 以上为强势区域。RSI 由上向下穿越 50 线时，说明市场已经转为弱势。

③股价上涨时创出新高，随着 RSI 数值也创出新高，那么后市仍然看多。若 RSI 没有创新高，数值反而下跌，就出现了 RSI 指标的顶部背离。顶部发生背离后，股价随时都有下跌的危险，持股的交易者要作好止盈的准备，否则股价下跌时的损失会很大。

④连接 RSI 的两个底部，可以得到一个向上的切线。若 RSI 数值跌破切线，则为不错的卖出机会。

⑤当 RSI 数值达到 80 以上的时候，为超买区域。股价在超买区域随时都有下跌的可能，持股的投资者要注意提前止盈，以免被高位套牢，因此此时为卖出股票的好时机。

以上是 RSI 指标的卖出技巧，从中可以看到，RSI 指标可以辅助我们更好地掌握卖出时机。不过，任何分析工具都是一把双刃剑，有优点就必有缺点。笔者在这里告诫大家，应用 RSI 指标分析行情走势时，不能掉进公式化、机械化的泥潭中。任何事物都有特殊情况，RSI 指标超过 95 或低于 15 也并不稀奇，不要一看到指标低于 30 就入市买进，高于 70 就抛售，应当结合其他工具综合进行分析。

建议读者朋友在实战中利用长期 RSI 线与短期 RSI 线的关系来判断买卖信号，以掌握正确的买卖时机，合理介入，取得理想的收益。

（2）实战案例。

了解了 RSI 卖出法的应用技巧后，下面通过几个实例来具体看一下如何在实战中运用这一指标把握恰当的卖出时机。

①顶部死叉卖出。

在股价上涨乏力前，RSI 短期指标线会自上而下穿越长期 RSI 指标线，这时就形成顶部死叉形态。RSI 在 50 线以上形成高位死叉，对股价下跌的象征性意义更大一些。股价持续下跌中，会出现小幅反弹，然后继续下跌，这时 RSI 在 50 线以下就会形成死叉形态。50 线以下形成死叉，一般说明股价还会持续下跌。

如图 6-3-4 所示，酒钢宏兴（600307）的日 K 线走势图。股价大幅度上涨之后，RSI 指标显示出严重的超买。6 日 RSI 线自上而下穿越 12 日 RSI 线，形成高位死叉。配合 5 日均线死叉 10 日均线，此时交易者可以抓住时机卖出股票。

②顶背离卖出。

股价在上涨末期虽然也在吃力地上涨，但是 RSI 指标已经不能够再创新高。股价继续上涨而 RSI 指标已经调头向下，是股价见顶的绝好信号，交易者减仓或卖出只是时间问题。若顶背离的时间比较长，幅度比较大，这个时候交易者最好卖出股票。

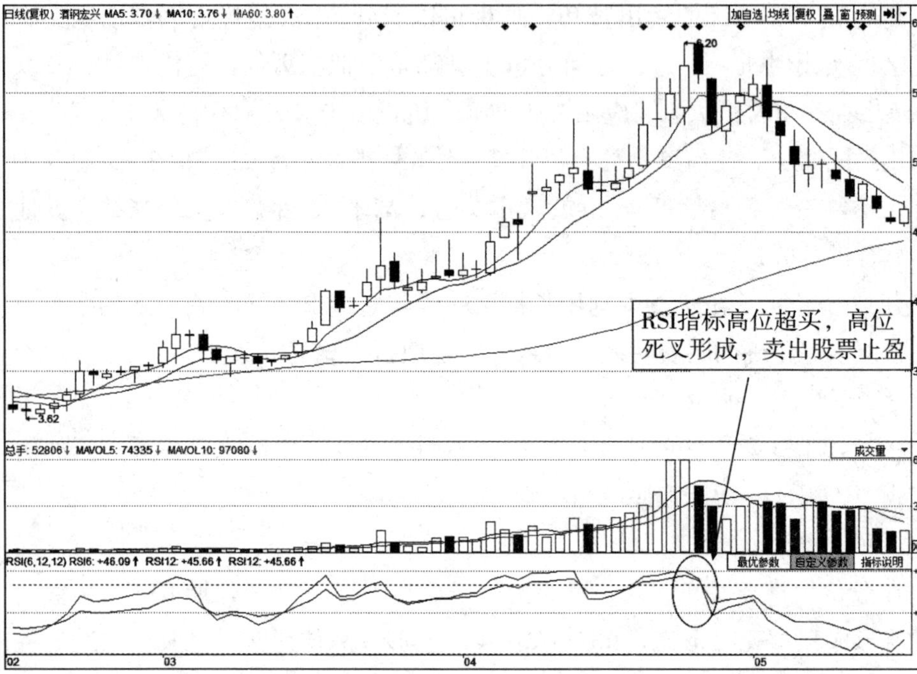

图 6-3-4

图 6-3-5 是万华化学（600309）的日 K 线走势图。从图中可以发现，股价在连续上涨的过程中一波比一波高，而 RSI 指标却在下行，一波比一波低，发生明显的背离走势。6 日 RSI 线和 12 日 RSI 线纠缠在一起，此时交易者可以减仓卖出股票。当 5 日均线死叉 10 日均线时，则是卖出股票的最佳时机，交易者应果断平仓，不得有丝毫犹豫，以免被深度套牢，遭受严重损失。

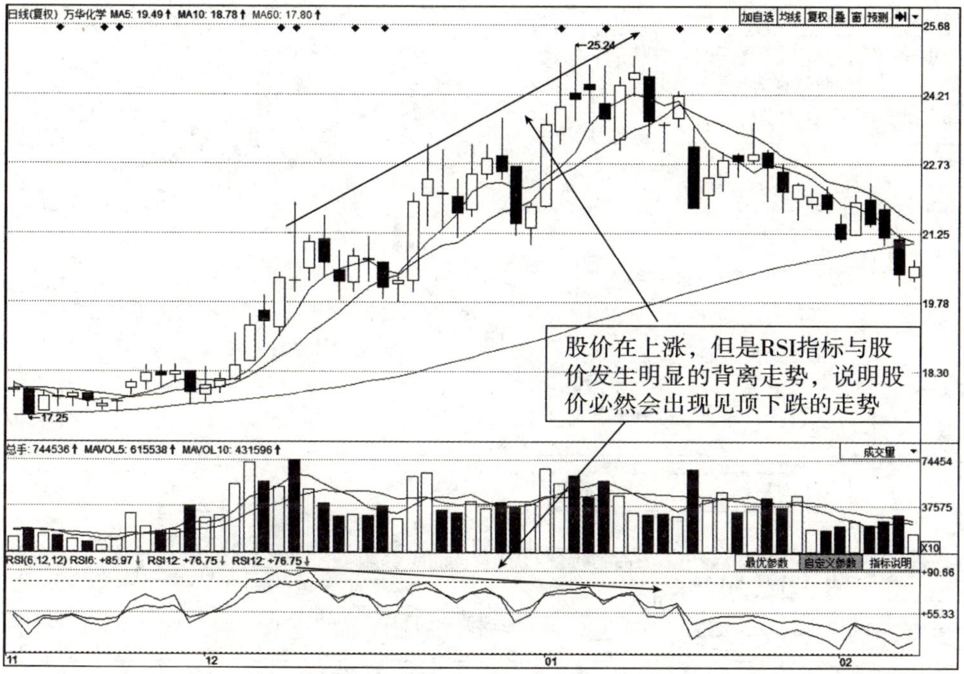

图 6-3-5

第四节　三重金叉死叉短线技法

一、三重金叉买入定式

如图 6-4-1 所示，美晨科技（300237）的股价在长期下跌后开始筑底企稳，之后股价缓慢上升。此时同时出现 5 日均价线金叉 10 日均价线，5 日均量线金叉 10 日均量线和 MACD 指标金叉，这是股价见底回升的信号。

股价在长期下跌后人气涣散，当跌无可跌时，就会进入底部震荡阶段。随着庄家开始缓慢建仓，股价也终于企稳回升。刚开始价格的回升可能是缓慢的，但这种走势最终会造成股价底部抬高。当成交量继续放大推动股价上

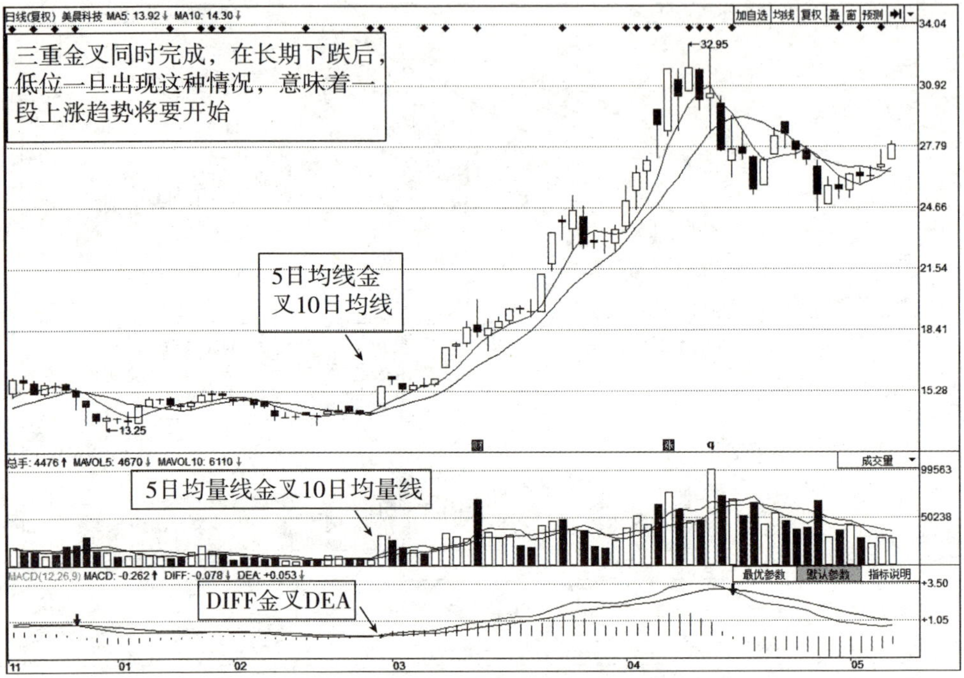

图 6–4–1

行时，5 日均价线自然会金叉 10 日均价线，5 日均量线自然也会金叉 10 日均量线，MACD 也会出现金叉。

如图 6–4–2 所示，仟源医药（300254）出现两次三重金叉，条件满足，可以开始买入股票。随着股价的升高，底部买入的人已有盈利，这种盈利效应被传播后，会吸引更多人买入该股，于是股价再度上扬，最终脱离底部。

如图 6–4–3 所示，三丰智能（300276）出现三重金叉，说明价格、成交量、MACD 在一个时点附近发生良性共振，这种情况下一般都会有一波上扬行情。当三重金叉出现在底部区间时，是见底回升的信号。三重金叉出现在主力隐蔽收集之后的强势收集时，是股价强势上攻的信号。

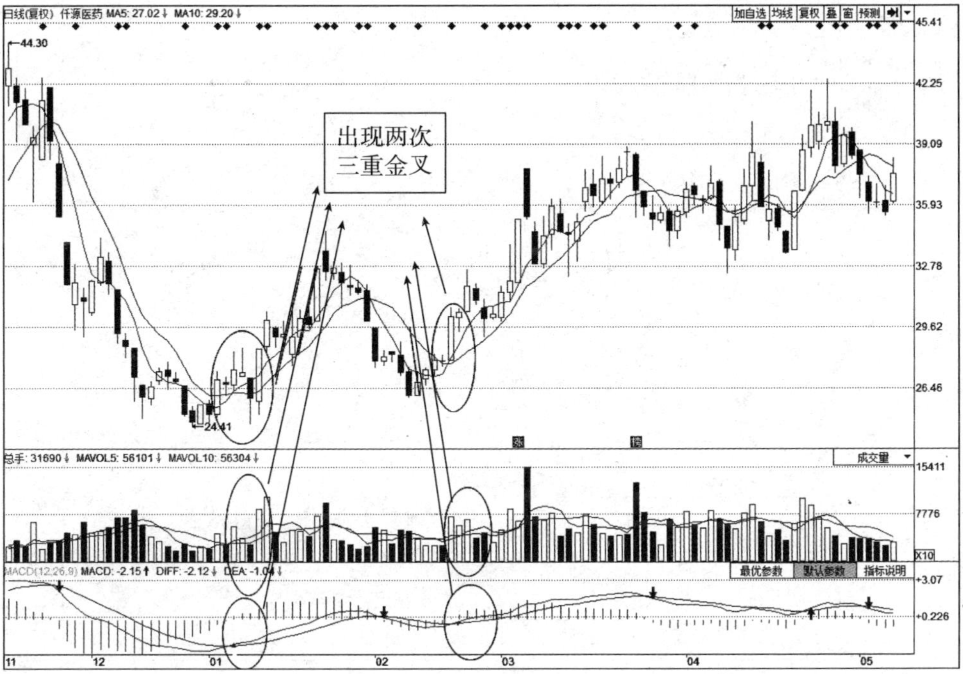

图 6-4-2

二、三重死叉卖出法

如图 6-4-4 所示，哈药股份（600664）的股价在长期上涨后开始缓慢下跌，几乎同时出现 5 日、10 日均价线和 5 日、10 日均量线以及 MACD 的死亡交叉点，这是股价见顶的卖出信号。刚开始走跌时，价格回落过程可能是缓慢的，但这种走势最终会造成股价加速滑跌。

当股价滑跌时，5 日、10 日均价线和均量线以及 MACD 自然发生死亡交叉。随着股价的下跌，顶部买入的人已现亏损。这种亏损效应传播后，会带动更多人卖出该股，于是股价再度下跌。

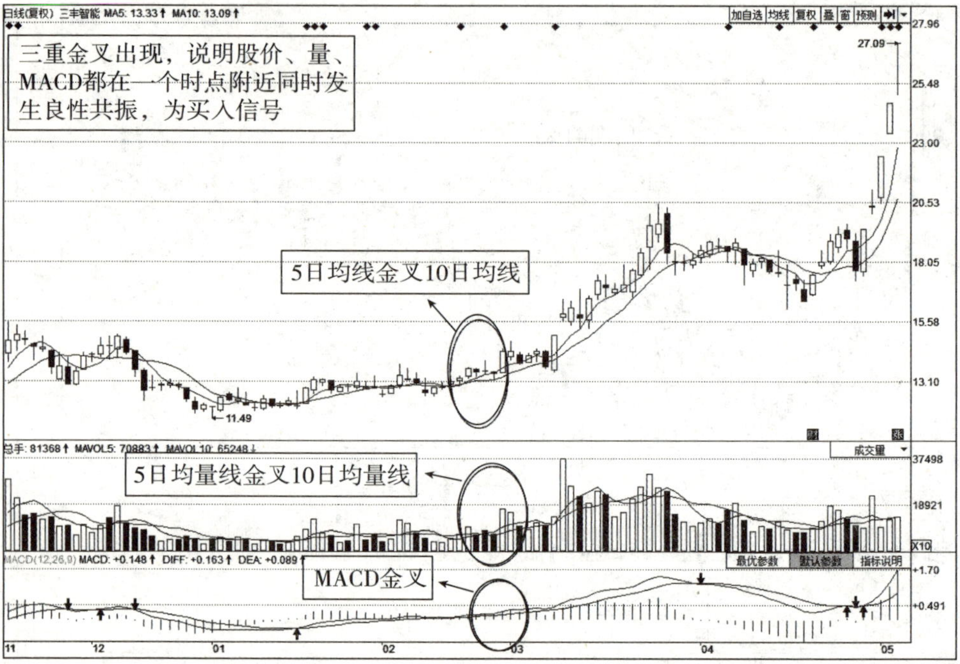
日线(复权) 三丰智能 MA5: 13.33 MA10: 13.09
三重金叉出现，说明股价、量、MACD都在一个时点附近同时发生良性共振，为买入信号
5日均线金叉10日均线
5日均量线金叉10日均量线
MACD金叉
总手: 81368 MAVOL5: 70883 MAVOL10: 65248
MACD(12,26,9) MACD: +0.148 DIFF: +0.163 DEA: +0.089
27.09
11.49

图 6-4-3

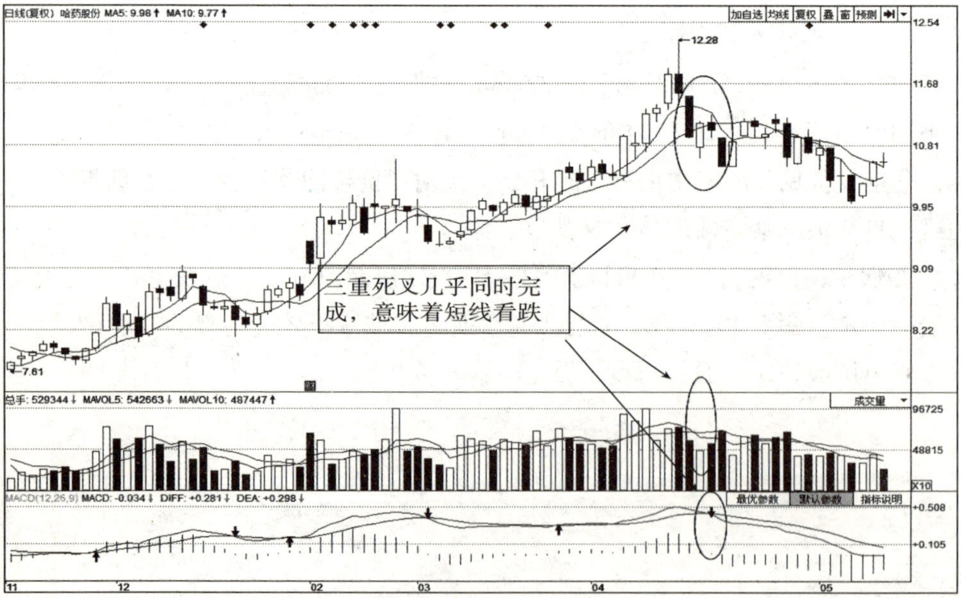
日线(复权) 哈药股份 MA5: 9.98 MA10: 9.77
三重死叉几乎同时完成，意味着短线看跌
总手: 529344 MAVOL5: 542663 MAVOL10: 487447
MACD(12,26,9) MACD: -0.034 DIFF: +0.281 DEA: +0.298
12.28
7.61

图 6-4-4

如图 6-4-5 所示，彩虹股份（600707）同时出现 5 日均价线死叉 10 日均价线，5 日均量线死叉 10 日均量线和 MACD 死叉，这意味着后市走势不妙，此时交易者应坚决卖出股票。

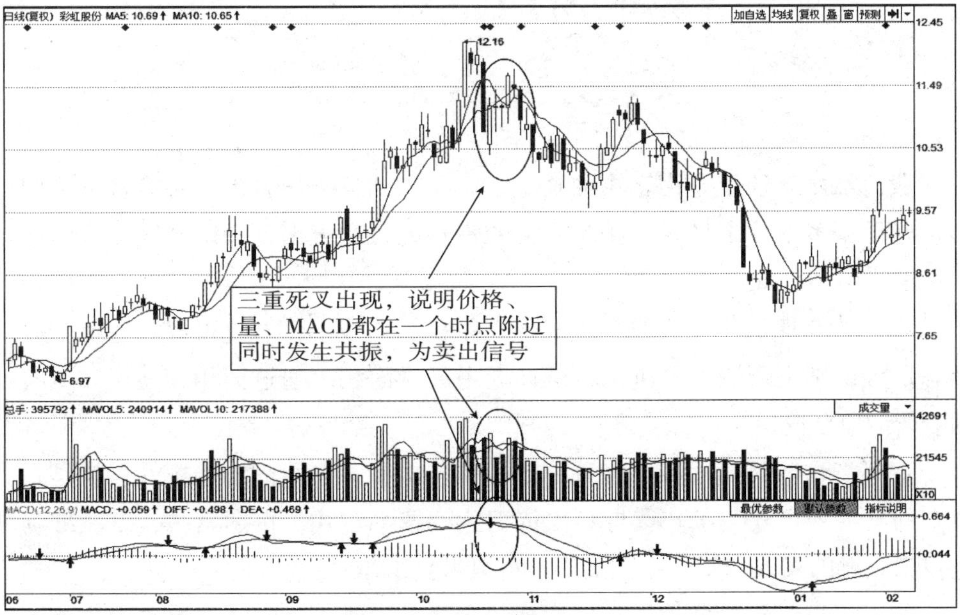

图 6-4-5

第七章 短线买入定式

股价涨跌实质上是由于主力资金持续流入和流出导致的。主力资金少则几千万元，多则百十亿元。如此巨大的资金流入和流出，必定会在个股盘面上留下痕迹。

主力建仓任何一只股票，在K线、量价、均线上都有迹可寻。通过个股形态走势识别主力资金的进出，就如老中医看面相，通过面相，便可知道人的身体健康状况。

如果把这些技术面上的痕迹一个个整理出来，形成固定的模式，就是一个个的“买入定式”了。读者只需依据这些技术定式，按图索骥，就能准确地找到短线的买入点了，据此买入，可以做到事半功倍。

笔者根据多年的实战心得，罗列了十多个短线买入定式，涵盖了技术面操作的各个层次，读者朋友可以在操作中组合运用。

第一节 突破点买入定式

一、突破高点买入定式

短线交易的特性决定了放量突破前期高点是需要重点关注的参照指标。短线交易时，要关注那些买入就能上涨的股票，这才是值得进入短线操盘目标的个股。这类个股在技术上、题材上，必定具备相当的特殊性。前期高点制约了股票的上涨，放量突破前期高点，才能打开股票的上涨空间。

当股价突破前期高点时，说明股价将要开始新一轮上攻，后市股价将会有进一步的上涨空间，是一种看涨信号。

当股价上涨至前期高点附近时，如果能够放量突破，创出新高，说明股价将要在原来高点的基础上再上一个台阶。此时交易者可以选择突破当天或者第二天股价走强时买入。

股价突破历史高位后，可能会出现回调走势。如果股价回调至前期高点附近时止跌回升，那么交易者可以加仓跟进。

如图 7–1–1 所示，苏交科（300284）的股价经过回落后再一次上升。在回升到前一高点时，很轻松地放量越过开始回落的价位，这就说明股价将开始新一轮上攻，后期将会有进一步的拓展空间。

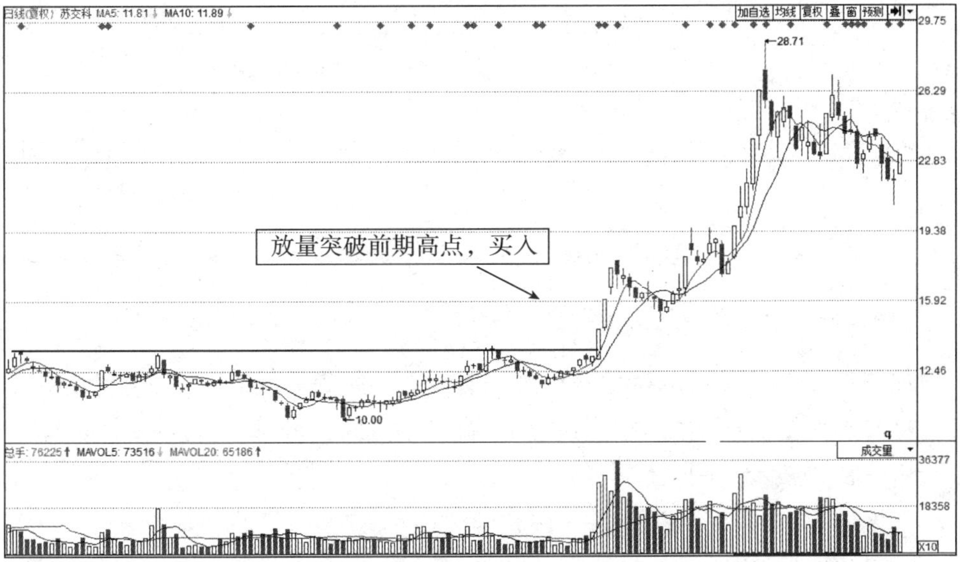

图 7–1–1

交易者可以在股价放量越过前一高点时买入，但要注意的是，股价不是在历史高位开始回落的，而是处于股价启动不久，或者是在上涨中途回落之后的回升。另外，股价越过前一高点时，必须能够放量。

如图 7–1–2 所示，广电网络（600831）的股价长期未能突破前期高点，一直受到前期高点的压制。如果广电网络要出现一波上涨行情，那么首先就要向上突破这条前期高点连成的直线。在股价没有向上突破前，这条直线表现为横盘盘整中的最高价格阻力线。突破此线代表股价将结束底部吸筹阶段，展开一波上涨行情，突破时投资者要坚定买进。

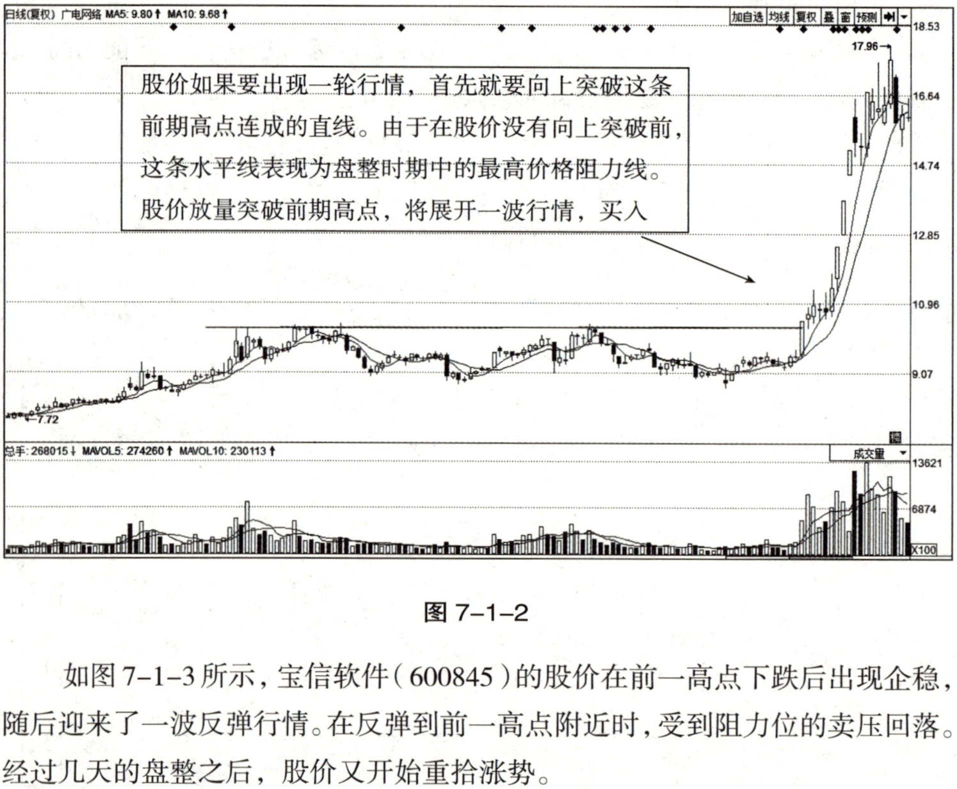

图 7–1–2

如图 7–1–3 所示，宝信软件（600845）的股价在前一高点下跌后出现企稳，随后迎来了一波反弹行情。在反弹到前一高点附近时，受到阻力位的卖压回落。经过几天的盘整之后，股价又开始重拾涨势。

从图中可以看到，股价在越过前一高点时放量突破，这说明这次突破是有效的。交易者遇到这种情况时，应该及时买入。如图 7–1–4 所示。

一般来说，股价前期高点往往会成为以后上涨的重要阻力位，如果股价能够突破这一阻力位，则该阻力位就变成了未来股价的支撑位。因此，人们常把能否被突破前期高点看成能否创新高的依据。

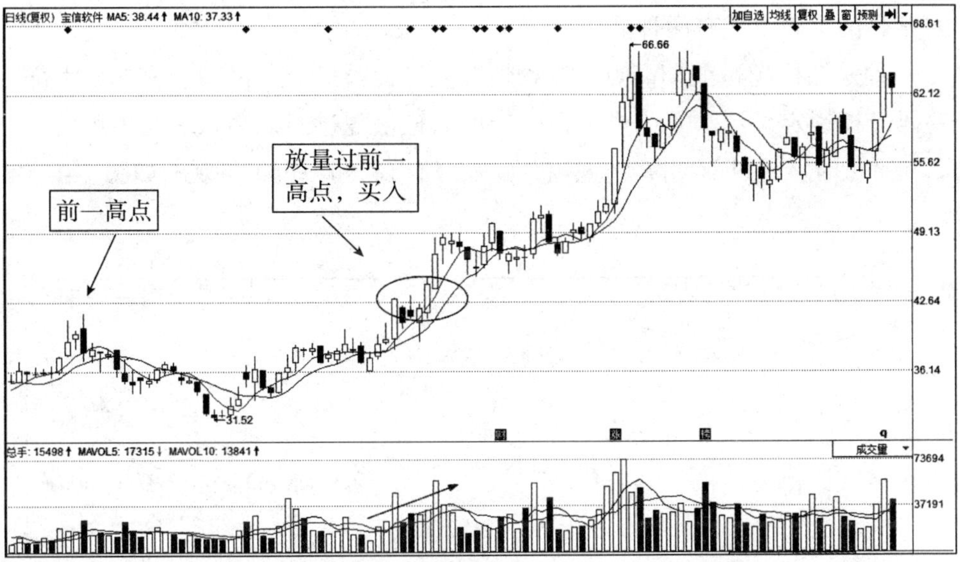
日线(复权) 宝信软件 MA5: 38.44 MA10: 37.33
加自选 均线 复权 叠 窗 预测
68.61
62.12
55.62
49.13
42.64
36.14
66.66
31.52
放量过前一高点，买入
前一高点
总手: 15498 MAVOL5: 17315 MAVOL10: 13841
成交量
73694
37191

图 7-1-3

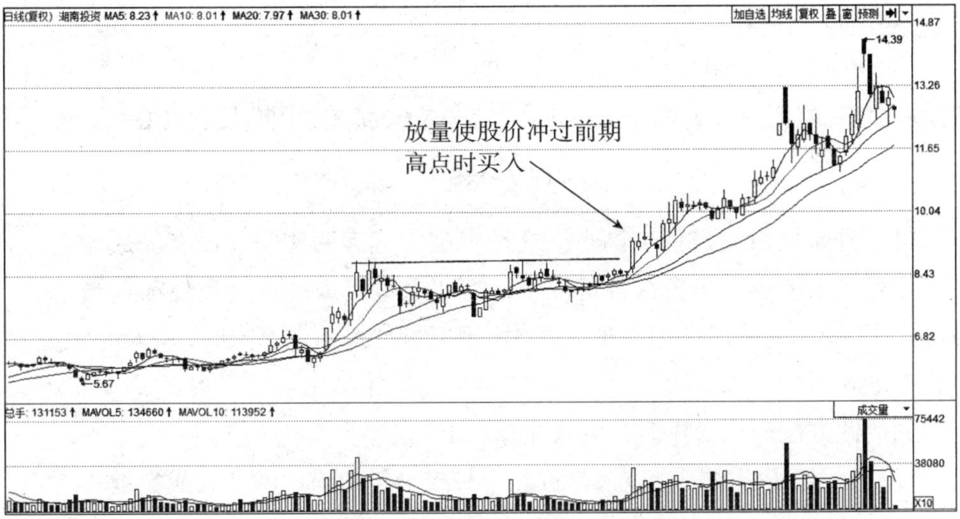
日线(复权) 湖南投资 MA5: 8.23 MA10: 8.01 MA20: 7.97 MA30: 8.01
加自选 均线 复权 叠 窗 预测
14.87
14.39
13.26
11.65
10.04
8.43
6.82
5.67
放量使股价冲过前期高点时买入
总手: 131153 MAVOL5: 134660 MAVOL10: 113952
成交量
75442
38080
X10

图 7-1-4

常见的突破方式有两种。

一种是轻松越过前期高点，这种情况表明此时庄家已经建仓完毕，大部分筹码已被锁定，浮动筹码极少，股价可以轻松越过前期高点。当出现几天的温和平量时，超过前期高点应积极买入，后市利润一定很可观，如图 7–1–5 所示。

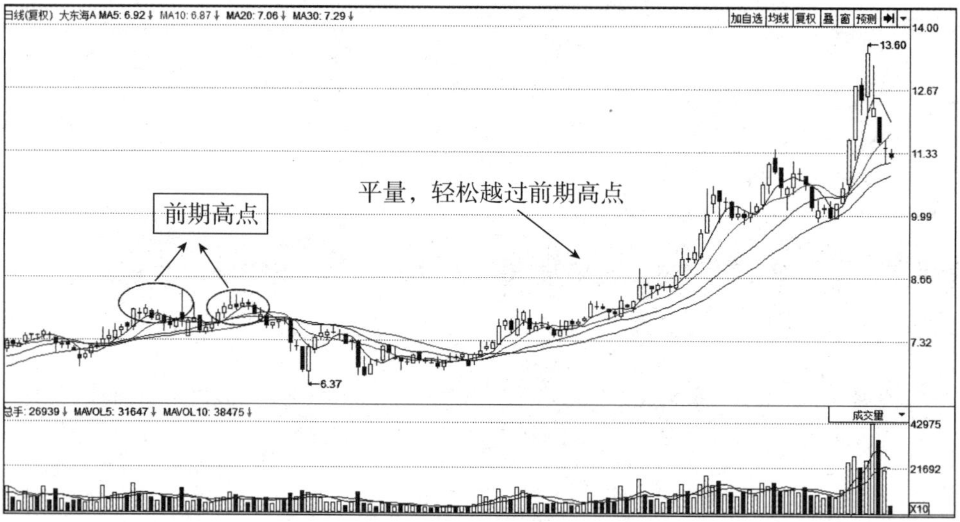

图 7–1–5

另一种是放量突破前期高点。这种突破方式表明庄家还没有完成建仓，大部分筹码未被锁定。在这种情况下，需要通过巨大的成交量使前期被套筹码解套并落入庄家囊中。通常来说，当出现巨量冲过前期高点时，应及时跟进。如图 7–1–6。

利用此方法短线操作时，应该注意以下几点。

（1）此处所指的巨量应该是近几个月或半年内出现的最大成交量。

（2）冲破前期高点阻力位，可以是单根放巨量的大阳线，也可以是温和放量的几根阳线。总之，在冲过前期高点时，应有成交量的配合。

（3）如果股价冲过前期高点后成交量萎缩，应小心庄家利用拉高来派发筹码。当股价很快跌回前期高点之下时，应止损出局。

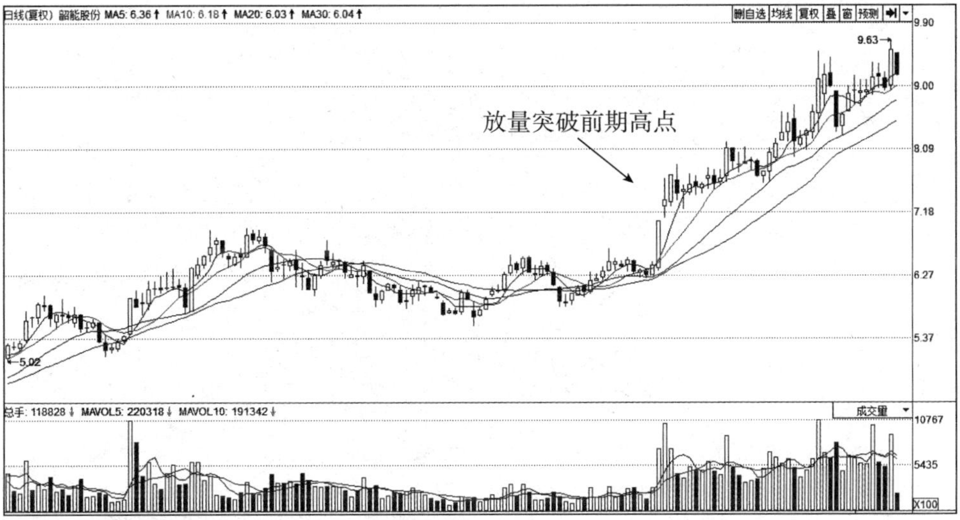

图 7–1–6

（4）离现在时间越近的高点阻力越大，越远的高点阻力越小；股价以前受阻次数越多或阻力越大的高点，突破该阻力位后的意义越大。

（5）一旦确认股价有效突破前期高点，就应该果断跟进。一般而言，其后续上涨快速，偶有回抽也是买入时机。

二、突破箱体买入定式

如图 7–1–7 所示，乔治白（002687）的股价运行在上升趋势中，上升途中的箱体震荡整理是强势调整的特征。也有的交易者在箱体震荡期间就先行潜伏进去，这对于短线交易者来说并不合适，因为难保股价不向下破位，而且震荡时间难以确定。最好还是等股价向上突破确认时买进，这样才能高效省时地赚取利润。

股价经过一段时间的横盘震荡，盘中多空双方力量对比出现明显的差距时，就是股价选择方向的时候。如果多方占据主动，那么股价将会在多方力量的推动下向上突破盘整区间，进入上涨走势。

需要注意的是，突破箱体时最好是大阳线，而且伴随着成交量放大的情况。

放量突破箱体上沿买入，属于突破性买入法。当股价放量突破盘整区间时，

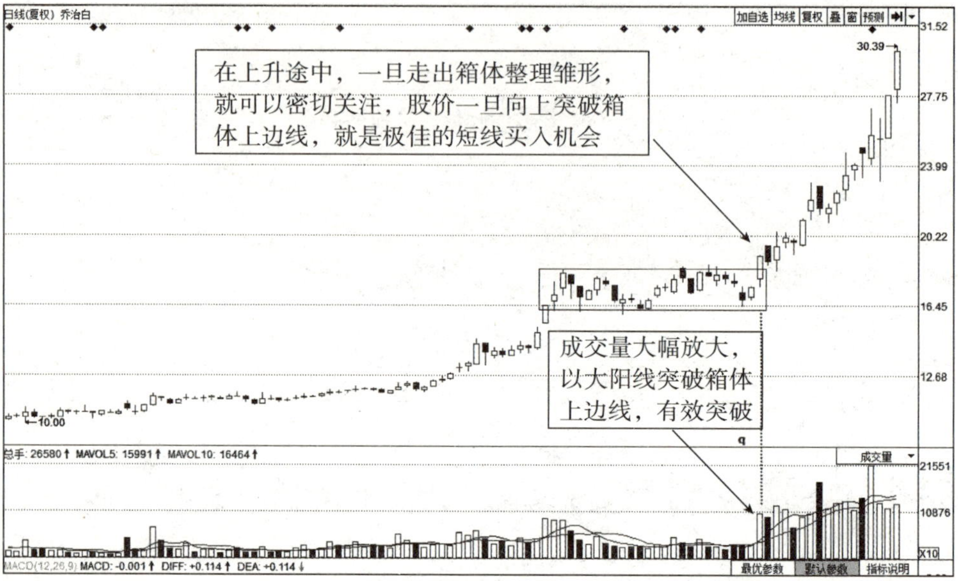

图 7–1–7

交易者可以在突破当天进场买入，也可以在下一交易日股价再次走强时买入。

如图 7–1–8 所示，千山药机（300216）的股价在上涨途中横盘震荡一个多月，形成了一个箱体形态，股价在两条平行线之间上下折腾，横向发展。经过蓄势整理后，股价以涨停板的方式突破箱体，走势非常强势，意味着横盘整理走势结束，进入上升走势中。这是一个起涨点，因为股价经过了长时间的横盘整理，蓄势充分，放量大阳线突破箱体上边线后，后市通常会有较大的涨幅。

股价形成突破箱体的走势后，可能出现回调走势，也可能不出现回调走势，所以交易者不要苦等回调点的出现，以免错过了上涨行情。

如图 7–1–9 所示，东方电热（300217）的股价经过长达 4 个月的横盘震荡整理，K 线在运行过程中形成了一个价格区域。股价在一定的区间内波动，这样就形成一个价格运行箱体。当股价跌落到箱体底部时，会受到买盘的支撑；当股价上升到箱体顶部时，会受到卖盘的压力。一旦股价有效突破箱体的顶部，就会进入一个新运行的态势中。股价放量大阳线突破箱体顶部，此时就是很

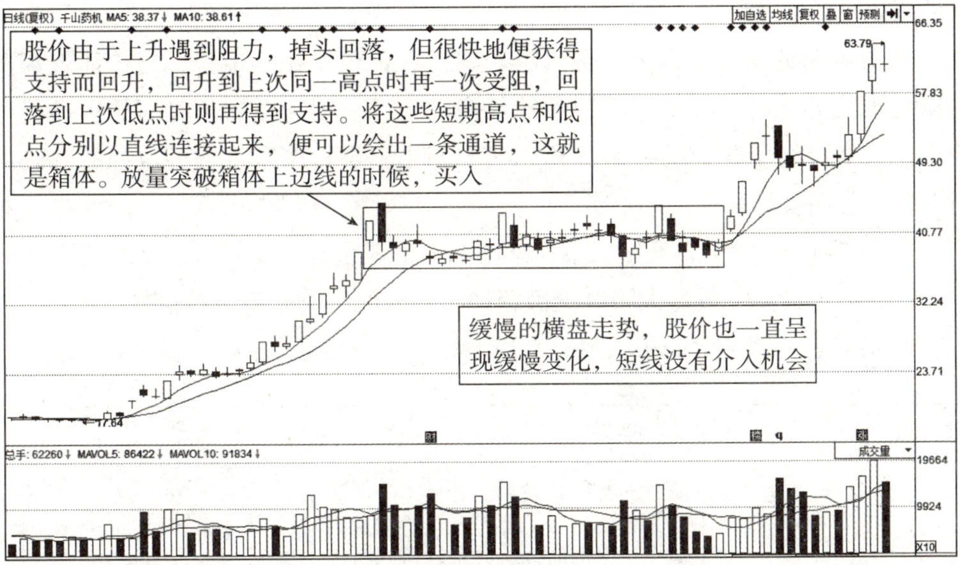
日线(复权) 千山药机 MA5: 38.37 MA10: 38.61
股价由于上升遇到阻力，掉头回落，但很快地便获得支持而回升，回升到上次同一高点时再一次受阻，回落到上次低点时则再得到支持。将这些短期高点和低点分别以直线连接起来，便可以绘出一条通道，这就是箱体。放量突破箱体上边线的时候，买入
缓慢的横盘走势，股价也一直呈现缓慢变化，短线没有介入机会
63.79
17.64
66.35
57.83
49.30
40.77
32.24
23.71
总手: 62260 MAVOL5: 86422 MAVOL10: 91834
成交量
19664
9924
X10

图 7-1-8

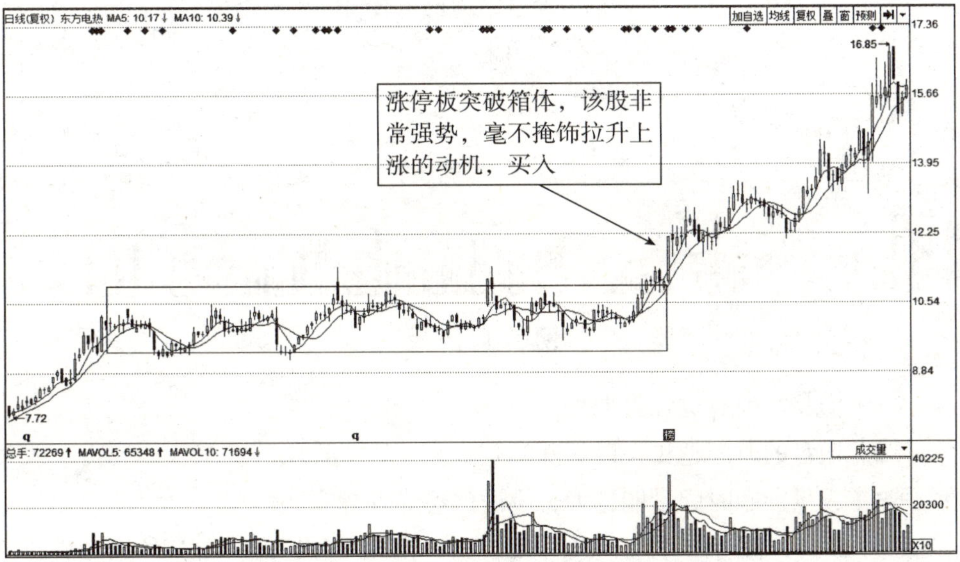
日线(复权) 东方电热 MA5: 10.17 MA10: 10.39
涨停板突破箱体，该股非常强势，毫不掩饰拉升上涨的动机，买入
16.85
7.72
17.36
15.66
13.95
12.25
10.54
8.84
总手: 72269 MAVOL5: 65348 MAVOL10: 71694
成交量
40225
20300
X10

图 7-1-9

好的买入点。

需要说明的是，像东方电热这类长时间在低位徘徊的走势，当箱体震荡中以大阳线突破时，很少有再回到箱体内的情况。因为在较长时间的箱体震荡中，已经进行了充分的换手，筹码已经相当集中。庄家将来可盈利的筹码越多，其志向就越高远。

如图 7–1–10 所示，天银机电（300342）的股价在上下两条水平线之间波动，形成一个箱体。放量大阳线突破箱体上边线时，就是买入的信号。

放量突破箱体上沿的买入信号有以下特征。

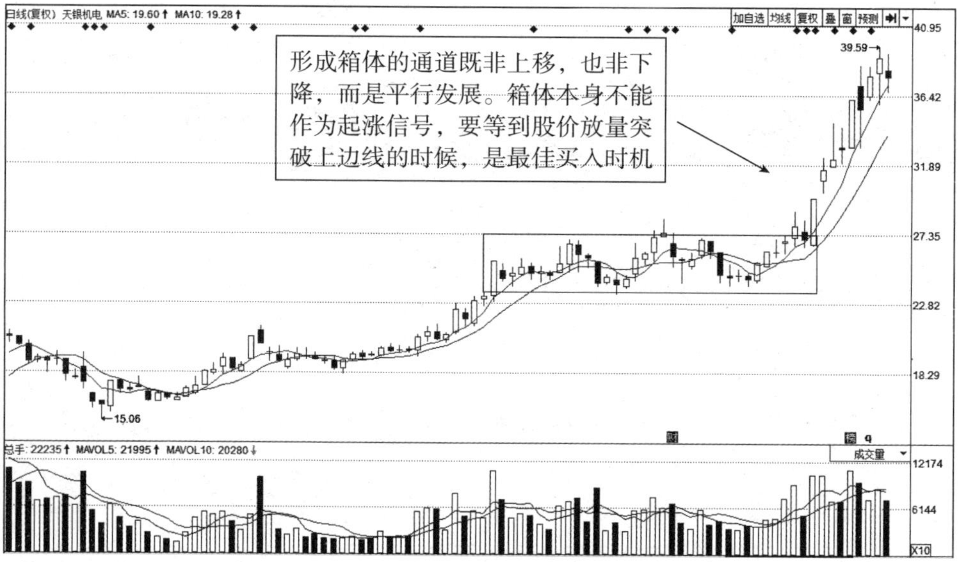

图 7–1–10

（1）横盘之前有过强势上涨。

（2）横盘的时间越长，以后涨幅越大。

（3）放量突破时的量能越大，突破的可靠性越高。

如图 7–1–11 所示，盾安环境（002011）出现了长达两个多月的横盘震荡整理。横盘时间越长，后市涨幅越大。这也应了股市中那句话，“横有多长，竖有多高”。放巨量突破箱体上沿，说明突破有效，突破真实可靠，可以果

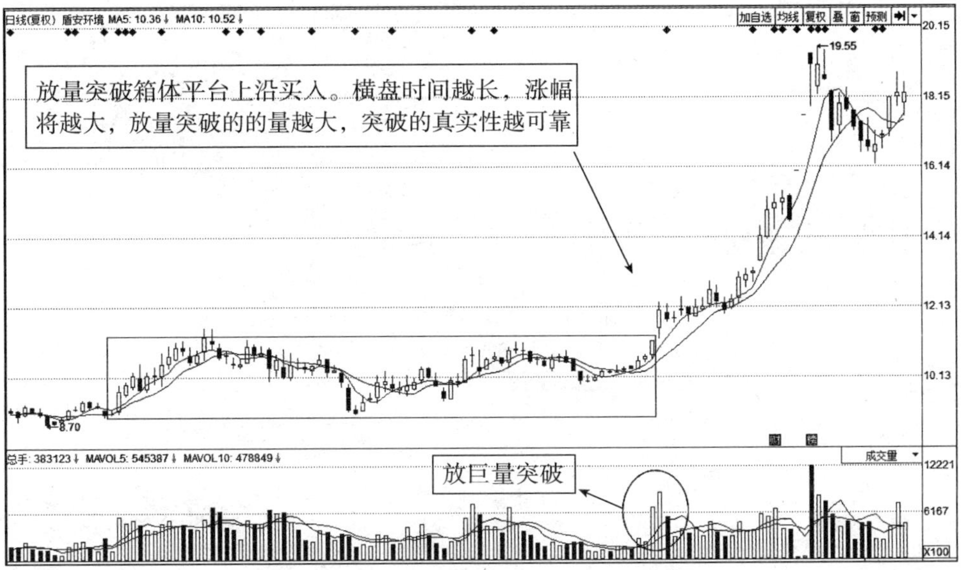

图 7–1–11

断买入。

如图 7–1–12 所示，东方海洋（002086）横盘调整的时间长达两个多月。平台调整的时间越长，后面向上突破后的升幅越大。堆量突破，甚至是涨停突破，是再次启动上涨的标志，应果断买入。

放量突破箱体上沿买入，这是一种较为常见的买入技巧，但这种走势也具有欺骗性。如果这种类型的走势能够得到板块的呼应，其买卖价值就会大大增加。箱体平台走势使股票前期的整理较为充分，放量突破箱体上沿后，将加速上升或步入波段主升浪。前期箱体平台整理充分，一般要求个股的平台整理时间达到 30 个交易日以上，调整的过程以横向调整为主，没有出现大的涨幅。

由于这种箱体上沿突破具有欺骗性，因此在买卖过程中要小心谨慎，买入前要分析其涨幅、前期高点形成的阶段阻力位。突破失败时，要做好短线止损的准备，因为很可能出现这样一种情况，就是买入之后股价即回落，然后继续进行箱体平台调整。在这种情况下，如果不及时止损，就会被套其中。

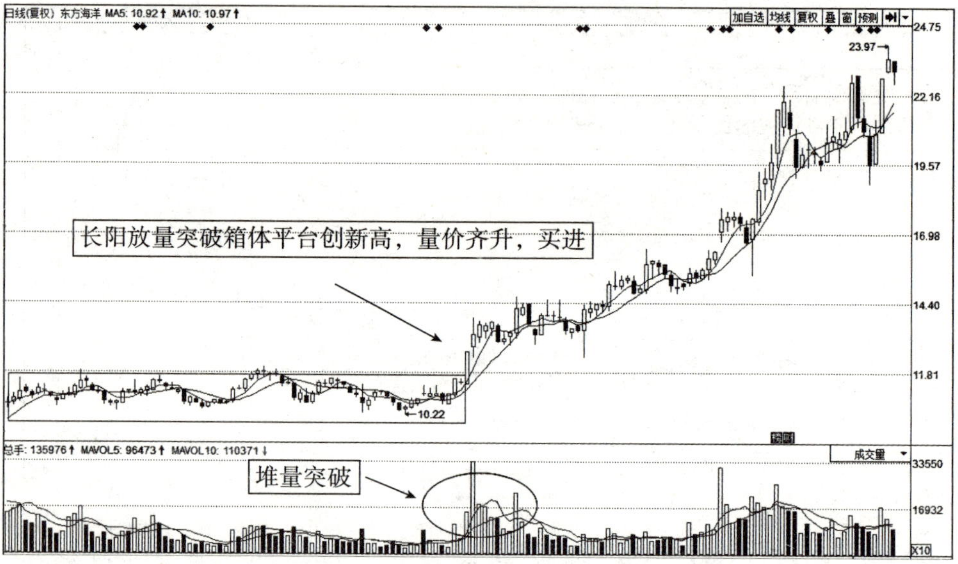

图 7-1-12

不过一般情况下，这种情况被套的幅度不会太大，而且一般都有解套出局的机会。

从放量突破箱体上沿买入的名称来看，首先要有箱体整理平台；其次，突破要有量能的配合，在突破拉升的过程中，量能要有效放大。

图 7-1-13 是东百集团（600693）的日 K 线走势图。该股在箭头处出现放量大阳线的走势，出现了非常典型的放量突破箱体上沿买入特征。在这里要注意到一个突破背景，即突破该股为期近 3 个月的调整走势。箭头处放量 + 大阳线走势，不仅仅是对箱体平台的突破，同时也是对历史最高价位的突破。量能有效放大，说明了这种突破的有效性。

通过对东百集团放量突破箱体上沿走势的分析，可以得到以下两点体会。

首先，从买卖的角度看，伴随着量能的有效放大，这种突破意味着庄家操盘节奏突然加速，后面的行情走势会继续提速，此时要及时果断买进。

其次，在判断这种突破是否有效时，要将股票放在特定的时空背景中进行分析，防范具有欺骗性的假突破。判断突破是否有效有一定的难度，对于

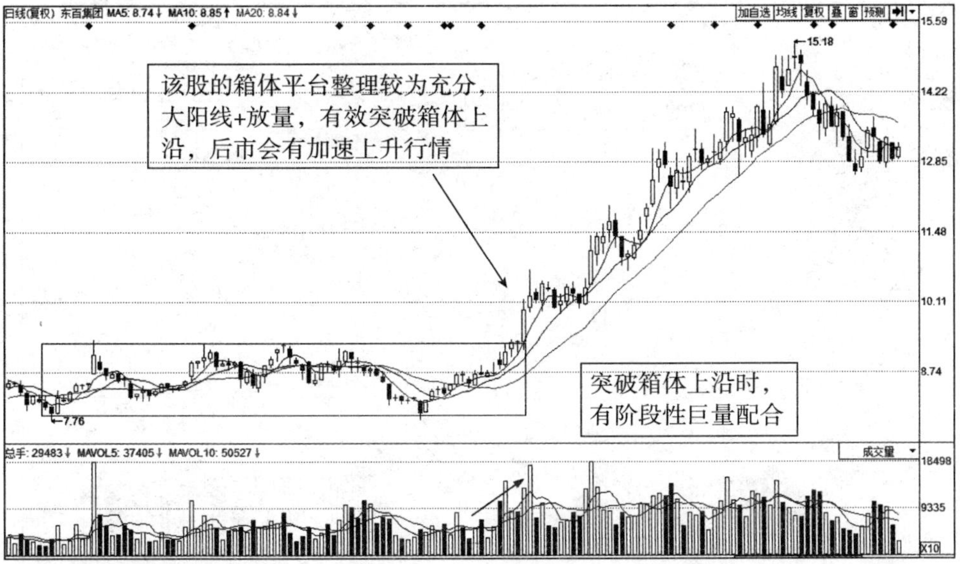

图 7–1–13

个股行情出现的突破，要尽可能从多角度、多方面进行分析，找出能够支持行情继续向前的理由。

三、三角形买入定式

三角形整理形态是指股价 K 线图出现一个类似三角形的走势，属于一种中继形态。三角形整理形态可以分为上升三角形、下降三角形和对称三角形。

当股价运行至某价格区间后开始震荡回调，如果震荡回调的高点不断降低，低点不断抬高，将各个高点和低点分别连线，就形成了对称三角形。

如果震荡的高点始终保持在一个水平线上，而低点不断抬高，那么就形成了上升三角形。

如果震荡低点保持在一个水平线上，而高点不断地降低，那么就形成了下降三角形。

当股价突破三角形整理形态的上边线时，说明整理走势结束，股价将要进入上涨走势，此时交易者可以进场买入股票。

如图 7–1–14 所示，神农大丰（300189）在上涨走势中出现了对称三角形

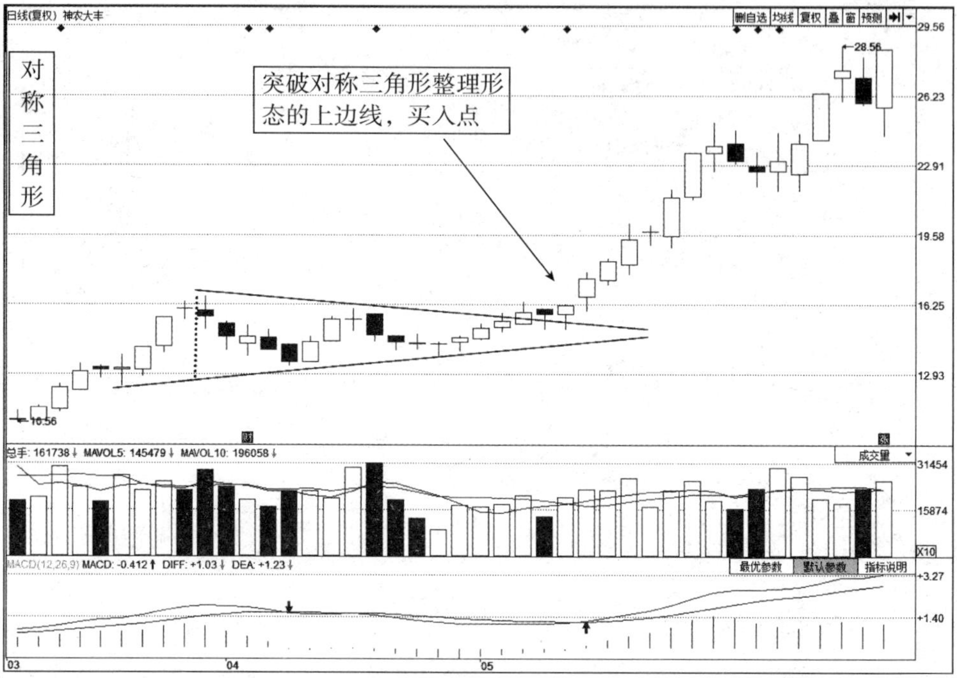

图 7-1-14

走势。该股股价向上突破三角形整理形态的上边线时，说明股价整理走势结束，将要延续之前的上涨走势继续向上运行，此时买点出现。

如图 7-1-15 所示，嘉宝集团（600622）的股价在上涨一段空间后进入整理阶段，并且在震荡整理走势中形成了上升三角形。当该股股价向上突破上升三角形整理形态时，预示着震荡整理走势结束，股价将要延续之前的上涨走势运行，此时应果断买进。

在三角形整理过程中，成交量通常会不断萎缩。在三角形末端，如果股价被强势拉起，放量突破三角形上边线时，短线交易者可以积极跟进买入股票。

如图 7-1-16 所示，长春高新（000661）的股价经过一波上涨后开始回落，高点越来越低，但低点基本保持在同一位置。这说明逢低有较强的承接盘，这也是庄家刻意洗盘的表现。

经过约 4 个星期的震荡洗盘后，该股走出了一个下降三角形形态，此时

图 7–1–15

短线交易者可密切关注股价走势。待股价突破下降三角形的上边线时，表明调整结束，后市将进入下一波拉升中，短线交易者可积极买入。

四、楔形买入定式

楔形形态是指在股价整理过程中，将阶段高点和阶段低点连线，两条线的方向相同，但是角度逐渐收缩，形成楔子一样的形态。K 线走势逐步下降的楔形整理形态是下降楔形，K 线走势逐步升高的楔形整理形态是上升楔形。

楔形也是一种中继形态。当楔形整理形态结束后，股价将会延续之前的上涨或者下跌走势继续运行。

楔形买入定式使用技巧如下。

当股价向上突破楔形整理形态的上边线时，表明整理走势结束，股价将要进一步上涨，发出看涨信号，此时交易者可以积极进场买入股票。

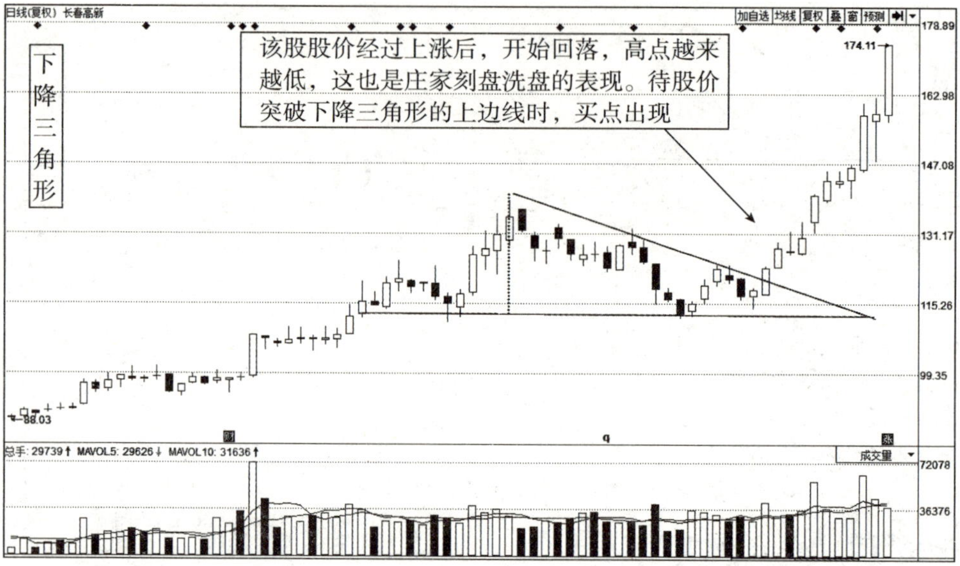

图 7–1–16

当股价向下跌破楔形整理形态的下边线时，说明整理走势结束，股价将要进入下跌走势，发出看跌信号，此时交易者应该及时清仓离场，持币观望。

如图 7–1–17 所示，黑牡丹（600510）前期处于上涨走势中，途中股价出现了回调整理走势，形成一个下降楔形形态。交易者可待该股股价向上突破楔形整理形态的上边线时果断买入股票。向上突破预示着股价的回调整理走势结束，之后将会继续沿着原来的上涨走势运行。

与三角形整理形态类似，在楔形整理形态中，当股价向上突破上边线时，也需要得到成交量的配合，才能够视为有效突破，才是安全有效的买进信号。

如图 7–1–18 所示，当代东方（000673）的股价在一波拉升后开始震荡回落。由于这波上涨幅度不大，后市的回调很可能是洗盘，这一点从回调过程中的成交量可以看出端倪。

在回调的过程中，成交量逐渐萎缩，这是洗盘的特征。在回调的末端，可以看到该股形成一个楔形形态，此时要关注股价的异样波动。此后该股以大阳线拉起，突破楔形上边线，表明调整结束，短线交易者可以适当进场。

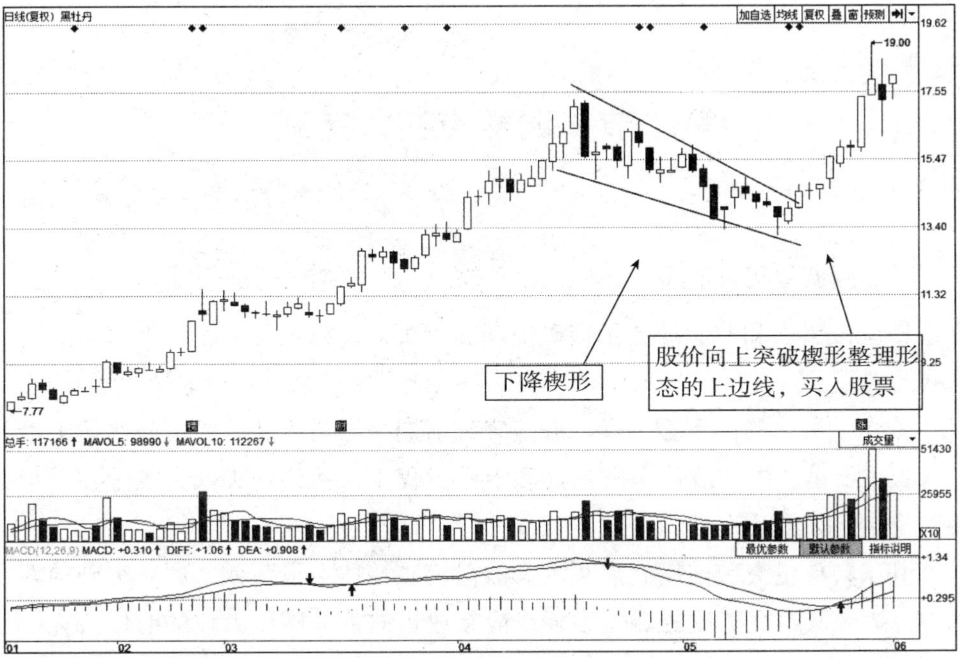
日线(复权) 黑牡丹
加自选 均线 复权 叠 窗 预测
19.62
19.00
17.55
15.47
13.40
11.32
9.25
7.77
下降楔形
股价向上突破楔形整理形态的上边线，买入股票
总手: 117166 MAVOL5: 98990 MAVOL10: 112267
成交量
51430
25955
X10
MACD(12,26,9) MACD: +0.310 DIFF: +1.06 DEA: +0.908
最优参数 默认参数 指标说明
+1.34
+0.295
01
02
03
04
05
06

图 7-1-17

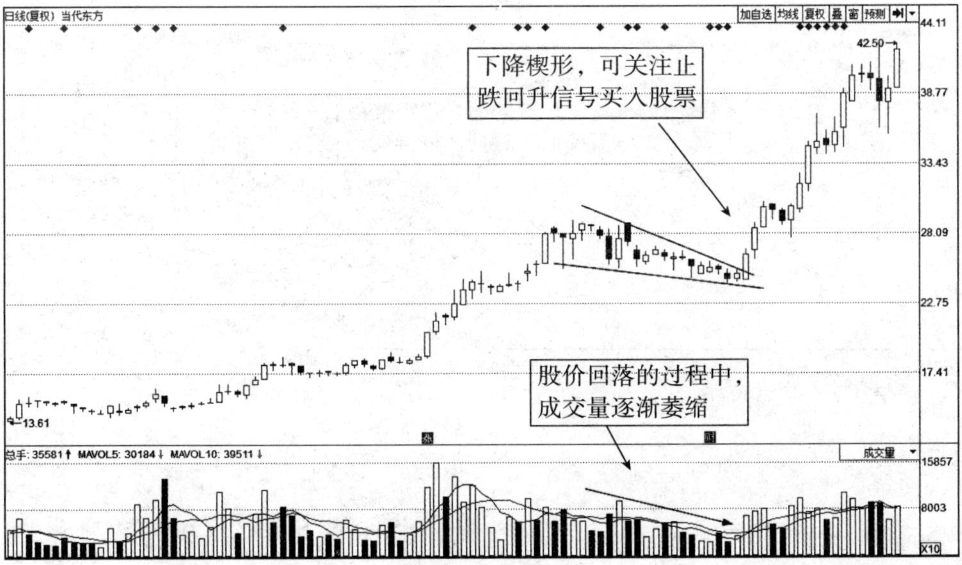
日线(复权) 当代东方
加自选 均线 复权 叠 窗 预测
44.11
42.50
38.77
33.43
28.09
22.75
17.41
13.61
下降楔形，可关注止跌回升信号买入股票
股价回落的过程中，成交量逐渐萎缩
总手: 35581 MAVOL5: 30184 MAVOL10: 39511
成交量
15857
8003
X10

图 7-1-18

第二节　调整点买入定式

一、回调位买入定式

回调位买入和前面的放量突破前期高点买入、放量突破箱体上沿买入有一些区别。

首先，买入的位置不一样。放量突破前期高点买入和放量突破箱体上沿买入，主要是发生在股价上涨初期和上涨过程中。回调位买入是发生在放量突破箱体上沿之后。

其次，放量突破前期高点买入和放量突破箱体上沿买入，属于突破前期压力位买入法，突破后的爆发力强，应在放量向上突破压力位的时候买入。回调位买入相对来说属于支撑位买入法，这种买入法安全保守，止损空间小。

如图 7-2-1 所示，莫高股份（600543）的股价前期出现长期横盘盘整。

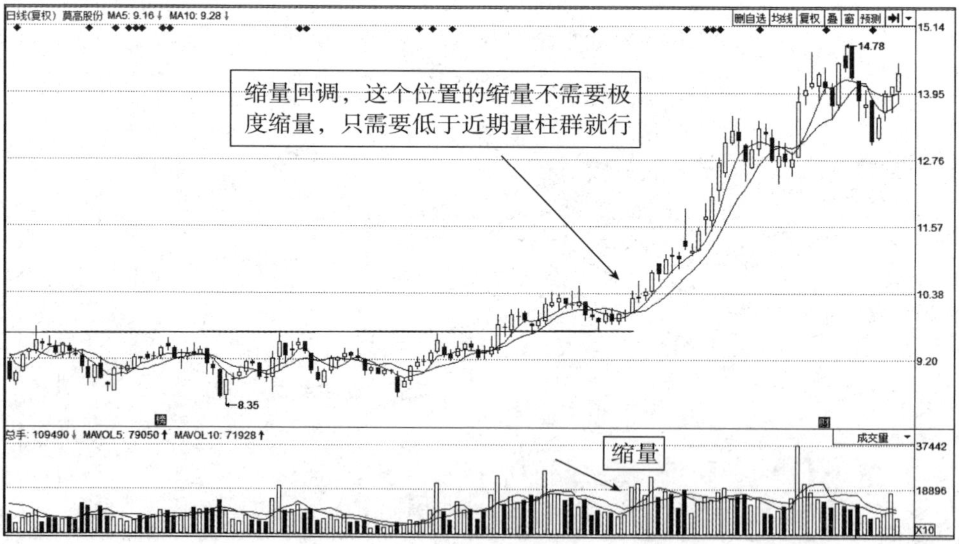

图 7-2-1

随着股价的上升，股价突破箱体上沿，小幅上涨了一段空间。之后股价并没有延续升势，而是出现了回落整理。股价缩量回调至箱体上沿时，可等 5 日均线金叉 10 日均线时买入。

有些股票突破后并不直接拉升，而是出现回调，回调测试突破有效后再大幅拉升。这个回调的动作就给了交易者短线买入的极佳机会。

如图 7–2–2 所示，京投银泰（600683）的股价突破横盘震荡区域后，并没有延续升势，反而出现回落整理。大家可以清楚地看到回落的低点就在支撑线上，股价没有破位，表明支撑有效，短线交易者可抓住机会吸纳。

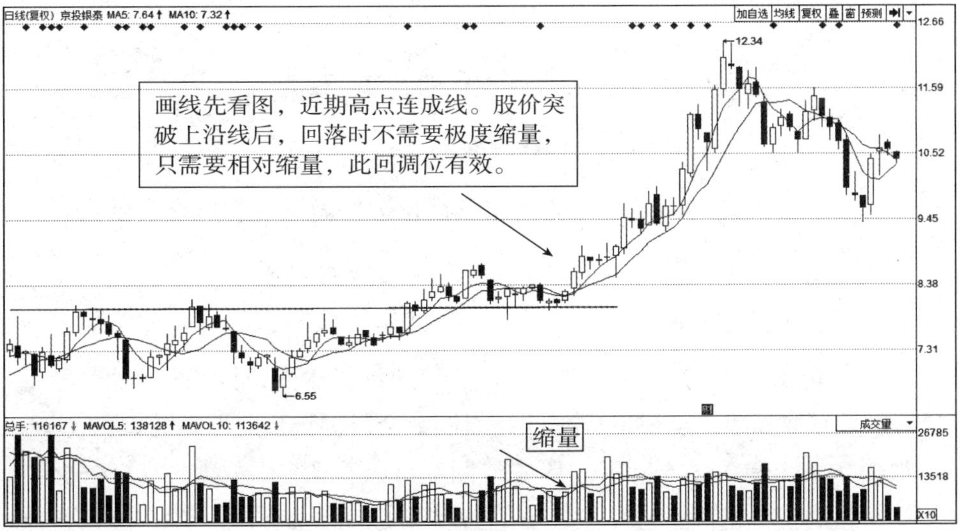

图 7–2–2

另外，该股小幅回落的过程中，成交量是明显缩量的。这说明筹码稳定，后市无忧，也增添了吸纳的安全性，符合买入信号的要求。

如图 7–2–3 所示，上海石化（600688）放量突破箱体上沿后，很快出现缩量回调，等 5 日均线金叉 10 日均线时，短线交易者可以大胆买入。

回调位买入是指对一个图形或形态突破之后股价回调，重新回到突破前的位置，对趋势改变或突破位置的有效性进行确认。这种走势说明庄家操盘

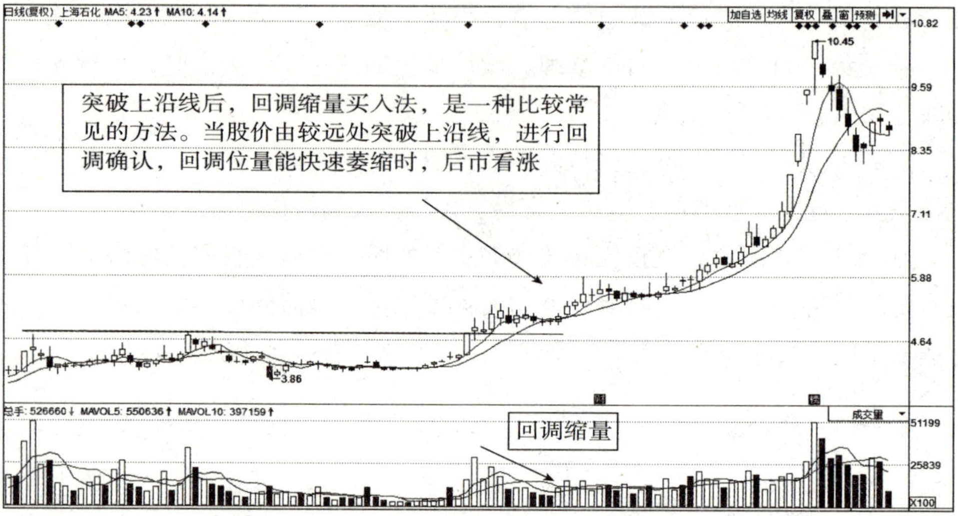

图 7-2-3

比较谨慎。一般来说，回调的目的是庄家试探市场抛压盘和承接盘的力度，以确认突破后的有效性。

二、海底捞针买入定式

某只股票在上涨过程中或在相对低位时，股价突然莫名其妙地快速下跌，但之后又被迅速拉起，这种走势在日 K 线图上会留下长长的下影线。

如图 7-2-4 和 7-2-5 所示，从 K 线图上可以看到，卡奴迪路（002656）的股价在相对低位突然快速下跌，并且连续击破几个技术支撑位。股价快速下探后，又迅速被拉起。结合此时的 K 线走势图来看，股价属于低位上涨阶段，而非处于上涨的高位，因此可以判断这不可能是庄家在出货。

出现这种情况，有以下两种可能。

（1）吃掉委托挂单止损。庄家为了清洗盘中积累的短线获利筹码，采用故意打压股价的手段，将股价快速打压下去，从而将短线获利筹码震荡出局，这是庄家洗盘时常用的一种手法。

（2）为了测试自己的控盘程度，庄家通常会采用这种故意打压的手段将股价迅速打压下去。

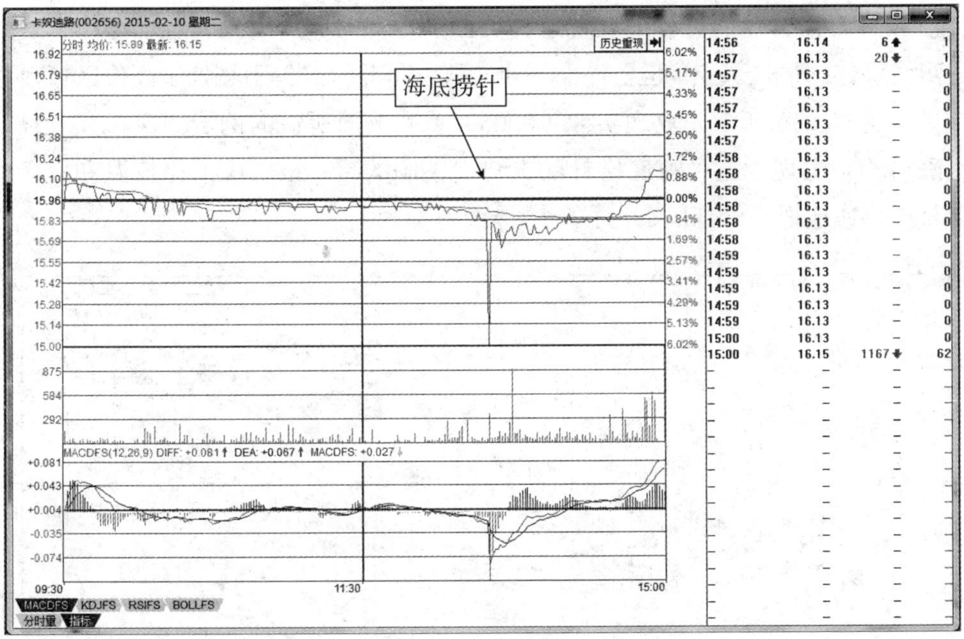
卡奴迪路(002656) 2015-02-10 星期二
分时 均价: 15.89 最新: 16.15
历史重现
海底捞针
MACDFS(12,26,9) DIFF: +0.081 DEA: +0.067 MACDFS: +0.027
09:30
11:30
15:00
MACDFS KDJFS RSIFS BOLLFS
分时量 指标

图 7-2-4

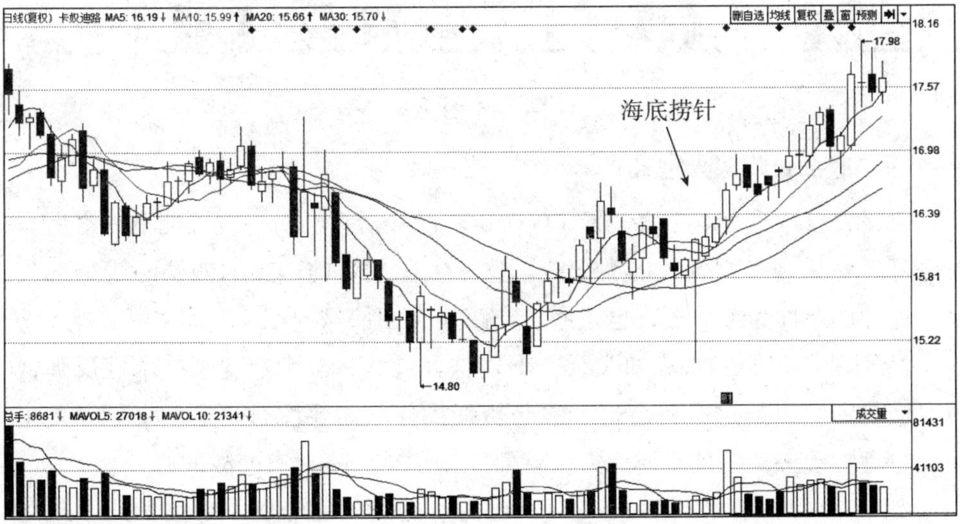
日线(复权) 卡奴迪路 MA5: 16.19 MA10: 15.99 MA20: 15.66 MA30: 15.70
删自选 均线 复权 叠 窗 预测
海底捞针
17.98
14.80
总手: 8681 MAVOL5: 27018 MAVOL10: 21341
成交量

图 7-2-5

投资者在看盘的过程中发现这种类型的走势时，可以果断进场操作，这是短线操作的最佳买点。但要注意一点，那就是此时股价不是处于高位区域。

如图 7–2–6 所示，亚太实业（000691）和上面所说的例子一样，在股价上涨过程中出现了这种海底捞针的走势。不同的是，该股庄家比较温和，盘中直接快速地把股价打压下去，随后慢慢地拉升上来。

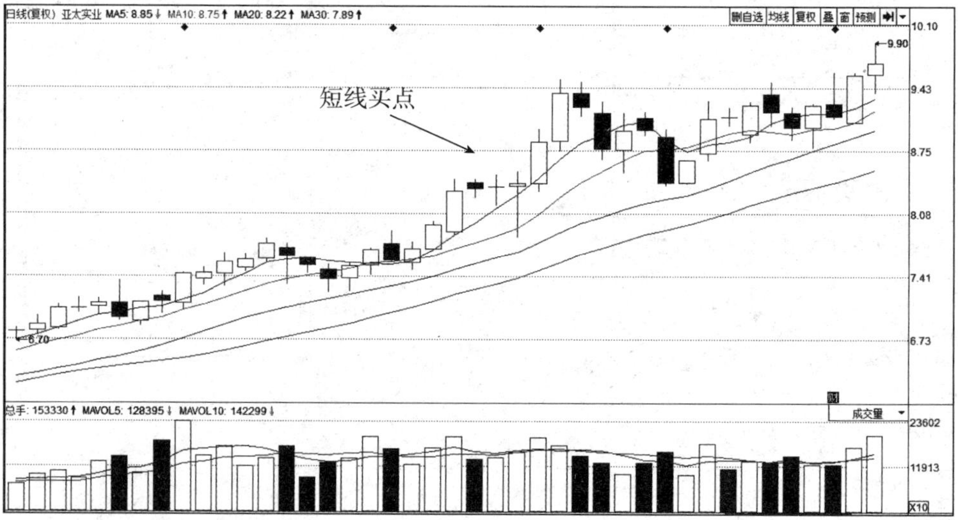

图 7–2–6

三、底部长阳买入定式

如图 7–2–7 所示，中润资源（000506）的股价在经历一波长期下跌之后，在底部突然出现一根长长的大阳线。这根大阳线将前四天的四根阴线全部收复，这种形态称为覆盖线，也是股价止跌反弹的信号。

特别是长期处于跌势的股票，出现这种走势，至少会迎来技术性反弹，短线交易者可以趁这个机会进场参与短线操作。需要注意的是，交易者要密切关注盘中动态，一旦反弹无力，就要立刻了结，不要有恋战的心理。

如图 7–2–8 所示，穗恒运 A（000531）的股价在经历了一波长期下跌之后，在低位收出了一根大大的阳线，并且成交量也放出巨量。出现这种走势，

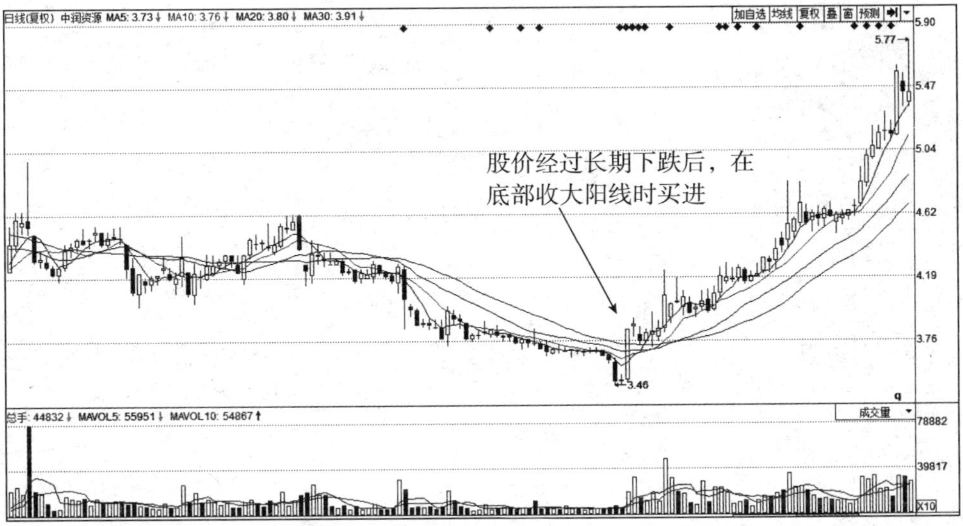
日线(复权) 中润资源 MA5: 3.73↓ MA10: 3.76↓ MA20: 3.80↓ MA30: 3.91↓
股价经过长期下跌后，在底部收大阳线时买进
5.77
3.46
总手: 44832↓ MAVOL5: 55951↓ MAVOL10: 54867↑

图 7-2-7

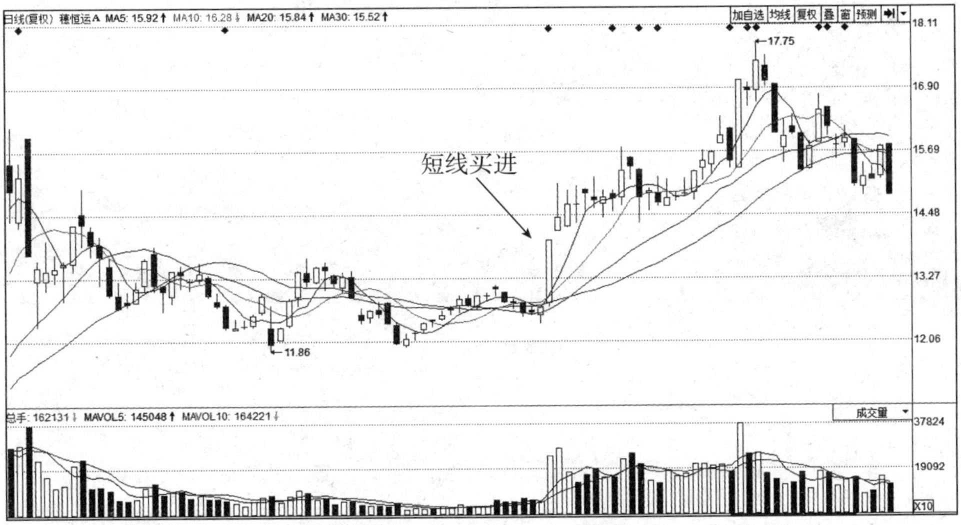
日线(复权) 穗恒运A MA5: 15.92↑ MA10: 16.28↓ MA20: 15.84↑ MA30: 15.52↑
短线买进
17.75
11.86
总手: 162131↓ MAVOL5: 145048↑ MAVOL10: 164221↓

图 7-2-8

说明有资金在运作。短线交易者可以在收出大阳线的当天收盘前几分钟买进，一般来说第二天还会有一个冲高的过程。如果第二天冲高过程中卖压过重，股价上涨受阻的话，就立即获利出局。

如图 7–2–9 所示，江铃汽车（000550）的股价在前期有过一波大跌，有一天股价在低位突然收出光头光脚的大阳线。收出大阳线当天，短线交易者可以在收盘前几分钟进场买入，一般来说第二天还会有一个冲高的过程。如果第二天冲高过程中股价能够走强，那么后市依然会有上涨空间，短线交易者可以继续持股不动。

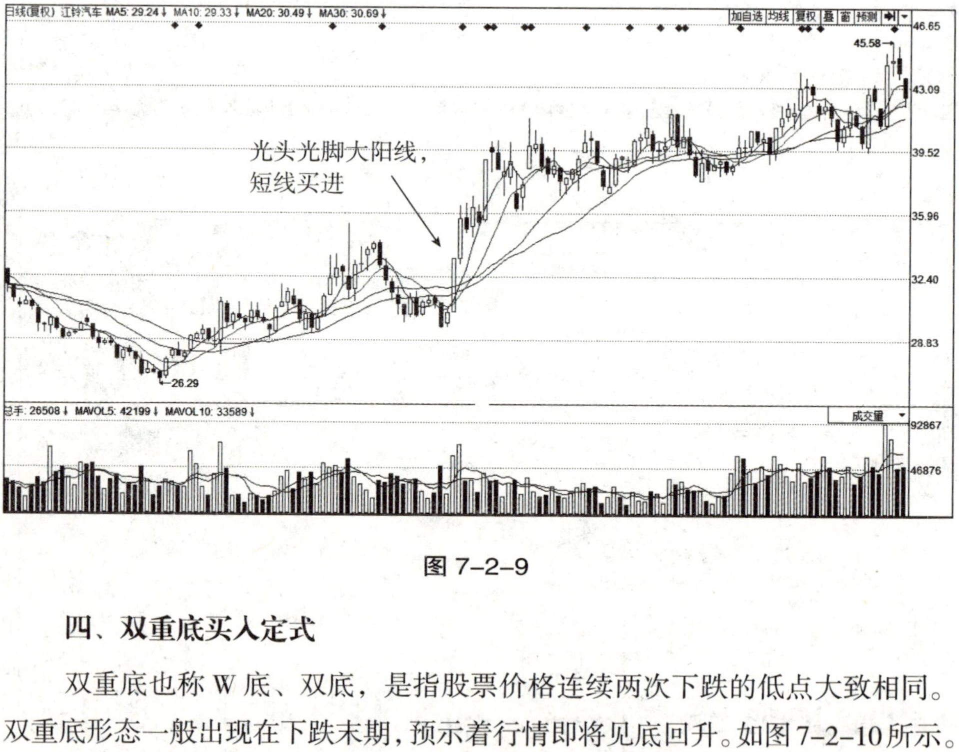

图 7–2–9

四、双重底买入定式

双重底也称 W 底、双底，是指股票价格连续两次下跌的低点大致相同。双重底形态一般出现在下跌末期，预示着行情即将见底回升。如图 7–2–10 所示。

双重底形态的形成原因是，由于股票价格长期下跌，一些看好后市的投资者认为价格已经很低，具有投资价值，买盘积极入场，股价自然回升。但是这样会影响庄家吸纳低价筹码，所以在庄家的打压下，股价又回到第一个低点附近位置，第一个低点对股价形成支撑。

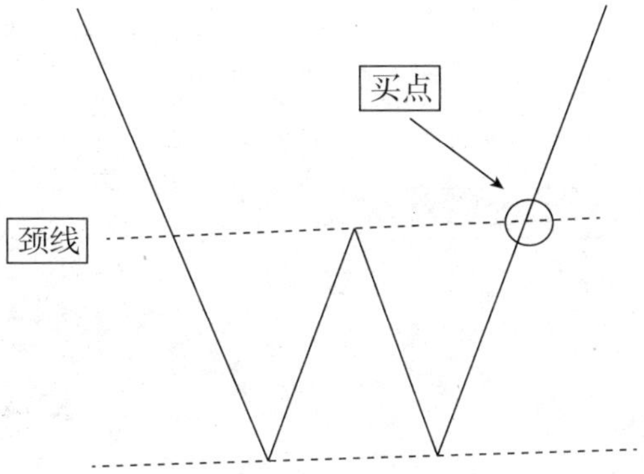

图 7–2–10

双重底形态有两个低点和两次回升，从第一个高点可以绘制出一条颈线。价格再次向上突破时，必须伴随成交量的放大，双重底才算正式完成。如果向上突破不成功，冲高下落回调，在前面两个低点附近企稳回升，则形成三重底。超过三次下探并回升，则形成多重底。无论三重底还是多重底，其道理与双重底基本相同。如图 7–2–11 所示。

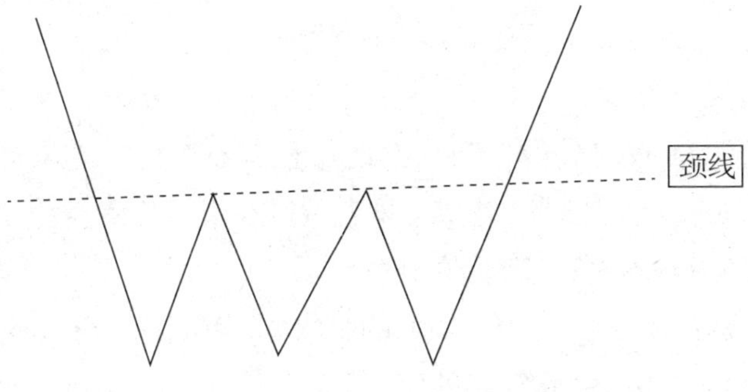

图 7–2–11

图 7–2–12 是金马股份（000980）的日 K 线走势图。该股前期一路下跌探底，在下跌到 5.53 元附近之后，成功完成两次探底，形成标准的双底形态。股价在右底逐步上升，成交量也逐步放大，最终放量突破双重底颈线，标志着双重底形态成立。此后股价在双重底的依托下强势上行。

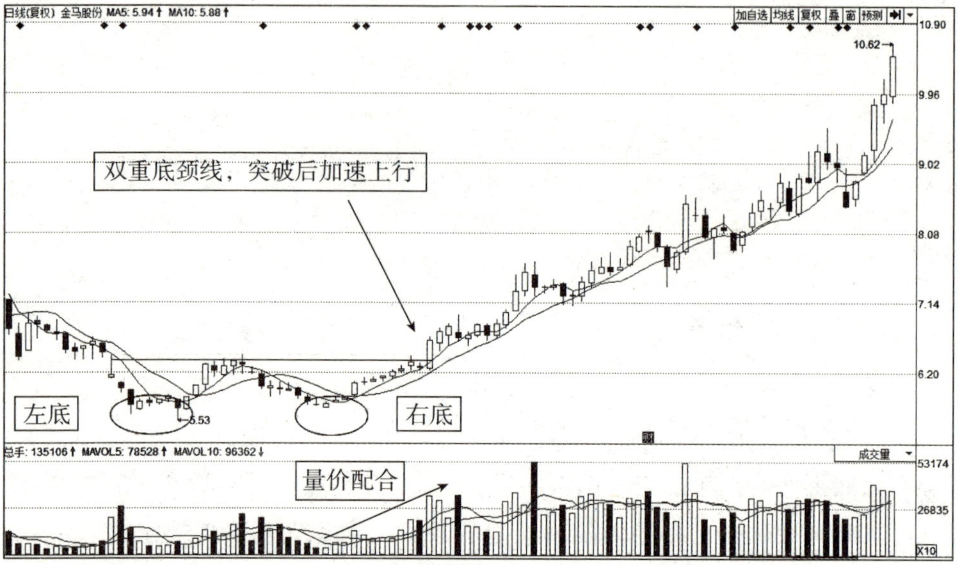

图 7-2-12

图 7-2-13 是德豪润达（002005）的日 K 线走势图。该股股价一路下跌，在 7.78 元附近初步企稳反弹，之后完成二次探底。在成交量的逐步配合下，价升量涨，股价成功突破双重底颈线位。此后几日股价成功守住颈线位，表明突破有效，短线可以及时买入。

若股价向颈线上攻时失败，数次探底并且有效企稳，则未来走势可能演变成三重底或者多重底。此时激进型交易者可以在下探低点企稳确认后买进，在低点和颈线之间赚取差价，股价突破颈线后加码买入。

图 7-2-14 是新疆浩源（002700）的日 K 线走势图。经过连续快速的下跌探底之后，股价在 10.79 元企稳回升，之后反弹至颈线回落，再次冲击颈线回落形成三重底。这表明股价在 10.79 元附近支撑明显，此时激进型交易者可以考虑提前介入，低吸赚取利润。后市如能放量突破三重底颈线，则可以加码买进。

综上所述，双重底一般出现在下跌行情末期，为重要的看涨反转形态。股价经过连续下跌之后在某一位置企稳，抄底买盘会推动股价反弹上涨。反

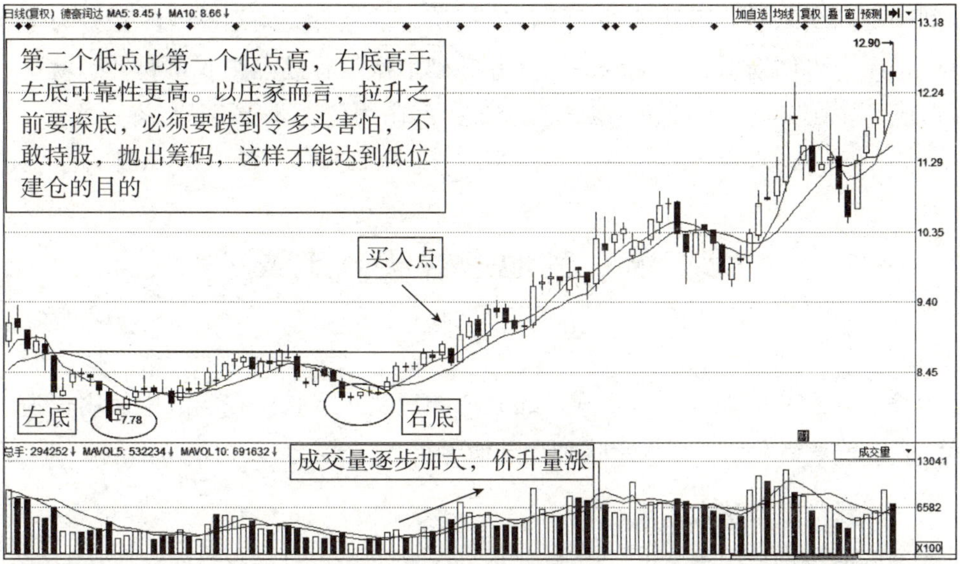
日线(复权) 德泰闰达 MA5: 8.45 MA10: 8.66
加自选 均线 复权 叠 窗 预测
第二个低点比第一个低点高，右底高于左底可靠性更高。以庄家而言，拉升之前要探底，必须要跌到令多头害怕，不敢持股，抛出筹码，这样才能达到低位建仓的目的
买入点
左底
7.78
右底
12.90
13.18
12.24
11.29
10.35
9.40
8.45
总手: 294252 MAVOL5: 532234 MAVOL10: 691632
成交量逐步加大，价升量涨
成交量
13041
6582
X100

图 7-2-13

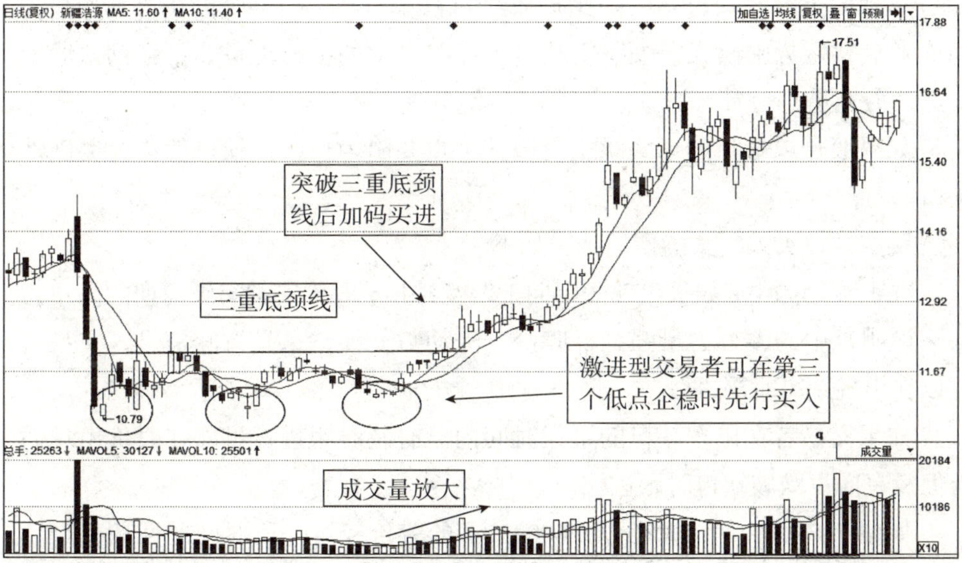
日线(复权) 新疆浩源 MA5: 11.60 MA10: 11.40
加自选 均线 复权 叠 窗 预测
突破三重底颈线后加码买进
三重底颈线
激进型交易者可在第三个低点企稳时先行买入
10.79
17.51
17.88
16.64
15.40
14.16
12.92
11.67
总手: 25263 MAVOL5: 30127 MAVOL10: 25501
成交量放大
成交量
20184
10186
X10

图 7-2-14

弹到一定高度之后，因获利盘打压再度回落至前期低点附近，此时空方力量衰竭，无力再创新低，再次调头回升并突破上次反弹高点，双重底形态就这样形成了。在实战中，股价必须有效突破颈线阻力位，才能确认形态形成。

第三节　其他短线买入定式

除了以上几类短线买入定式，还有两类短线买入技法在实战中运用较为广泛，这就是跳空缺口买入定式和上升通道买入定式。

一、跳空缺口买入定式

向上跳空缺口，是指当天的最低价高于前一交易日的最高价，从而形成了一段价格空白地带。

出现向上跳空缺口是一种比较强烈的看涨信号。如果股价在上涨趋势初期或者盘整走势中出现向上跳空缺口，说明盘中的多方力量非常强劲，股价上涨动力充足，为看涨信号。

如果股价以缺口的形式跳空突破某个重要阻力位，该缺口就称为突破性缺口。

跳空缺口买入定式的使用技巧如下。

在上涨趋势中，如果出现一个向上跳空缺口，股价一举突破前期的高位，那么说明盘中的多方力量强劲，股价上涨动力充沛，这是看涨信号，交易者可以在出现缺口时买进股票。

如果交易者在出现缺口的第一时间内没有及时跟进，可以在股价出现回调但没有向下跌破缺口时跟进。

如图 7-3-1 所示，大东方（600327）的股价经过一段时间的回调整理后再次走强，并且出现一个向上的跳空缺口，该缺口一举突破了前期高点。这种走势说明盘中多方力量非常强劲，股价上涨动能充足，发出强烈看涨信号，

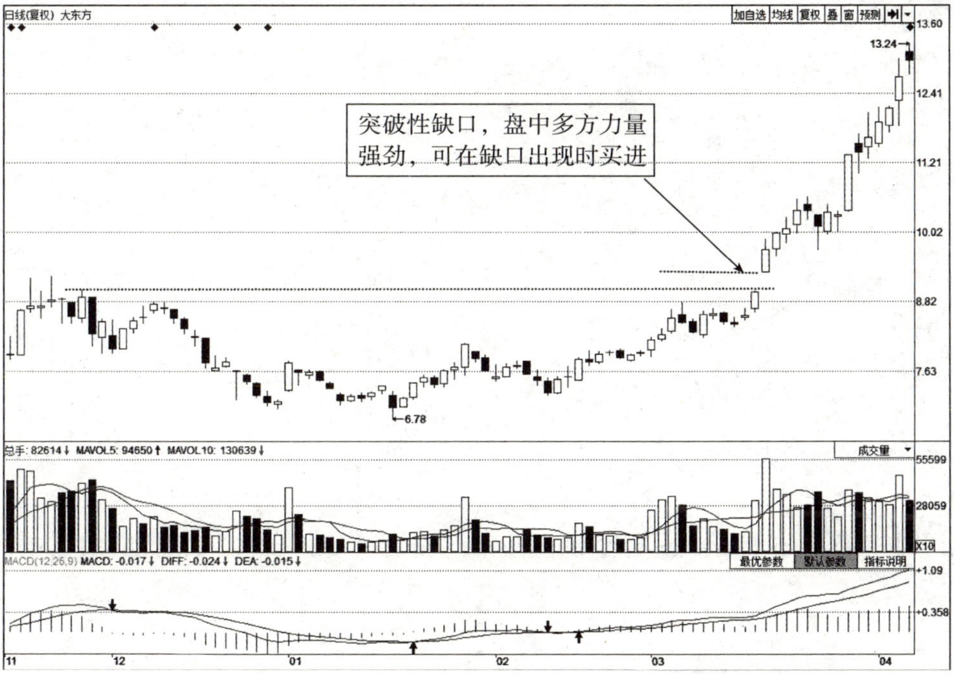

图 7–3–1

交易者可在出现缺口时第一时间进场买入。

如图 7–3–2 所示，万通地产（600246）的股价经过一段时间的整理后逐渐走稳，突然该股以涨停板的形式直接突破前期整理平台，形成一个向上的突破性缺口。这种走势显示空方已经没有还手之力，股价上涨势在必得，买点 1 出现。

股价冲高后出现短暂回调，但股价在缺口处获得支撑再次翘起。这种走势说明股价回调结束，将要再次进入上涨走势中，买点 2 出现，短线应果断跟进。

缺口有很强的支撑或阻力作用。当股价出现第一个向上突破缺口时，缺口就成为重要的支撑地带。如果股价接下来没有回补缺口，就表明上涨趋势彻底形成。

缺口突破的前期重要阻力线可以是前期高点，也可以是阻力线、均线等。

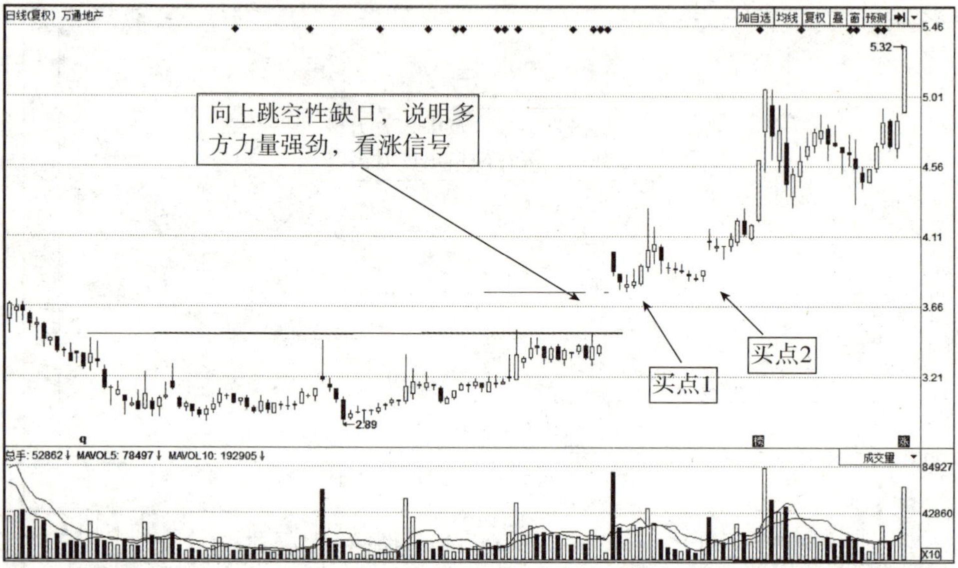

图 7-3-2

二、上升通道买入定式

在上涨走势中，交易者可以通过连接两个阶段性低点得到一条上升趋势线，然后通过连接两个阶段性高点，得到另一条上升趋势线，两条上升趋势线就构成了上升通道。

上升通道是股价运行在上涨趋势中的一种表现。在通道中，往往呈现出股价上涨时成交量放大，股价下跌时成交量萎缩的现象。对于短线交易者来说，这种走势是非常适合操作的。

上升通道买入定式的使用方法如下。

当股价回调至上升通道的下边线附近时止跌回升，表明股价在下边线处获得有效支撑，预示着股价将要再上一个台阶，交易者可以进场买入股票。

如图 7-3-3 所示，宇通客车（600066）的股价在阶段低点 A 处开始上涨。在随后的上涨走势中，又出现阶段低点 B。通过 A、B 两点可以画出一条上涨趋势线，同时通过高点 C、D 可以画出另一条上涨趋势线，这样就得出一个上涨通道。在以后的行情中，当股价下跌到上涨通道的下边线附近时，交易者可以逢低买入股票。

短线操作者不仅要掌握一定的理论与操作基础知识，更要恰逢其时地操作，如此便可事半功倍，在交易中“吃肉喝汤”，坐收渔翁之利。

笔者希望通过上述关于短线买入时机的讲述，可以起到为读者朋友指点迷津的作用，帮助大家在对的时机操作好的股票，在最恰当的介入时机完成一场理想的短线交易，获得不错的短线收益。

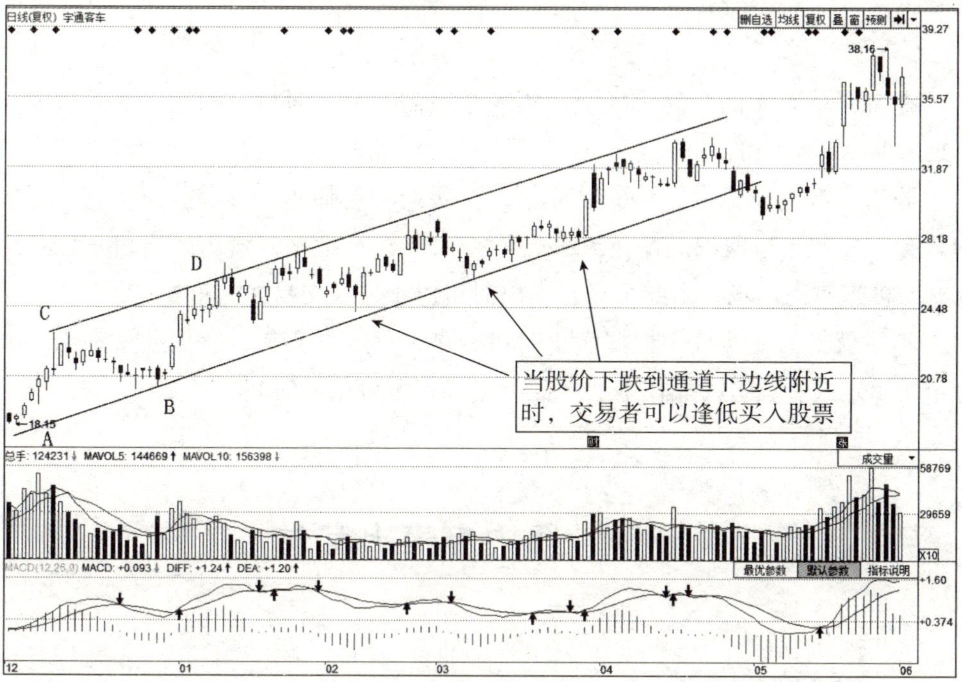

图 7-3-3

第八章 短线卖出定式

在有买就有卖的交易市场上，买入个股需要讲究时机。同样，交易者卖出也需要掌握恰当的时机。

股市上有句谚语：会买的是徒弟，会卖的才是师傅。不少散户也有这样的体会，并非买进股票后赚不到钱，而是由于没有把握好卖出的时机，以致少赚或被迫割肉离场。由此可见，卖出时机对于短线交易尤为重要。

本章就如何在实战中把握卖出时机分享一些实战心得，并据此整理出一个个卖出定式。读者在操作中遇到此类定式，可以第一时间考虑卖出。

第一节 阻力点卖出定式

一、阻力位卖出法

当股价冲击重要阻力位时，此时便是短线卖点。

阻力位，从字面意思可以看出，就是阻碍股价继续上行的位置。一直没有创新高的股票，前期高点阻力位必然会时时刻刻影响其运行的过程，当股价接近或到达这个位置的时候，其行情走势就会发生变化，所以这个高点会影响到短线买卖操作。

股票市场上的大部分个股，都可以看到它在历史行情走势中形成的阶段性高点，这些阶段性高点最终都将成为股价在上升过程中需要突破的阻力位。如果前方遇到阶段性高点，短线操作要采取清仓或减仓的交易策略，并不一定要等到到达阻力位时才进行减仓操作。当个股在上涨的过程中离前方阻力价位只有5%左右的上涨空间时，就要根据当时的走势进行减仓操作甚至清仓，短线交易者一般要求进行清仓操作。

阻力位对于短线交易的意义主要表现在以下三个方面。

（1）回避风险。当股票运行至较为明显的阻力位时，如果出现见顶、滞涨等信号时，要在阻力位附近主动卖出股票。

（2）发现交易机会。当股票放量上涨突破重要阻力位时，要跟进做多。

（3）估算上涨空间。当股票开始上涨时，通过分析下一个阻力位，能大概预估该股票的上涨空间。

在认识到阻力位对个股行情造成的影响之后，就要在实际操作中自觉地采取相应的策略，做到顺势而为。当股价上涨到前一阶段高点时，如果股价不能一鼓作气突破的话，那么就很有可能受到阻力位的影响而下跌。短线交易者遇到这种情况，应该先卖出或减仓，以回避股价下跌带来的风险。

从K线图来看，每一次空头发力的位置都是比较重要的阻力位。阻力位卖出法是短线卖出法，适合短线交易者。

如图8-1-1所示，新赛股份（600540）的股价在上涨到前期高位时，几次都不能有效突破，三个箭头处都出现了遇阻回落的走势，这说明前期高位这个位置有很大的阻力。作为短线交易者，应该回避这个前期高位可能带来的下跌风险，宜先卖出手中的筹码。

阶段性的高点是这里重点进行分析的阻力位。通过观察股票的行情走势，大家会发现一个现象，很多阶段性高点都会对个股的走势形成压制性格局，这就是阻力位对当前个股走势造成的影响。

寻找这种阻力位的方法，是将过往走势中的阶段高点先找出来，大致确定每个高点往上的空间距离，再将当前股票走势与阻力位进行比较，如此可以得出上升的空间。

最初操作时，由于对这种方法不是很熟悉，可能要花很多时间。但是随

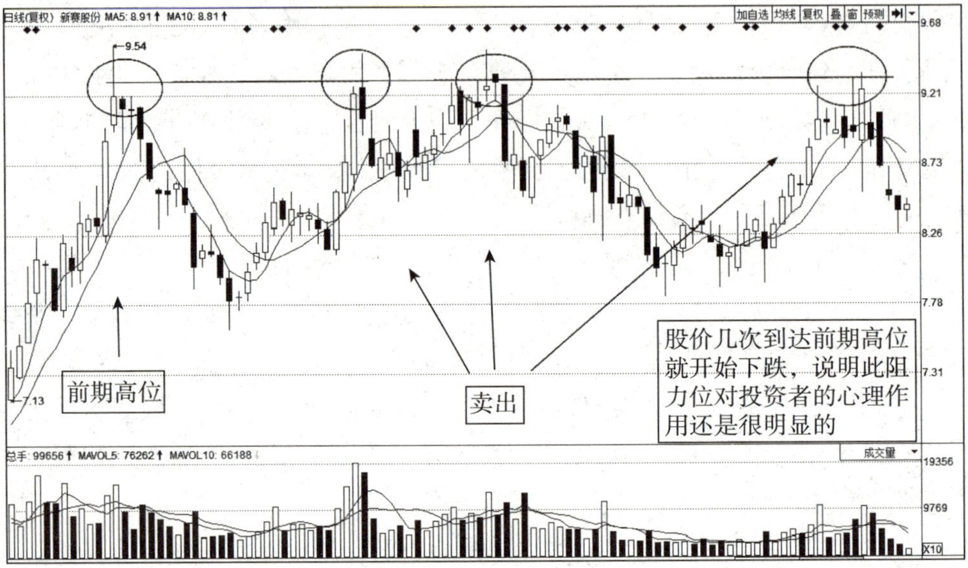

图 8-1-1

着对行情以及个股走势的认识不断深化，再加上经验不断增加，花费的时间会大大缩短。当然，进行这种分析的前提是其走势没有创新高。

图 8-1-2 是福建水泥（600802）的日 K 线走势图，从图中可以发现一些非常重要的庄家操盘细节。股价每次遇到前期高点时，都冲高遇阻回落。不管这是有意为之还是无意形成的，都可以发现庄家操盘遵循着常规的方式。

通过对福建水泥走势的分析，可以看到阻力位或者说相对阻力位对于操盘的重要指导作用，它能告诉短线操作什么时候应该卖出。这种空间分析能力，是短线交易者要了解和掌握的。

在进行股票买卖操作之前，要清楚阻力位，估算上方的上涨空间。在股价临近这些阻力位时，要作好卖出股票的准备。当然，对于阻力位，实战中要辩证地看待。在没有突破之前，其产生的是阻碍作用；突破之后，则会产生较好的交易机会。

相对其他卖出法来说，阻力位卖出法显得略微简单一些。要判断一个位置是否有压力，主要依据前期高点来判断。

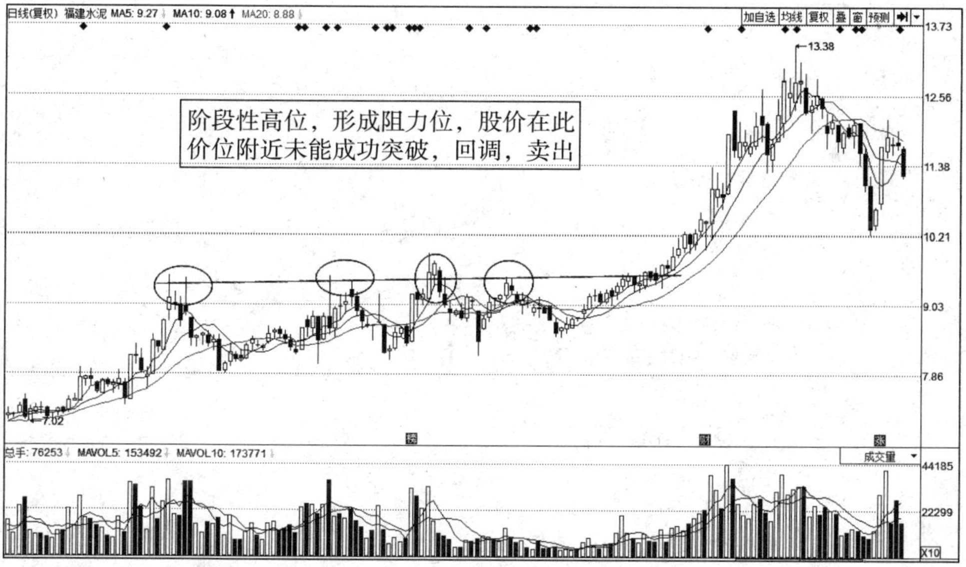

图 8-1-2

如图 8-1-3 所示，大连圣亚（600593）的股价上升至前期顶部区域时，回落概率极大。这就说明股价不能一鼓作气突破前期高位，这个重要位置股价将面临很大的阻力。短线交易者应该回避这个顶部区域可能带来的下跌风险，此时最好卖出手中持有的筹码。

短线交易的特殊性，决定了阻力位是需要关注的重要参考指标。阻力位卖出法对短线操作的卖出时机具有重要的指导意义，因此要对阻力位有必要的了解和认识。

阻力位卖出法和双重顶卖出法十分接近，下面来介绍一下双重顶卖出法。

双重顶是形态理论中最常见、最实用的形态之一。在股票技术分析中，形态理论是一个重要的组成部分。形态理论通过对股票运动时形成的各种价格形态进行分析，研究股价走过的轨迹，并且结合成交量的变化推断股票的走向，进而决定采取什么样的行动。

双重顶也称双顶或 M 头，是 K 线图中较为常见的反转形态之一。该形态由两个较为相近的高点构成，因其形状类似于英文字母“M”而得名。股价在

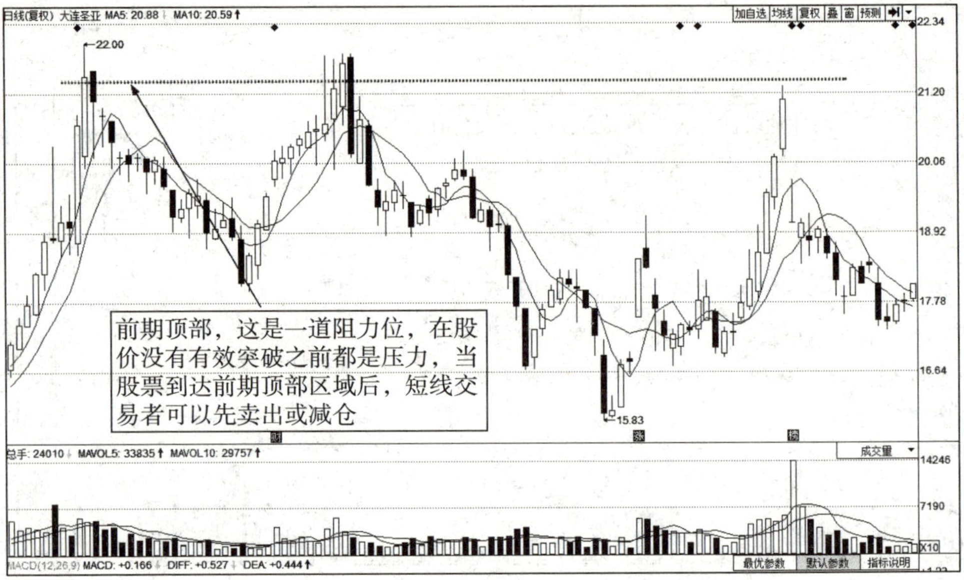

图 8–1–3

第一次上涨遇阻回落后出现一个回调低点，在此低点画出一条水平线，可以得到双重顶的颈线。

双重顶是一种看跌形态。股价连续两次上攻均在同一水平位置附近遇阻回落，说明股价在此区域上涨乏力，同时多方力量消耗巨大。此时空方如果发动反击，多方基本没有回击的能力。

如图 8–1–4 所示，股价在连续上涨的过程中，当上涨至某一价格水平时开始调头回落。下跌至某一位置时，股价再度反弹上行，至前高左顶附近之后第二次下跌，并跌破第一次回落的低点，也就是跌破图中的颈线。股价走过的痕迹像英文字母“M”，意味着双重顶形成。

双重顶形态是在股价上涨到一定高位之后，形态上出现两个顶峰，分别是左顶和右顶。在左顶形成后的回落低点，通过这个位置画一条水平线，就是经常所说的颈线。当股价再度冲高至右顶，回落并跌破颈线时，双顶形态正式宣告形成。

图 8–1–5 是通策医疗（600763）的日 K 线走势图。股价一路上升后，至

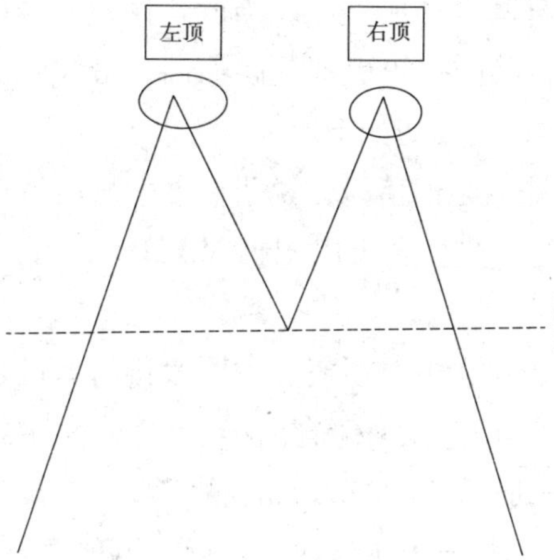
左顶
右顶
颈线

图 8-1-4

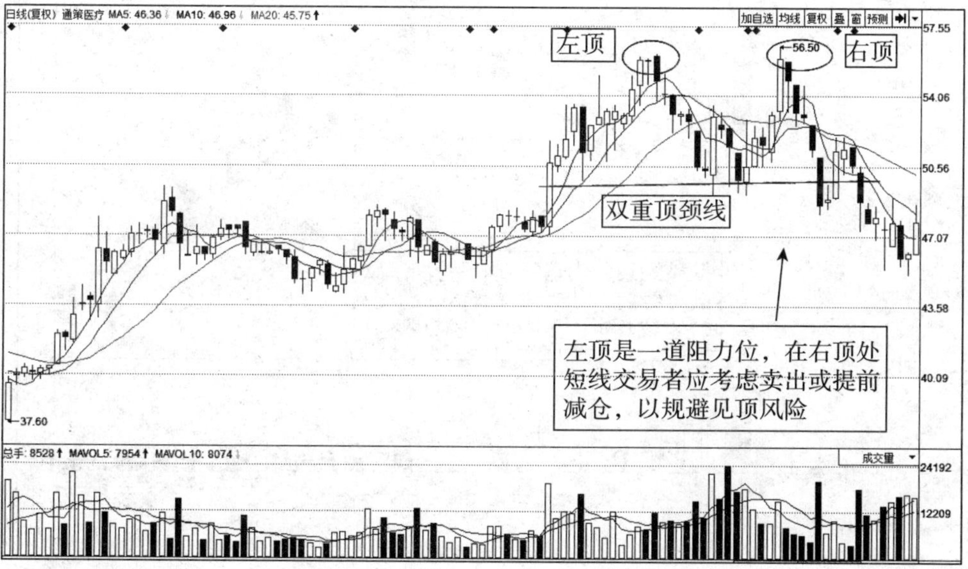
日线(复权) 通策医疗 MA5: 46.36 MA10: 46.96 MA20: 45.75
左顶
56.50
右顶
双重顶颈线
左顶是一道阻力位，在右顶处短线交易者应考虑卖出或提前减仓，以规避见顶风险
37.60
57.55
54.06
50.56
47.07
43.58
40.09
总手: 8528 MAVOL5: 7954 MAVOL10: 8074
成交量
24192
12209

图 8-1-5

56 元左右无力创新高，回落调整形成左顶。当股价回落至 49.50 元位置时，股价开始恢复上涨。升至右顶处 56.50 元时受阻而回，最终股价跌破颈线。

双重顶阻力位卖出法的使用技巧如下。

（1）当股价第二次上涨遇阻回落时，说明多方力量已经消耗殆尽，股价随时可能进入下跌走势。此时交易者可以根据 MACD、KDJ 等指标的死叉来判断第一卖点。

（2）当股价向下跌破双重顶的颈线时，说明股价将要进入下跌走势，此时还没有卖出股票的交易者，应该及时清仓离场。

如图 8-1-6 所示，迪马股份（600565）的股价第二次上攻，但在前期高点附近遇阻回落，表明盘中的多方力量不足，卖点 1 出现。

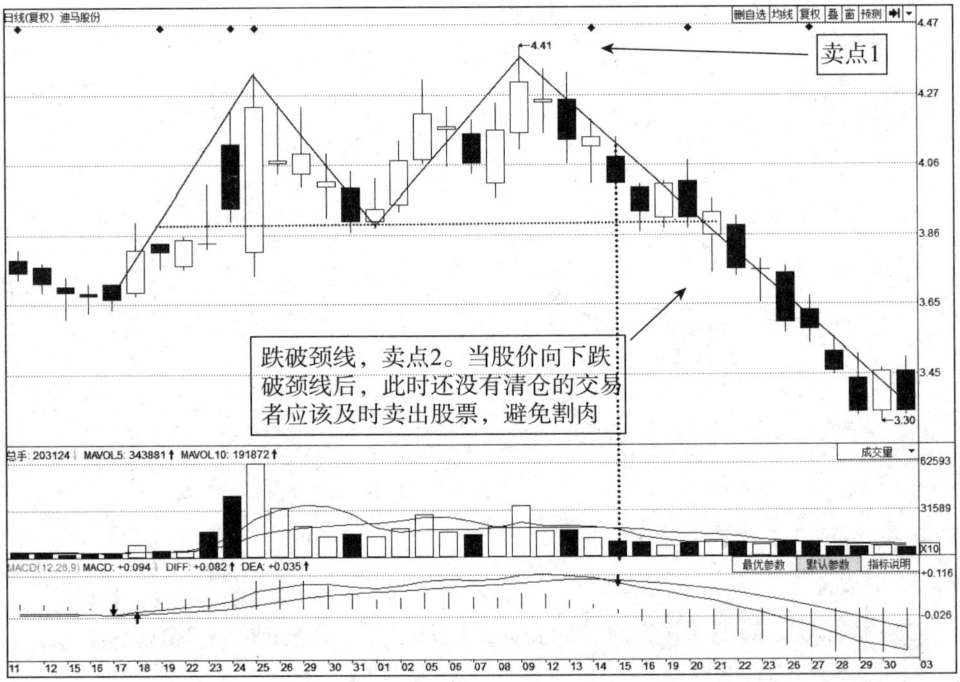

图 8-1-6

随后该股股价一路下跌，持续走弱。同时 MACD 指标在 0 轴线上出现死叉，预示着短期内股价将要走弱。待股价跌破颈线时，卖点 2 出现。此时还未清仓的交易者应该及时卖出股票，避免深跌后被套割肉。

二、上升通道卖出定式

在股价上涨走势中，交易者可以通过连接两个阶段性低点，得到一条上升趋势线，然后通过连接两个阶段性高点，得到另一条上升趋势线，两条上升趋势线就构成了上升通道。

上升通道是股价运行在上涨趋势中的一种反映。在通道中，往往呈现出股价上涨成交量放大，股价下跌成交量萎缩的现象。对于短线交易者来说，这种走势是非常适合操作的。

当股价上涨至上升通道上边线附近时遇阻回落，说明股价在上边线处受到压制作用，预示股价在短期内将要进入下跌走势，交易者应该及时获利了结。

如图 8–1–7 所示，宇通客车（600066）的股价在上涨过程中出现两个阶段性的低点 A、B，交易者可以通过 A 和 B 两点连成一条上升趋势线。再把阶段性的两个高点 C、D 连成一条线，便可构成一条上升通道。交易者可以根

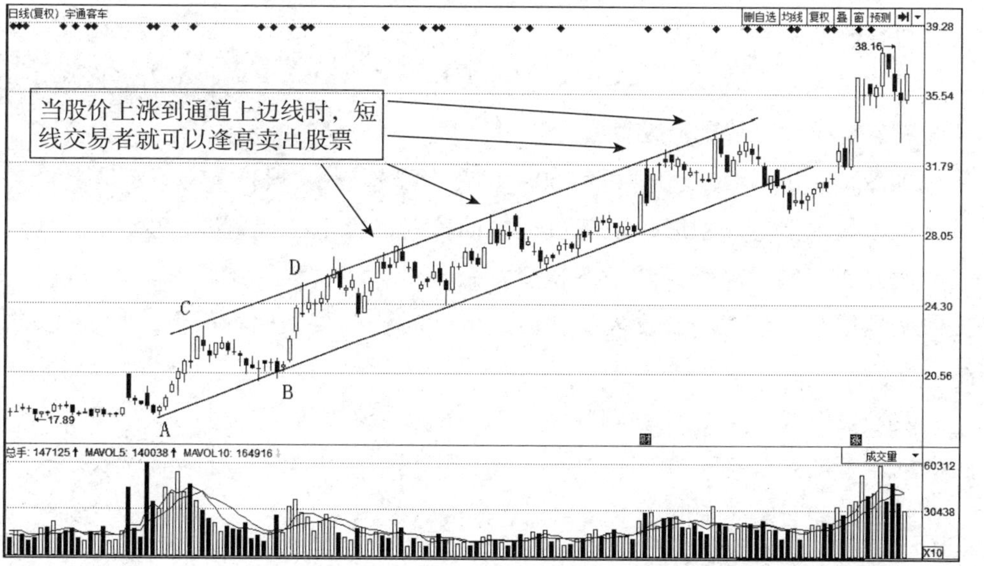

图 8–1–7

据股价与上下边线的相对位置进行买卖操作，如图中四个箭头处就是卖点。

交易者在上升通道内可以进行高抛低吸操作，也可以结合其他震荡指标，比如 KDJ、BOLL、RSI 等，作出综合判断，进而更为准确地把握通道内部的买卖点。

第二节 破位卖出定式

一、跌破趋势线卖出定式

一般来说，股价跌破上升趋势线就意味着上升趋势已经结束，须卖出止盈出局。通常越陡峭的趋势线越容易被跌破，跌破时短线可及时止盈。

当然，实际的走势可能没这么简单，因为趋势线也是随时在变化的，实战中需要随机应变。只有有效跌破上升趋势线，短线才考虑卖出。所谓“有效”，即跌破之后股价站稳在趋势线之下。盘中以下影线跌破或者跌破之后拉回，都非“有效”。

在走势图上，当个股股价形成上升走势的通道时，每当股价有效跌破上升通道下轨线时，都是短线卖点。

如图 8-2-1 所示，华新水泥（600801）在上涨趋势中，股价重心不断地上移，股价也不断地上升。把股价上涨过程中回落时的低点连成直线，就形成股价上涨趋势通道的下轨线，这条下轨线就是股价上涨过程的支撑线。当股价每次回调到这个下轨线受到支撑时，就说明此时资金买入比较积极，股价会继续上涨。

相反，如果股价在回调到这个下轨线时，没有得到有效的支撑而继续下跌的话，说明场外资金进场积极性不高，承接力度不大。此时短线交易者应该立刻卖出，回避股价继续下跌带来的损失。

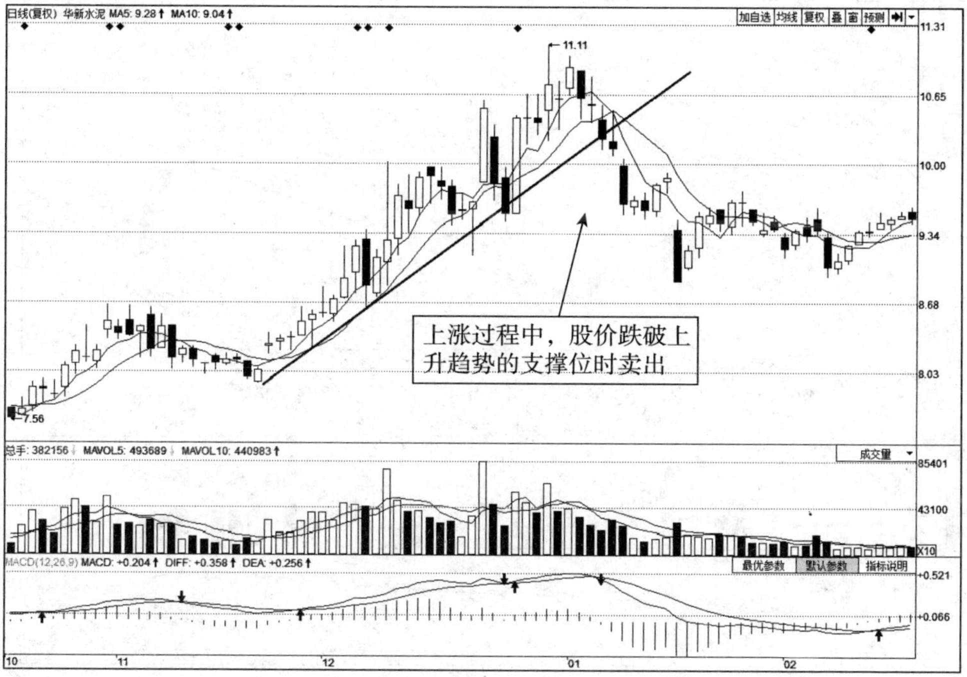

图 8-2-1

如图 8-2-2 所示，马钢股份（600808）的股价处于上涨趋势中。当股价运行在上涨通道中并且回落时，如果回落到上涨通道的下轨处没有获得有效的支撑，或者直接击穿上涨趋势的支撑位置时，交易者就应该卖出股票，避免股价下跌带来的损失。

如图 8-2-3 所示，中海集运（601866）的走势自低点反转上行。连接两个低点形成一条上升趋势线，画出上升趋势线后，短线交易者可以根据趋势线的支撑逢低买进或者持有股票。

当然，上升趋势线不可能永远有效，总有跌破的一天，那么有效跌破时就是卖出的时机。比如图中箭头处的长阴线跌破上升趋势线，基本上可以确认该上升趋势线已经被破坏，短线交易者需要暂时卖出股票，出局观望。

根据趋势线操作有一个较为麻烦的问题，就是趋势线也是不断变化的，

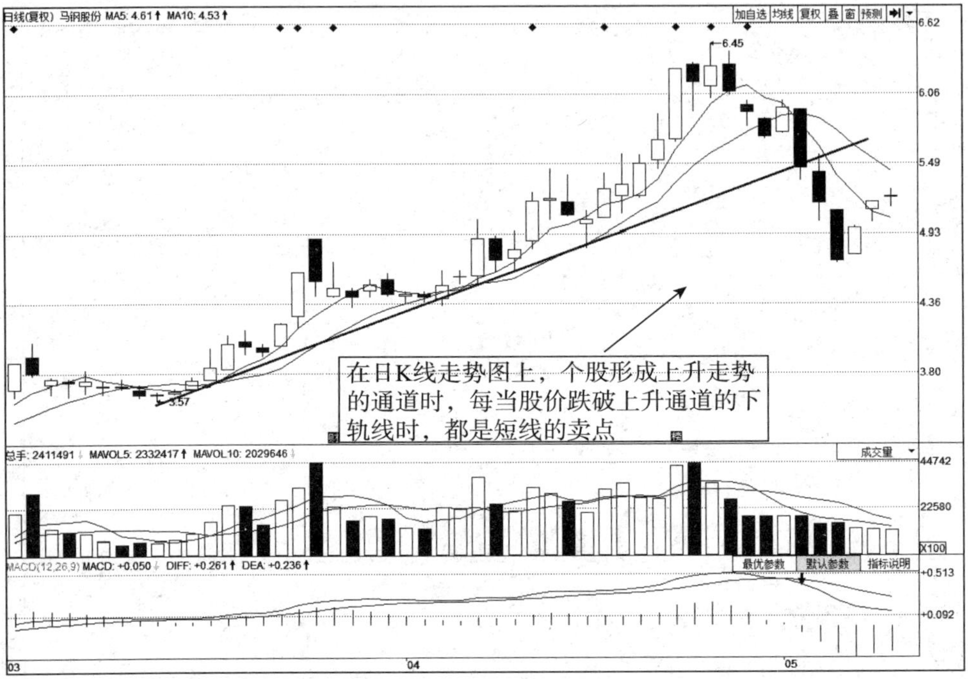

图 8-2-2

需要根据实际走势不断调整，操作也要相应地变化。一般来说，股价上升走势是由慢到快的，实战中可以依次画出角度越来越陡的上升趋势线。当股价跌破快速上升趋势线的时候，意味着短线行情结束。

如图 8-2-4 所示，中海海盛（600896）的股价涨涨跌跌，上涨的走势不定。根据不同的涨势特征，可以画出三条不同的趋势线。在趋势线没有改变之前，可以常规操作。最后在股价跌破上升趋势线时卖出股票，完成一轮完整的交易。

本例告诉我们一个常识，趋势线不是一成不变的，需要根据实际走势及时调整，并制定相应的操作策略。

二、三角形卖出定式

当股价向下跌破三角形整理形态的下沿时，说明整理走势结束，股价将要进入下跌走势。此时交易者应该及时卖出手中的股票，以免遭受损失。

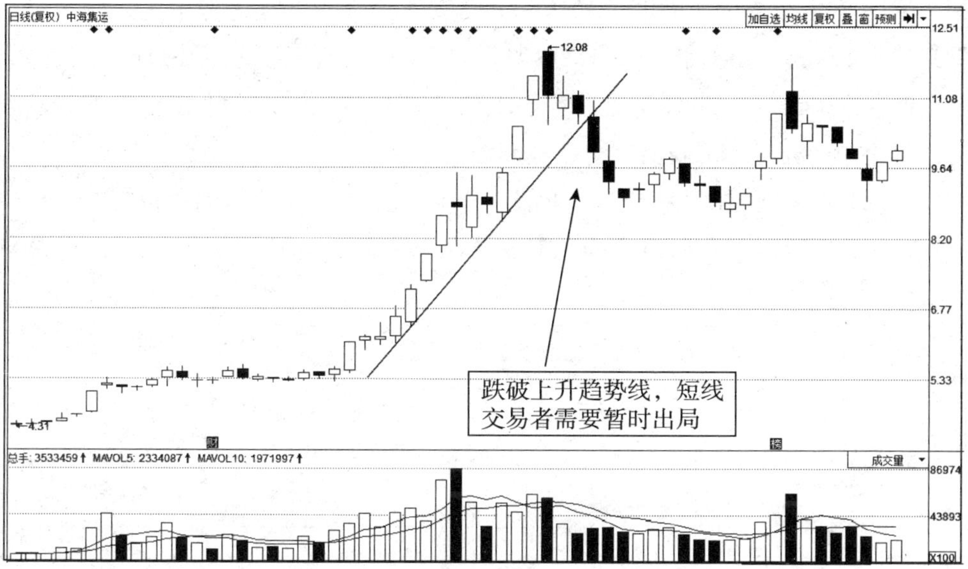
日线(复权) 中海集运
加自选 均线 复权 叠 窗 预测
12.08
4.31
跌破上升趋势线，短线交易者需要暂时出局
总手: 3533459 MAVOL5: 2334087 MAVOL10: 1971997
成交量
12.51
11.08
9.64
8.20
6.77
5.33
86974
43893
X100

图 8-2-3

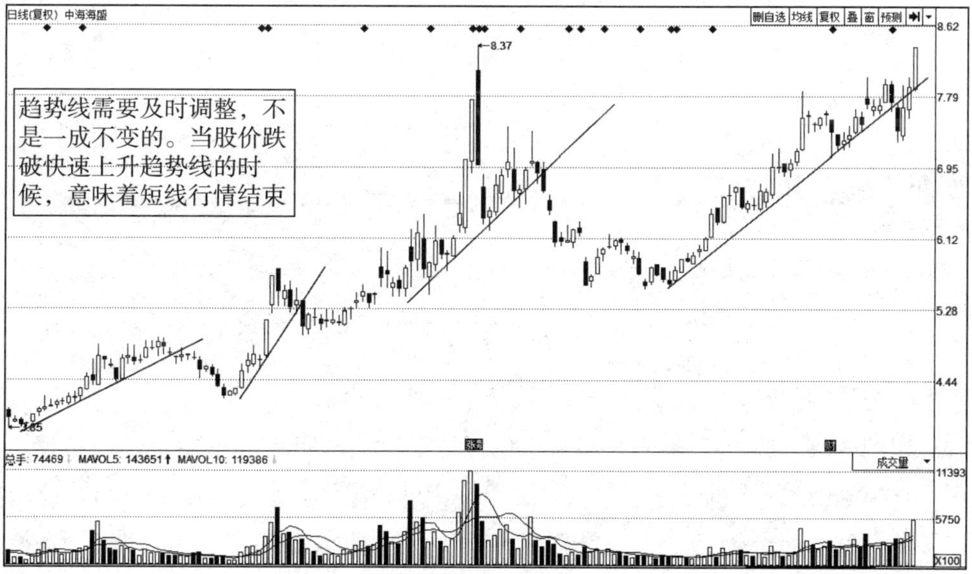
日线(复权) 中海海盛
删自选 均线 复权 叠 窗 预测
8.37
3.65
趋势线需要及时调整，不是一成不变的。当股价跌破快速上升趋势线的时候，意味着短线行情结束
总手: 74469 MAVOL5: 143651 MAVOL10: 119386
成交量
8.62
7.79
6.95
6.12
5.28
4.44
11393
5750
X100

图 8-2-4

如图 8-2-5 所示，豫园商城（600655）的股价在下跌走势中进入震荡整理走势，且形成三角形形态。当该股股价向下跌破三角形整理形态的下沿时，说明整理走势结束，股价将要沿着原来的下跌趋势运行，卖点出现。交易者应合理把握时机，趁机抛出，防止被套牢。

三角形也经常出现在头部。头部三角形的正式形成要等到股价有效跌破三角形的下边线时，这时意味着趋势反转，需清仓出局了。

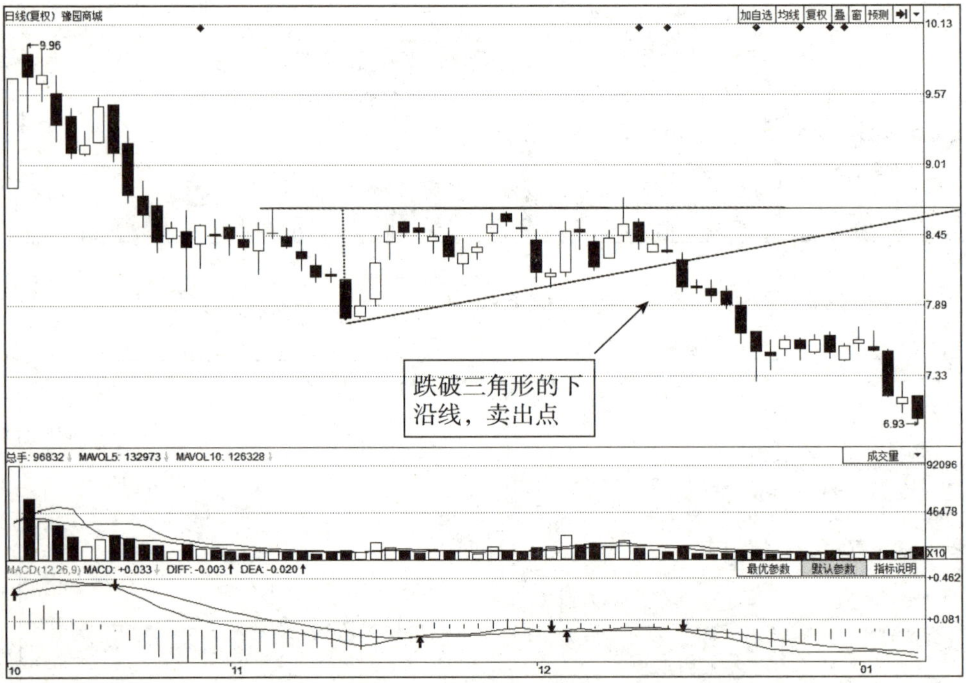

图 8-2-5

如图 8-2-6 所示，丰乐种业（000713）在运行中走出了一个三角形的形态。这个三角形很难确认它的性质，因为整个过程呈缩量状态，有洗盘的特征，所以很多人可能会把它当作上涨中继平台。该股跌破三角形的下边线，形成头部三角形时，短线交易者就需要清仓出局观望了。

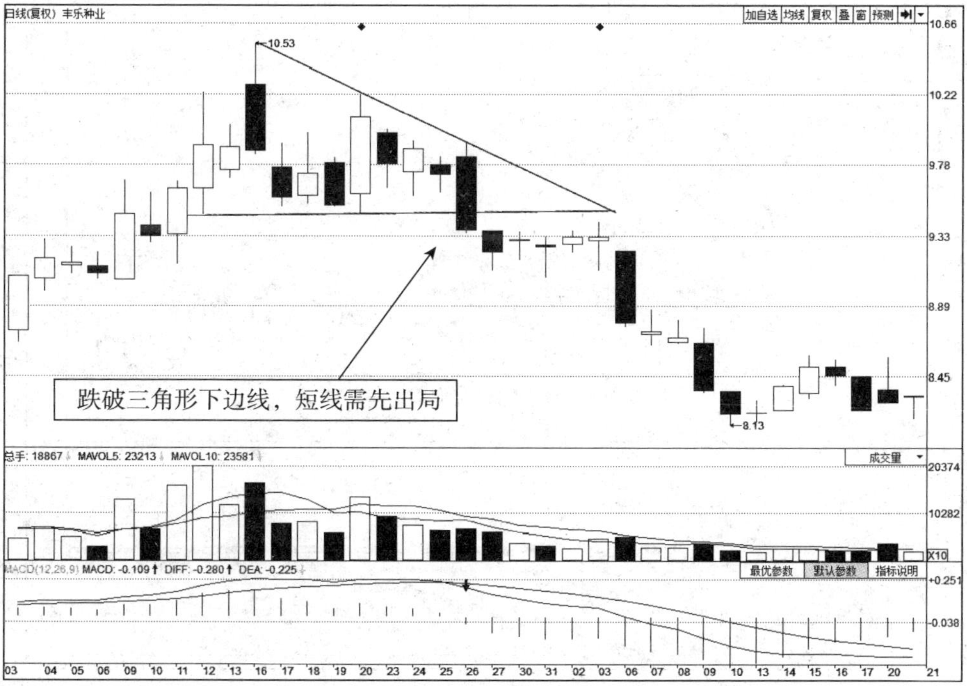

图 8-2-6

三、楔形卖出定式

楔形是指股价在整理过程中，将阶段高点和阶段低点进行连线后，两条线的方向相同，但是角度逐渐收缩，形成楔子一样的形态。K 线走势逐步下降的楔形整理形态是下降楔形。

楔形也是一种中继形态。当楔形整理形态结束后，股价将会延续之前的下跌走势继续运行。

下面来看看楔形卖出法的使用技巧。

当股价向下跌破楔形整理形态的下边线时，说明整理走势结束，股价将要进入下跌走势，发出看跌信号。此时交易者应该及时清仓离场，持币观望。

如图 8-2-7 所示，济川药业（600566）的股价在下跌趋势中进入震荡整理走势，同时形成了一个上升楔形形态。当该股股价向下跌破上升楔形整理形态的下边线时，说明股价的整理走势结束，将要延续之前的下跌趋势运行，

图 8-2-7

交易者应及时卖出股票。

买进股票后，把它卖个好价钱是人人都梦寐以求的。把握卖出时机的方法还有很多，笔者提出上述几种时机只是抛砖引玉，交易者可以在实战中不断摸索，形成既适合自己又符合市场规律的卖出方法，逐步提高投资收益。

第三节　其他卖出定式

一、涨停板卖出定式

股价在高位时，盘中出现涨停，但在盘中多次出现打开涨停的走势，且呈现放量状态，此时应该果断卖出。

出现这种情况，说明股价的强势没那么坚挺，或者说股价上涨的意志并不是很坚决。如果这种走势出现在股价已经大幅度上涨的后期，那么很有可能是庄家在诱多出货。庄家通过这种拉涨停的方法吸引场外资金的关注，让场外资金进来接盘，从而达到自己出货的目的。对于这种涨停走势，交易者必须谨慎分析，防止被庄家诱多出货的计谋迷惑，导致账户遭受损失。

如图 8-3-1 所示，中国南车（601766）的上涨过程非常猛烈，短短十几天，股价就从 16 元拉升到 39.47 元，途中连续拉出约 10 个涨停板。

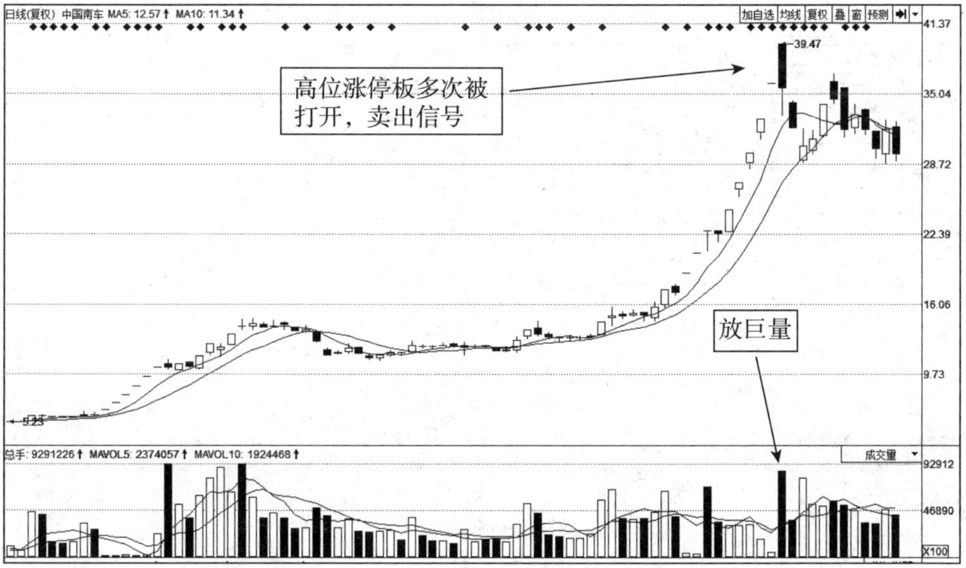

图 8-3-1

在高位箭头处的涨停，主力利用早盘的人气以涨停开盘，其目的是把大量的交易时间用来出货。交易过程中主力不断倒单，在同一时间内交替撤单和挂单，使盘口显示出相近的委买委卖数量，这样在盘口就显示不出撤单的痕迹。庄家的单子不断后移，从而把散户的单子顶上去，这样庄家才能在高位疯狂出货。

图 8–3–2 是图 8–3–1 箭头处当天的分时图。中国南车（601766）开盘就把股价拉到涨停板，吸引大家的眼球。途中多次打开涨停板，让大家纷纷去追涨，主力趁机把筹码抛给新追入的人。收盘时全天放出巨量，这就是我们所说的高位天量出货。次日股价跳空低开低走，以跌停板收盘，短短两日内跌幅就达 30%。

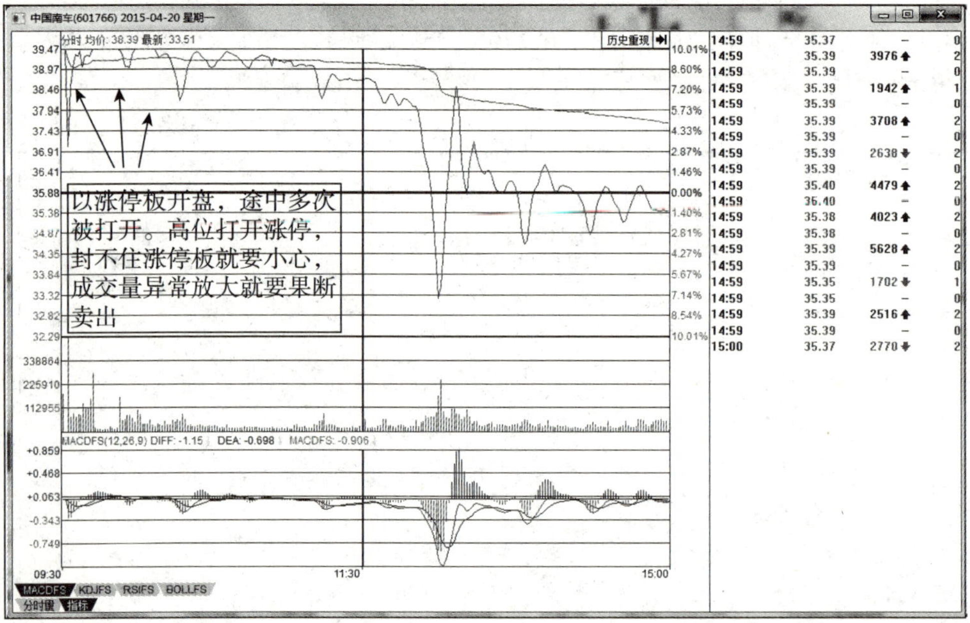

图 8–3–2

如图 8–3–3 所示，光大证券（601788）的股价从 9.56 元一路上升至 34 元，翻了 3 倍多。在图中箭头处，股价由涨停打至跌停，而且伴随着天量，这是明显的卖出信号。

图 8–3–4 是图 8–3–3 箭头处当天的分时图。光大证券（601788）开盘后一路震荡走高，下午开盘后封住涨停板。但封停后没到 10 分钟，股价就打开涨停板，随后展开震荡下跌。尾盘抛盘较多，且成交量急剧放大，最后跌至跌停板。短短一天，从涨停板跌至跌停板，全天振幅达 20%。

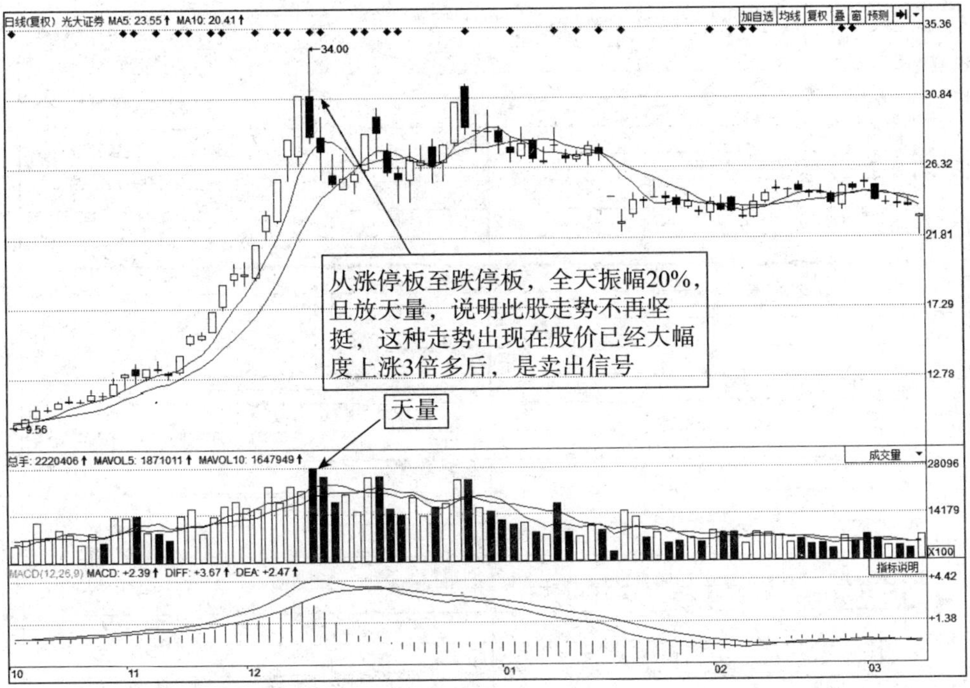

图 8-3-3

涨停是股价运行的一种极端方式，它是由于股价在强大的资金推动下发生的一种剧烈运动。

在高位出现涨停板但反复被打开，并且放巨量，一般来说是庄家利用涨停板反复打开来迷惑散户，吸引跟风接盘，从而达到顺利出货的目的。

如图 8-3-5 所示，中钢国际（000928）的股价由 8.28 元上涨到 16.06 元，已有一倍的涨幅。就当前整体股价而言，已经处于相对高位和巨量区域。反复打开涨停板且放量，是主力反复出货的特征，因此建议短线交易者暂时离场观望为妙。

图 8-3-6 是图 8-3-5 箭头处当天的分时图。中钢国际（000928）早盘就封住涨停板，但期间反复被打开，成交密集，最终股价以一路下跌收盘。

从中不难看出，这是庄家通过反复打开涨停板吸引散户跟风接手，从而帮助庄家完成出货，顺利达到庄家资金快速出货的目的。遇到这种走势交易

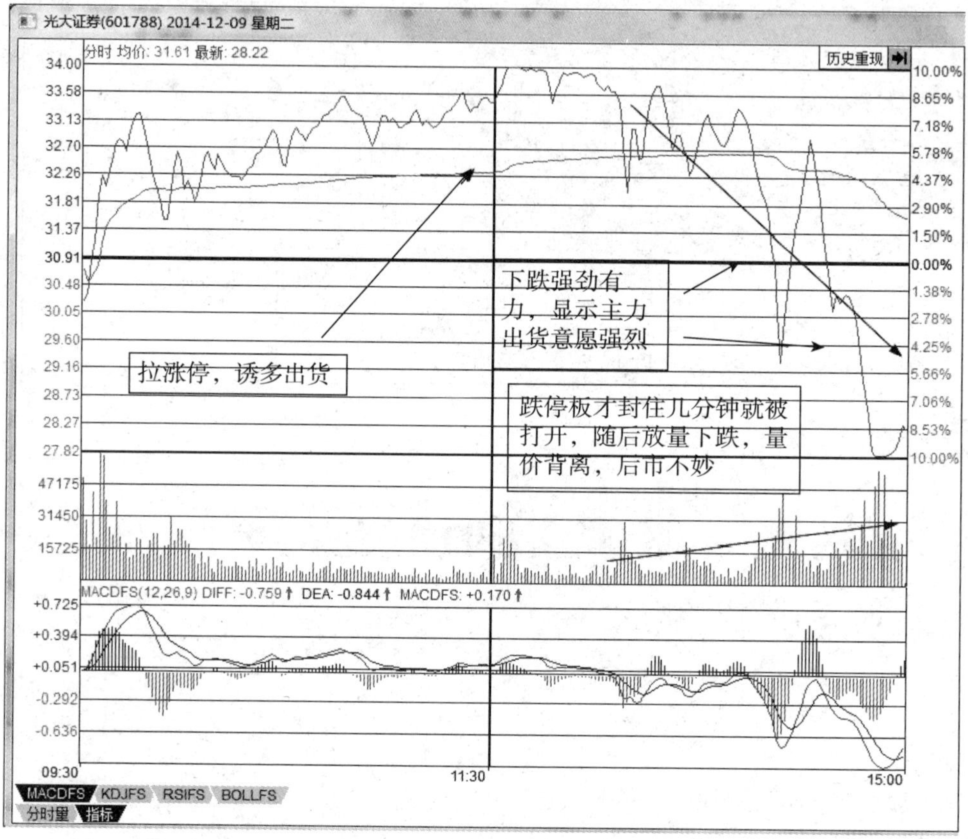

图 8-3-4

者要分外当心，冷静决策，避免一时冲动，被眼前的利益迷惑，看不透其中的事实。如果中了庄家的圈套，那就得不偿失了。

二、放量长阴卖出法

在上升途中，放量长阴线会对后市上涨形成巨大的压力。长阴线是空头集中发力攻击的表现，由于股价下跌，也自然滞留了一些反应迟钝的筹码，这会对后市上涨形成巨大的压力。

如图 8-3-7 所示，欣龙控股（000955）的股价在连续上涨之后，发动一波快速的升势，连续两日出现涨停板。次日股价借势高开，然后震荡走低，

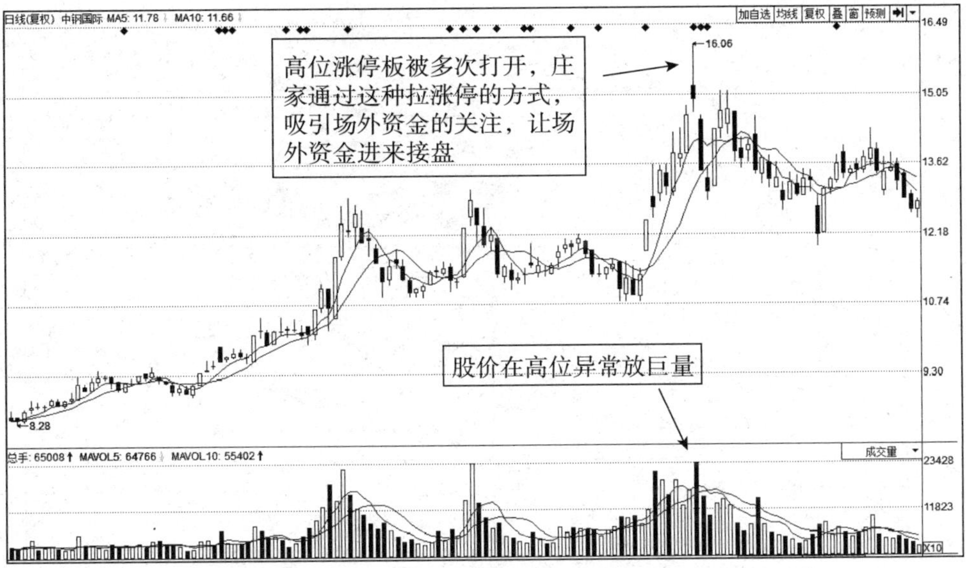

图 8–3–5

放巨量收出实体较长的阴线，这是典型的顶部信号，往往预示中期级别的调整就此开始。遇到这种情况，短线交易者应果断落袋为安。

如图 8–3–8 所示，华菱钢铁（000932）的股价在连续大幅度上涨之后，在箭头处前一日放量涨停。次日股价冲上涨停板，之后迅速回落，以阴线收盘，上下影线较长，当日振幅达到 14.12%。

这种 K 线虽然实体不长，但上下影线足够长，且放出巨量，亦是明确的见顶信号。这时短线交易者应及时卖出。

如图 8–3–9 所示，煤气化（000968）连续拉了三个涨停板之后，继续上涨冲高至涨停板。但没站稳几分钟，涨停板便被迅速打开，随后一路放量下跌，直至以一根上影线较长的大阴线收盘。这种走势说明多头上攻乏力，空头已深入多头大本营。当天振幅为 13.99%，换手率高达 15.66%。

巨量长阴出现在股价连续暴涨之后，其见顶信号更强烈。遇到这种情况，短线交易者应果断卖出离场，规避调整风险。

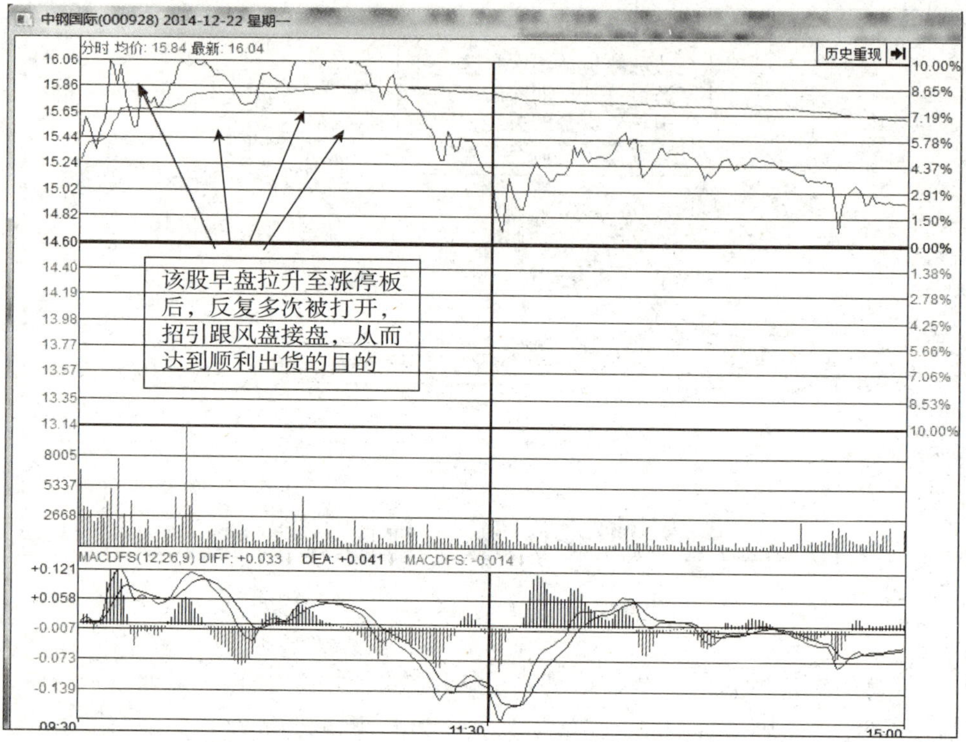
中钢国际(000928) 2014-12-22 星期一
分时 均价: 15.84 最新: 16.04
历史重现
该股早盘拉升至涨停板后，反复多次被打开，招引跟风盘接盘，从而达到顺利出货的目的
MACDFS(12,26,9) DIFF: +0.033 DEA: +0.041 MACDFS: -0.014

图 8-3-6

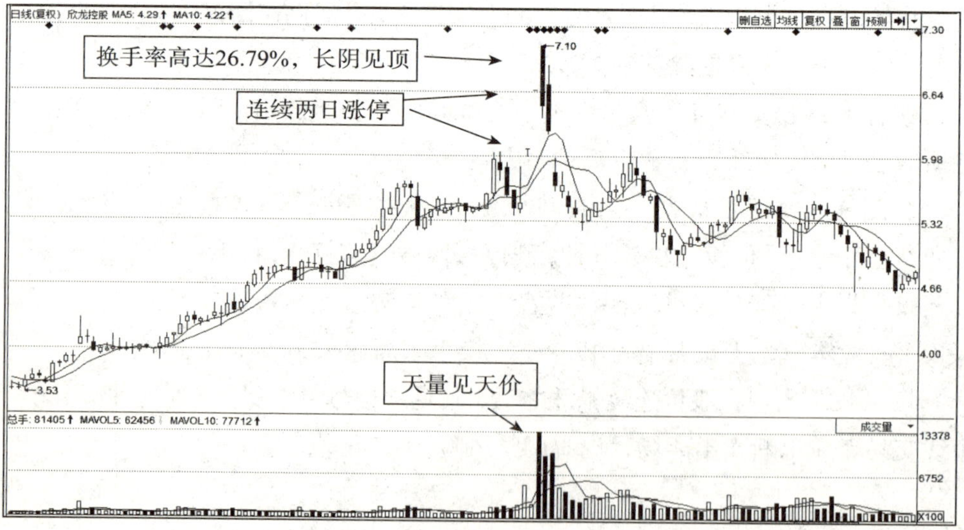
日线(复权) 欣龙控股 MA5: 4.29 MA10: 4.22
换手率高达26.79%，长阴见顶
连续两日涨停
天量见天价
总手: 81405 MAVOL5: 62456 MAVOL10: 77712

图 8-3-7

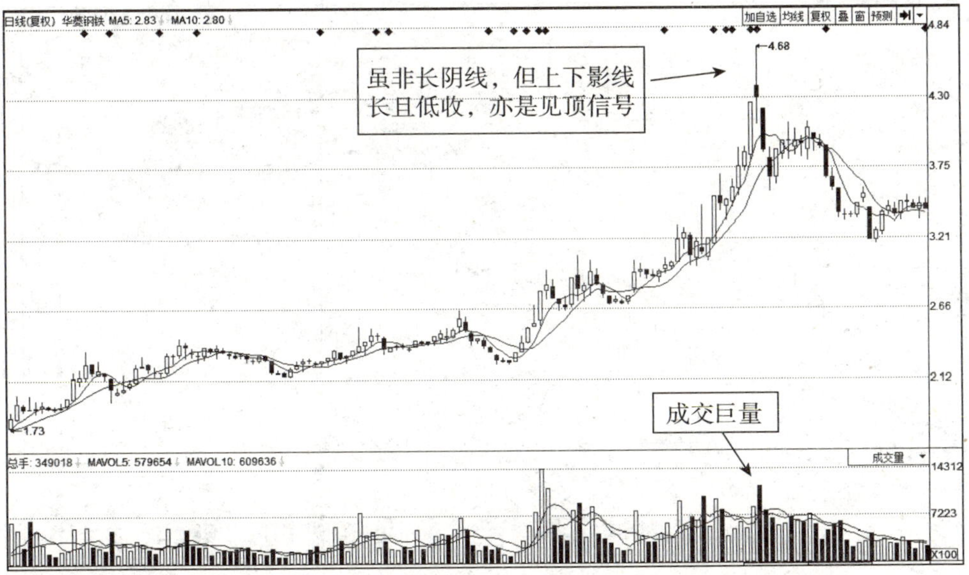
日线(复权) 华菱钢铁 MA5: 2.83 MA10: 2.80
加自选 均线 复权 叠 窗 预测
4.84
4.68
4.30
3.75
3.21
2.66
2.12
1.73
虽非长阴线，但上下影线长且低收，亦是见顶信号
成交巨量
总手: 349018 MAVOL5: 579654 MAVOL10: 609636
成交量
14312
7223
X100

图 8-3-8

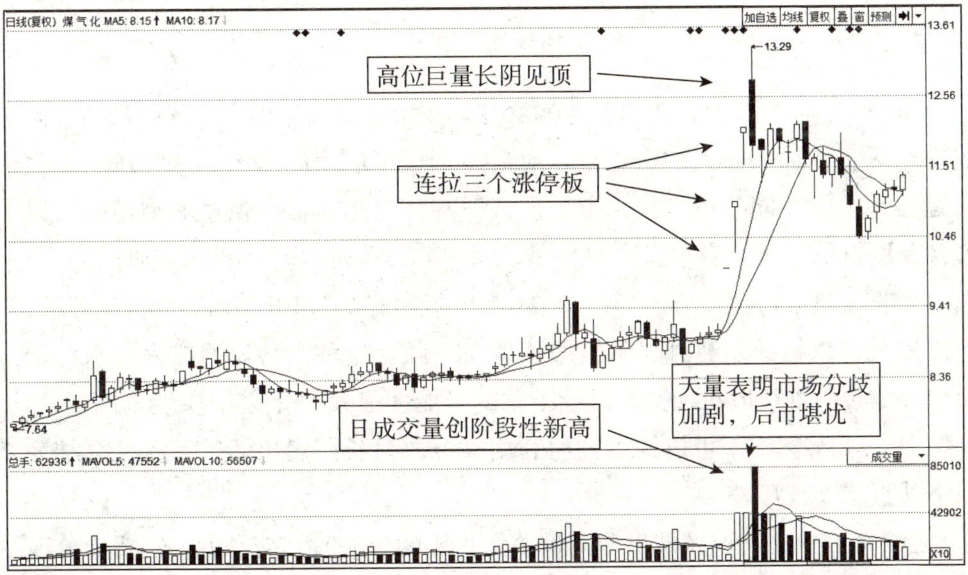
日线(复权) 煤气化 MA5: 8.15 MA10: 8.17
加自选 均线 复权 叠 窗 预测
13.61
13.29
12.56
11.51
10.46
9.41
8.36
7.64
高位巨量长阴见顶
连拉三个涨停板
天量表明市场分歧加剧，后市堪忧
日成交量创阶段性新高
总手: 62936 MAVOL5: 47552 MAVOL10: 56507
成交量
85010
42902
X10

图 8-3-9

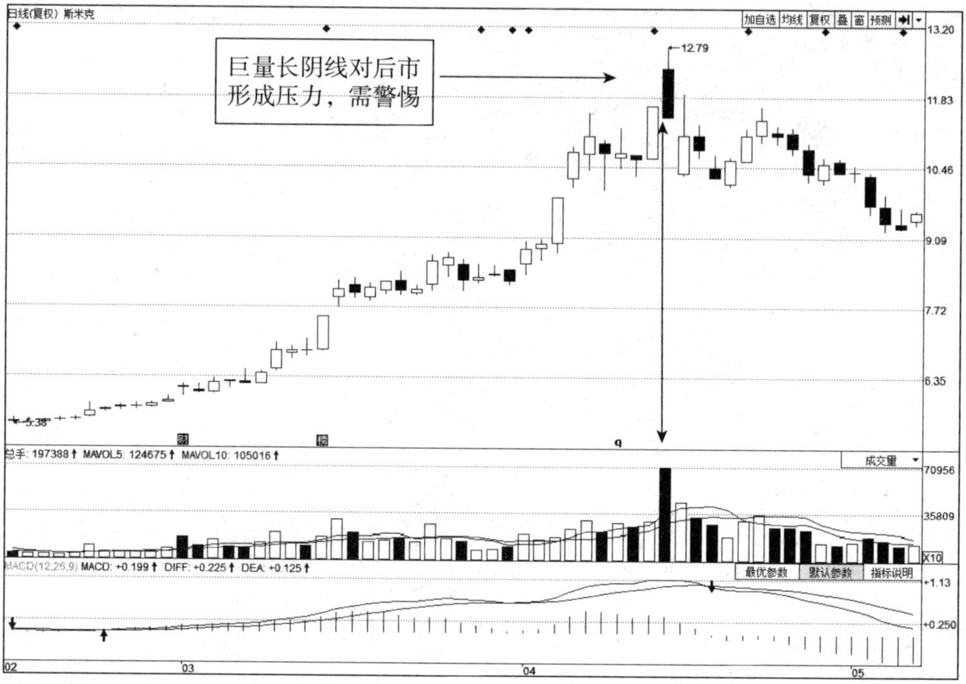

图 8-3-10

如图 8-3-10 所示，斯米克（002162）在相对高位走出了一根巨量的长阴线，阴线实体加上巨大的成交量，对后市形成了巨大的压力。这种压力不仅仅是心理上的，同时也是技术上的。该股高开低走，盘中追进的交易者可以说被一网打尽，成为套牢盘。图 8-3-11 是当日高位巨量长阴线的分时图。

如图 8-3-11 所示，斯米克（002162）的股价当日高开高走，冲击涨停板，但涨停板两次被放量打开，随后股价放量下跌。这种走势说明庄家抛盘开始杀出，放量杀跌后股价回落，继续下跌的可能性很大，交易者需逢高出局。

从以上实例中，可以了解如何利用高位放量长阴卖出。笔者就此总结为以下几点操作技巧。

（1）股价在高位区域出现高位放量长阴的走势时，交易者一定要十分谨慎，更不要在这种情况下看到股价出现回落就贸然买进。

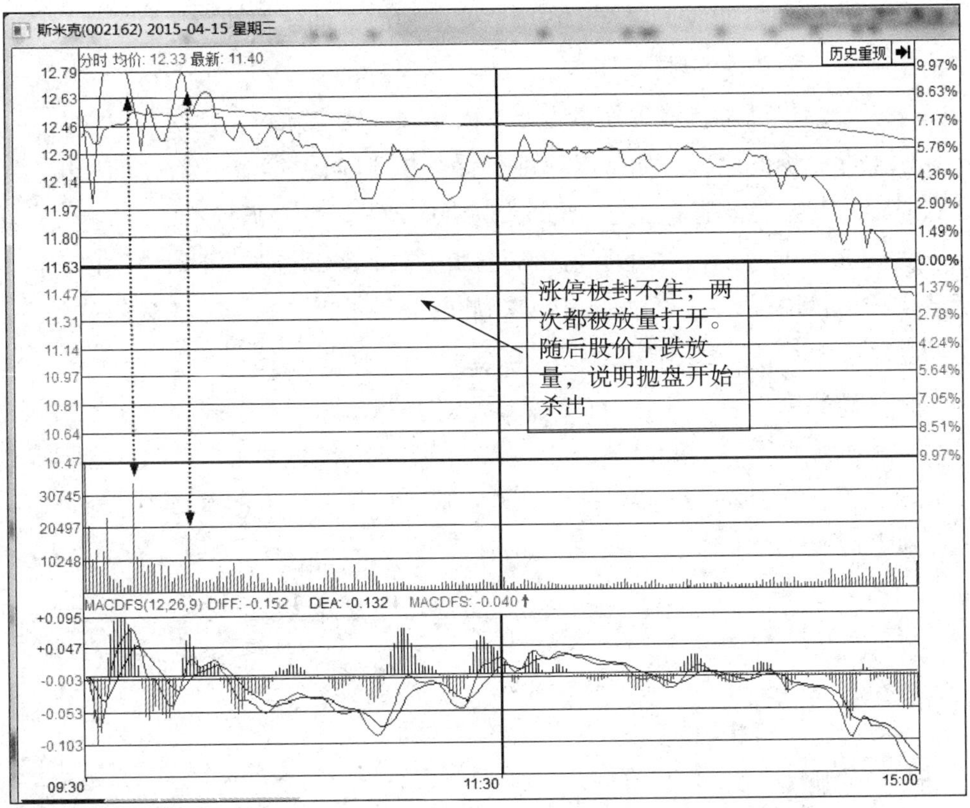

图 8-3-11

（2）稳健型的交易者应该在出现高位放量长阴当天清仓出局。

（3）出现这种走势的第二天，如果股价低开的话，那么一开盘投资者就应该果断地卖出，不要对后市抱有什么幻想，此时参与的风险要远远大于收益。

（4）出现高位放量长阴之后，如果股价继续震荡向上，那么也应该时刻谨慎。一旦股价上涨无力，交易者就要立刻出局。

三、跳空缺口卖出法

向下跳空缺口，是指当天的最高价低于前一交易日的最低价，从而形成一段价格空白地带。

在上涨走势末期或者横盘走势中，若出现向下的跳空缺口，显示盘中空方力量强盛，是看跌信号。

当股价在上涨趋势或者横盘走势中出现向下跳空缺口，说明盘中空方力量开始主导股价的运行。如果出现跳空后多方没有能够组织起有效的反击，那么股价的下跌走势基本已定，此时交易者应该及时清仓离场。

如图 8–3–12 所示，天通股份（600330）在上涨中出现向下跳空缺口，预示着空方力量增强，空方占据了优势。此时股价进入下跌走势的概率极大，交易者应该第一时间卖出股票，回避风险。

向下跳空缺口是空头强力打压的表现，缺口之上必然会留下较多想卖而没有卖出的筹码。后市反弹时，这个缺口留下的套牢盘将解套，自然会形成较大的卖压。特别是一些向下破位的跳空缺口，具有极大的杀伤力，对后市的反弹也是重要的压制和威胁，交易者需注意。

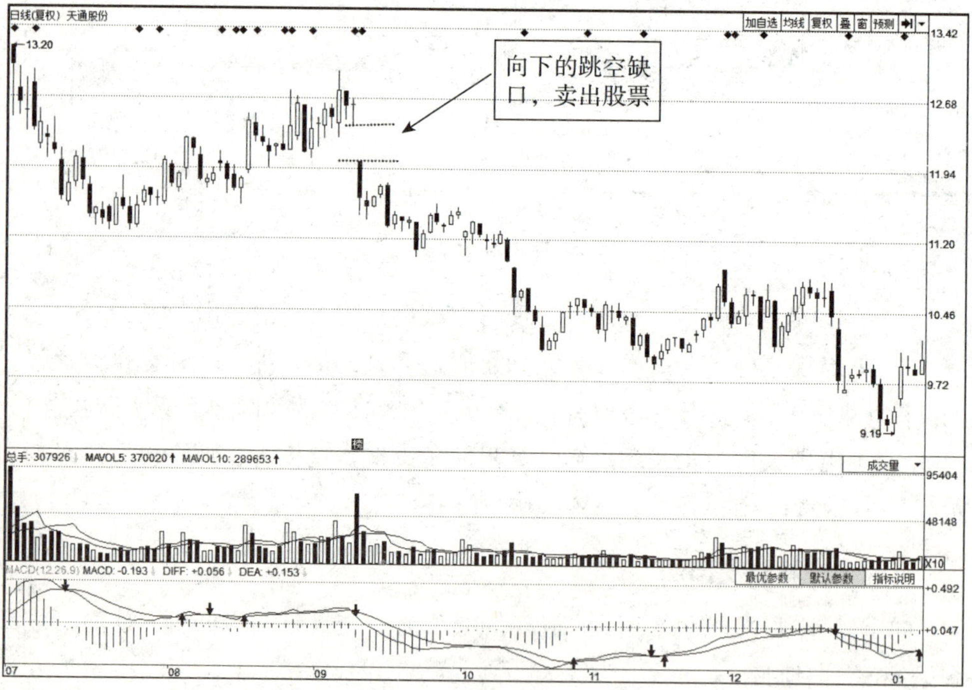

图 8–3–12

如图 8-3-13 所示，亚宝药业（600351）的股价横盘整理两个多月后，出现了向下的跳空缺口，说明整理走势结束，盘中空方力量转为强势。

随后的几个交易日，该股出现横盘走势，但并没有回补缺口的意愿，表明盘中多方力量反击相当微弱，应及时清仓卖出股票。

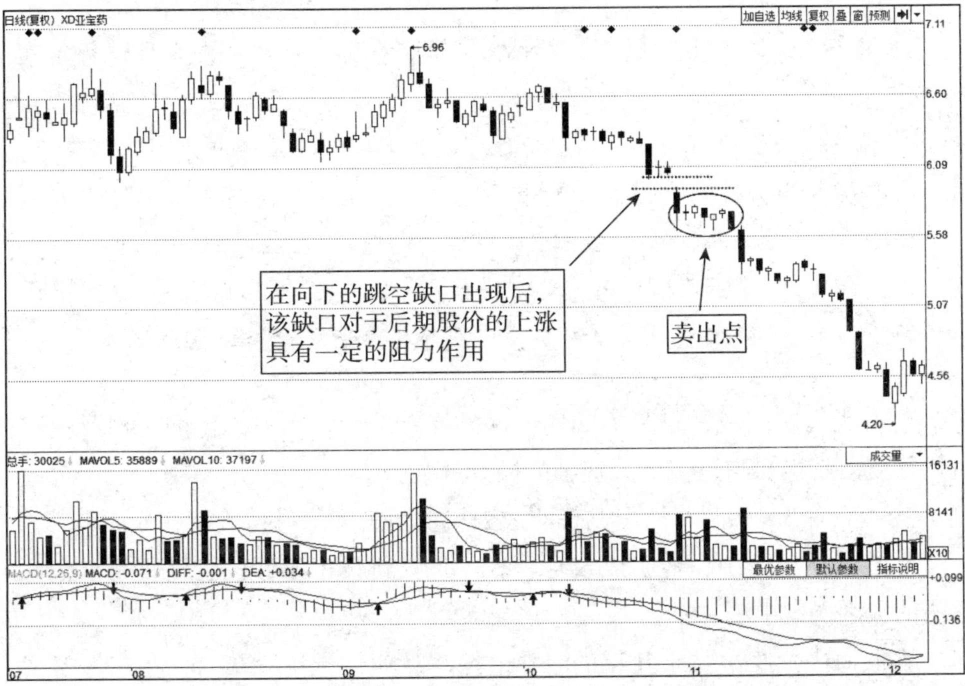

图 8-3-13

附录

私募大鳄曹明成：
坐庄岁月里的那些往事

理财一周报 记者 / 林奇

2009 年 11 月 7 日，《东方早报》“理财一周”对曹明成先生进行了人物专访，刊登于“资本大亨”栏目。

曹明成，1971 年出生，汉族。常住广东和海南。1997 年在湘财证券任职，后为私募资金操盘。看盘博客在新浪网、东方财富网、网易等各大门户网站每天受到数十万股民的追捧。依据 10 多年实战经验总结的“曹氏八线”操盘理论被圈内称为“零风险操作理论”。著有《吃定庄家》《擒庄实战技法》《庄家内幕揭秘》《K 线实战技术精要》《庄股经典出货模式》等书。

私募大鳄曹明成，是私募圈内资深的操盘手，曾在多家咨询公司及投资机构任职，直接参与过多次大资金的操盘。

1999 年“5・19”行情中，曹明成因成功阻击网络科技股而一战成名。

在互联网行情中，曹明成亲身领教了亿安科技、海虹控股等庄家李彪、蔡明的狠辣操盘手法。

在股海中摸爬滚打十几年的老曹，博客就叫“十年股灰”，在东方财富网的财经博客中排名第十四位。

从湘财证券的一名普通经纪人做起，再到操盘手、主操盘手、私募基金经理，曹明成经过 10 多年的实战，总结出“曹氏八线”操盘理论，并著有《吃定庄家》《擒庄实战技法》《庄家内幕揭秘》《K 线实战技术精要》《庄股经典出货模式》等书 。

“11 月还有两本书出版，今年可能还有两本，有出版社约稿了，但还没写完。”曹明成介绍。

10月26日，曹明成接受理财一周报的专访，揭露了许多不为人知的坐庄、跟庄内幕。

阻击网络股一战成名

理财一周报：像许多私募一样，您也是从经纪人做起的？

曹明成：差不多，早年和李华（第二代操盘手）是一批，最早是在湘财证券。离开湘财证券后，跟老板做操盘手，后来干脆出来单干了。

理财一周报：是不是因为做操盘手待遇都不太高？

曹明成：操盘手要看是什么样级别的，资深的主操盘手负责决策，与老板有分成，收入还可以。

理财一周报：当时做操盘手都经历过哪些比较大的战役？

曹明成：最早是阻击网络科技股的那一年，阻击网络科技股不是自己坐庄，而是跟庄。当时发现有大批私募资金成堆地扎入到网络科技概念类的股票，不少同类题材的股票都在底部放量，大资金入驻明显，就开始关注这个题材。

理财一周报：发现后是直接跟进吗？还是后来跟进的？

曹明成：先是试探性跟进。后来科技概念股开始成为当时的热点。与以往的概念炒作不同，这次很意外的是，炒作之后，入驻的庄家资金不见撤退，这在以往的概念炒作中很少见。当时经过考虑之后，就把所有的资金全线投入该类题材股。

理财一周报：这样追题材股会不会很冒险？

曹明成：这是很大胆的做法，当时遭到其他辅助操盘手的非议。因为这样做风险大，概念股炒作成热点后，一般都开始进入高位，这个时候介入，弄不好就成了庄家出货的牺牲品。

理财一周报：那为什么还决定满仓追进，当时是怎么考虑的？

曹明成：当时是依据庄家的操盘手法判断的。大量的庄家资金入驻了该类题材股，第一轮炒作之后，还在高位加仓，显而易见，目标不在短期。

理财一周报：当时网络股您跟的是哪只？

曹明成：做了很多只，蔡明的海虹控股就是其中一只。

理财一周报：这一波物联网炒作海虹控股也是龙头，您觉得这波物联网会不会像当初的互联网一样爆炒起来？

曹明成：这波物联网入驻的庄家资金还远远不够，暂时没有那种可能。但庄家的炒作计划可能会因为行情的变化而变化。就像当年的网络科技股，开始并不是大家都看好，后来“5·19”井喷，人气被完全带动起来，大量的私募资金进入了。因此也就出现了炒作一波后新资金大量入驻的现象，造就了一轮长达两年的牛市行情。

亲身领教李彪跌停板洗盘法

理财一周报：当时最有名的应该是罗成操控下的亿安科技，您跟的是这只吗？

曹明成：网络科技股的行情从1999年5月开始，直到2001年才退潮，持续了一年多时间。这轮题材的炒作，只要与网络科技挂边的都炒作起来了。其中的龙头亿安科技、海虹控股、四川湖山都炒作到了非理性的高度。亿安科技是第一只百元股，是罗成坐庄，操盘主要是郑伟和李彪负责。海虹控股是蔡明。去年李彪去世的时候我知道消息。

理财一周报：李彪总感觉对不起自己的弟弟，知道具体是为什么吗？

曹明成：他弟弟是李彬，当时坐庄亿安科技用的是金易投资公司的名义，郑伟是控制人。法人代表写的是李彬的名字，但李彬是圈外人，后来被扯进去了，被搞得很惨。据说李彪没有办法救无辜的弟弟，导致了李彬的破产，并差点入狱。

理财一周报：李彪是什么样的人？

曹明成：现实中的李彪长得比较斯文，光头，戴眼镜，但行事泼辣，脾气有些暴躁。郭庆、李彪、蔡明，这些都算是第一代操盘手，他们比我早一代，我那时候是小字辈。李彪操盘非常凶悍，他当时发明了跌停板洗盘法，鬼神莫测。

理财一周报：连续跌停，只要看盘无一幸免，当时亿安科技启动前就是连续3个跌停板。

曹明成：这种手法在当时很难判断。

理财一周报：为什么很多早年的庄家都不得善终？

曹明成：早年的操盘手生活都不太好，心理压力大是真的，真正功成名就的极少，一部分是被查了、逃亡了，一部分在后来的4年熊市（指2001-2005年熊市）中赔进去了。

理财一周报：那4年熊市够惨，2008年也很惨。

曹明成：2008年的大熊市也是套了很多的庄家。

理财一周报：当时为什么没有跟进亿安科技？

曹明成：亿安科技不敢跟。开始完全是逼空，强势股就是这样，一开始逼空，散户不跟进，继续逼空，开始震荡，散户眼红了，进去了，再拔高，庄家已经出货了。

亿安科技当年也是被逼上去的，前期的计划肯定没想要炒那么高。拉到40元的时候，没有人敢买了，怎么办？接着拉。亿安科技控盘量最后达到90%以上。其实玩到那个时候已经算失败了，最后出货比较艰难。

理财一周报：有个庄家跟我讲过，说很多筹码是在跌破100元后卖给了抢反弹的人。

曹明成：平均没有那么高。出货的平均价格，我们那时候判断应该在40元左右。60元左右制造假反弹，结果还是很少有人买。市场信心没有了，下跌趋势形成了。最大的抢反弹成交量在27元左右，平均出货价位在40~50元。

理财一周报：庄家出货一般都要先跌很多吧？

曹明成：一般庄家拉到离谱的位置，出货的价位会定在下跌一半的位置，做假反弹。

信奉自己的操盘理念

理财一周报：您信奉价值投资吗？

曹明成：在中国的资本市场，我从来不讲价值投资。所谓的价值，不过是给庄家炒作的理由而已。我的选股思路是跟庄，操作理论讲究趋势为先。

理财一周报：看来您是趋势派。

曹明成：我自己有一套操盘理念，在趋势形成之后，形态明朗之后才操作。但又不等同于右侧交易，我的买入点在次低点或次次低点，卖出位在次高点或次次高点。

理财一周：那您的这些东西是跟谁学的呢？还是自己悟的？

曹明成：自己悟出来的。早年是受一位老股民的启发，一位比较执著的老股民，他完全依据10日线买卖，获利很稳定。

理财一周报：线上持股，线下持币？

曹明成：是的。简单来说，可以用这八个字。

理财一周报：这方法最厉害，化繁为简了，但很多人不经过多年的实战永远不理解。可是单独只看一个10日线会不会有点片面？

曹明成：我当时研究这个10日线很长时间，也发现很多弊端。首先一点，如果不判断趋势，依据10日线买卖，会在平衡市里不知所措。另外，10日线经常被庄家作为洗盘的工具。实战中操作纪律最重要，比如下降通道就是线下持币，需要放弃所有的诱惑和机会。

理财一周报：您现在主要看些什么指标？

曹明成：都是一些我自己的指标，帮我写指标的有一个工作室，我提供我的思路，他们帮我完成。我有个学生叫谭文，他是这方面的高手。现在计算机信息技术太发达了，把传统技术分析与计算机分析相结合，真的是事半功倍。我们原来为了总结一个形态，自己画图，花大量的时间统计，再分析和总结，现在计算机可以在很短的时间内全部做完。

投资理财类书目

书名	作者	定价
宝塔线指标入门与实战精解	刘振清	35.00
筹码分布技术入门与实战精解	刘振清	35.00
现货石油交易实战宝典	张耿豪　饶　斌	38.00
农产品期货	付上金	58.00
教你炒股票：缠论与K线分析技术	培　峰	48.00
短线炒股全攻略	付　刚	49.00
磁区理论点评升级版	江南小隐	38.00
三步掌握波段买卖	曹明成　谭　文	38.00
黑马捕捉术	曹明成　谭　文	36.00
阴阳K线的奥秘	曹明成　谭　文	38.00
相对波浪理论	唐桂华	42.00
波段操盘秘法	何瑞东	38.00
布林线指标入门与实战精解	刘振清	35.00
MACD指标入门与实战精解	刘振清	35.00
KDJ指标入门与实战精解	刘振清	35.00
一本书读懂互联网投资理财	蔡余杰	38.00
玩转技术指标：九种技术指标精讲	金　铁	45.00
新手炒股快速入门与技巧	刘振清	38.00
银行理财产品全攻略	薄志红	35.00
决战牛熊：股市获利之道	曹明成　谭　文	35.00
短线出击：股市快速获利战术	麻道明	49.00
聚沙成塔：T+0交易绝杀技	江南小隐	35.00
短线实战操盘技巧	伟　晴	42.00
一买就涨：买在底部的101个起涨信号	付　刚	38.00
一卖就赚：卖在顶部的123个卖出信号	刘　平	38.00
短线追涨与低吸技术	金　铁	38.00
实战交易密码之走向盈利	陈志文	45.00
吃定庄家	曹明成　谭　文	39.80
量价关系精要	徐子城	28.00
股票画线技术入门与实战	刘振清	38.00
股价结构：趋势与轨道	华　强	35.00
K线操盘学	麻道明	58.00
如何做股票交易	杰西·利弗莫尔	20.00
从零开始炒股票	徐子城	35.00
江恩理论入门、精通与实战	景生辉	28.00
缠中说禅：教你炒股票	王培峰	48.00
如何看懂技术指标	麻道明	38.00
个股期权投资指南	付上金	32.00
索罗斯32个投机信条	孙恩棣	28.00
巴菲特76条投资准则	孙恩棣	28.00
波浪时空体系	王军凯	32.00
超级牛股操盘术	李　闻	48.00
发现身边的成长股	王春玮	35.00

续表

股价结构：压力与支撑	华　强	35.00
趋势定位	付上金	35.00
量价精研	邢孝寒	32.80
K 线阳线战法	麻道明	39.00
K 线阴线战法	麻道明	39.00
零起点期货投资一本通	黄　金	28.00
零起点基金投资一本通	黄　金	29.80
零起点股票投资一本通	黄　金	35.00
股市交易特技	时空老人	38.00
夜话交易谋略	股峰求道	32.00
如何看懂分时图	江南小隐	28.00
易经演股法之个股攻略	第六感觉	35.00
艾略特波浪理论入门、精通与实战	景生辉	28.00
趋势与拐点交易法	戈　岩	35.00
家庭投资理财规划一本通	雷　冰	35.00
股票易占交易系统	劳剑勇	35.00
实战擒庄	张　文	35.00
筹码实战分析	刘晓杰	28.00
趋势技术分析	邱立波	36.00
专业操盘原理	景生辉	38.00
背离技术分析	江南小隐	29.80
小女人理财锦囊	游凌燕	28.00
理财产品全攻略	罗显良	38.00
股票投资资金管理与止损止盈技巧	雷　冰	32.00
谁是股市赢家	梦　兮	25.00
春林涨停战法	张春林	29.80
龙头股实战技巧	张　文　赵振国	35.00
均线技术分析	邱立波	38.00
易经演股法	第六感觉	35.00
现货黄金投资技巧	邢孝寒	28.00
系统化交易——A 交易系统久赢真经	黄　根	39.00
缠论解析：缠中说禅技术理论图解	江南小隐	23.00
实战交易密码	陈志文	35.00
股票投资的 24 个关键财务指标	雷　冰	35.00
K 线技术分析	邱立波	38.00
破译 K 线图中的密码	江南小隐	38.00
你最想要的投资学	张潇云　徐　刚	25.00
四维操盘：基于价量时空分析的实战操盘技术	邢孝寒	29.80
波段操作实战精解	雷　冰	35.00
精准判断买卖点：炒股就这一招	曹千阳	38.00
崩溃点战术：基于市场心理分析的交易技术	铸剑先生	39.80
新手炒股也赚钱：量价实战技法	帝都操盘手	29.80
K 线综合实战分析	雷　冰	48.00
赢在股市 24 堂课	索氏门人	28.00
磁区理论：识别最佳买卖时机和位置的分析技术	江南小隐	38.00
告别亏损：从持续亏损到稳健盈利的修炼法则	冼　剑	38.00